긍정심리와 행복

행복경험 강점개발

긍정 심리와 행복

손은주 저

동 문 사

머리말

동서고금을 막론하고 누구나 행복한 삶을 꿈꾸고 또 실천하고자 한다. 그렇다면 행복은 무엇일까? 어떻게 하면 행복한 삶을 살아갈 수 있을까? 많은 학자들은 다양한 행복론을 제시하고 있다. 그러나 삶이라는 것이 상당히 주관적인 체험이기 때문에 행복에 대한 인식도 개개인의 가치관에 따라 달리 정의된다고 본다.

다만 보다 행복한 삶을 향한 개개인의 노력과 가치판단에 있어서 최소한의 기준을 제시하고자 긍정심리학을 기반으로 행복에 대한 이야기들을 나눠보고자 한다.

행복에 대한 집중적인 연구는 최근 들어 긍정심리학이라는 학문에 의해서 조금씩 시도되고 있다.

긍정심리학의 기저는 인간의 긍정적인 측면을 부각시켜 개개인이 가지고 있는 강점들을 개발하여 일상생활 속에서 활용함으로써, 자기계발과 성장을 통해 행복한 삶을 추구한다는 것이다. 긍정심리학에서 인간의 부정적인 측면은 위험에 대처할 수 있는 기제로, 긍정적인 측면은 삶의 적응능력으로 또는 변화에 대처하는 능력으로 받아들여 긍정정서와 긍정경험을 통해 개인의 강점을 개발하고, 성장하는 삶을 추구함으로써 행복한 삶을 살아갈 수 있다는 것이다.

저자는 행복에 대해 관심을 갖고 연구하면서 나도 참 행복한 삶을 살아가고 있다는 것을 깨달았다. 힘겹고 어려운 시간을 지나오면서 좌절과 극복을 거듭하며 견뎌낼 수 있었던 것은 다름 아닌 삶의 목표가 있었고, 목표를 향해 묵묵히 나아가는 끈기와 의지가 있었기 때문이었다.

저자가 경험하고 있는 행복에 대한 깨달음을 통해 모든 사람들이 행복에 관심을 가지고 행복하고자 노력하며, 행복에 대한 경험과 정보를 습득해 가기를 희망하며 「긍정심리학」을 집필하였다.

이 책은 전체 2부로 구성되어 있다.

I부는 긍정심리학과 행복에 관한 이론을 중심으로 긍정심리학, 긍정정서, 행복, 행복추구를 위한 강점으로 구성하였으며, 개념과 관련 이론을 소개하였다. 1장 긍정심리학에서는 긍정심리학의 의미, 긍정심리학의 기본 입장들을 소개하고 있으며, 2장 긍정정서에서는 쾌감의 의미, 긍정정서의 의미, 긍정정서의 이론, 긍정경험에 대한 내용들을 소개하고

있다. 3장 행복에서는 행복의 의미, 긍정심리학에서의 행복관, 행복의 심리학적 이론, 행복에 영향을 미치는 요인에 관하여 소개하였다. 4장 행복추구를 위한 강점에서는 강점의 정의, 강점의 분류를 통해 24가지 강점의 특성과 강점 증진방법을 제시하였다.

II부는 행복경험 강점개발 활동의 실제를 다루고 있다. 5장에서는 행복경험 강점개발 활동을 위한 액션러닝의 적용에 대한 소개로, 액션러닝의 의미, 액션러닝의 절차, 액션러닝에 사용되는 학습도구에 대하여 설명하였다. 6장에서는 행복경험 강점개발 활동의 예시들을 파워포인트로 제시하였다.

막상 원고를 마무리하고 보니 그간 고군분투하였던 시간들은 잊혀져가고 여러 가지 부족하고 미흡한 부분들만 가슴에 아쉬움으로 남는다. 그럼에도 불구하고 이 책을 읽는 독자들에게 의미 있는 삶을 만들어 가는 데 미약하나마 도움이 되었으면 하는 간절한 바람과 작은 실천들을 통해 개개인의 행복을 가꾸어가길 소망한다.

누구나 행복전도사가 되길 희망하며

2018년 8월
손은주

Part 1
긍정심리와 행복에 관한 이론

• • Part 2

행복경험 강점개발 활동의 실제

• • Part 1

긍정심리와 행복에 관한 이론

[Martin Seligman, 1942 ~]

"진정한 행복(authentic happiness)이란 자신의 대표 강점을 찾아내어서 자신의 일, 사랑, 자녀양육과 같은 중요한 생활영역에 매일 발휘하면서 기쁨과 만족감을 경험하는 것이다."

Chapter 01

긍정심리학

“

생각이 바뀌면 태도가 바뀌고,
태도가 바뀌면 행동이 바뀌고,
행동이 바뀌면 습관이 바뀌고,
습관이 바뀌면 인격이 바뀌고,
인격이 바뀌면 운명이 바뀐다.

”

윌리엄 제임스

1. 긍정심리학의 의미

1) 긍정심리학의 태동

긍정심리학(positive psychology)은 인간의 긍정적인 심리 측면을 과학적으로 연구하고 인간의 행복과 성장을 지원하는 학문이다. 긍정심리학은 1998년 펜실베이니아 대학교 심리학 교수인 마틴 셀리그만(Martin Seligman)에 의해 창시되었다.

본래 심리학은 인간의 정신세계, 즉 의식과 행동에 대한 과학적인 탐구를 하는 학문으로 정신장애 치료, 재능과 천재성의 육성, 행복한 삶의 조력이라는 세 가지 사명을 가지고 있었다. 그러나 2차 세계대전 이후 수많은 퇴역군인들이 참전 후유증으로 심리적 장애를 나타내게 되자 많은 심리학자들은 심리적 장애를 치료하는 일에 종사하게 되었고, 정신장애 연구와 치료에 집중하게 되었다. 이러한 결과로 정신장애를 효과적으로 치료할 수 있는 다양한 방법들이 개발되었고, 정신장애, 심리적 결함, 부적응 행동, 이상심리와 같은 인간의 부정적 심리측면에 관심을 더 많이 가지게 되었다. 이는 초기 심리학에서 가진 두 가지 사명, 즉 재능과 천재성의 육성과 행복한 삶에 대한 사명을 잊고 인간에게 올바르고 긍정적인 것이 무엇인지에 대한 연구를 간과하게 하였다.

마틴 셀리그만은 심리학계에 새로운 변화가 필요하다고 믿었고 심리학자들은 치료뿐만 아니라 예방에도 주력해야 한다고 생각하게 되었다. 당시 질병모델에 근거하여 정신장애를 예방하기 위해서 장애를 유발하는 부정적인 요인을 사전에 차단하는 것이 중요하다는 관점이 지배적이었으나, 마틴 셀리그만은 딸 니키(Nikki)와의 우연한 경험을 통해 인간은 누구나 스스로를 긍정적으로 변화시키며 성장하기 위해 노력한다는 사실을 깨닫게 되었고, 심리학은 인간의 긍정적인 변화와 성장을 돕는 학문이어야 한다고 주장하였다.

1998년 미국심리학회장으로 취임한 마틴 셀리그만은 심리학에서 망각하고 있었던 사명을 떠올리며 심리학의 새로운 방향성을 제시하게 되었다. 이에 심리학은 인간의 약점과 부정적인 측면에 대한 연구뿐만 아니라 인간의 강점과 긍정적인 측면을 연구하는 학문이어야 하며, 인간의 내재된 가능성을 발현시켜야 하는 것이라고 제안하게 됨으로써 긍정심리학이 탄생하게 되었다. 따라서 긍정심리학은 인간의 강점과 재능을 함양하고 행복을 증진시키기 위해 연구되어야 하는 학문으로 명명되었다.

어느 날 마틴 셀리그만은 정원의 잡초를 뽑으면서 심리학회 수뇌부 구상에 몰두하고 있었다. 미국 심리학회 회장으로 당선돼 해야 할 일도 많고 생각해야 할 것도 많아 빨리 잡초 뽑는 일을 끝내려고 정신 없이 서두르고 있었다. 그런데 딸 니키(Nikki)는 그런 아빠의 사정도 모르고 잡초를 뽑아 하늘 높이 던지고 노래하며 춤추기를 즐기고 있었다. 참다못한 셀리그만은 니키에게 큰소리로 고함을 질렀다.

"조용히 하지 못해!"

깜짝 놀란 니키는 얼른 집안으로 들어가 버렸다. 그런데 조금 뒤에 다시 정원으로 나와선 이렇게 말했다.

"아빠, 드릴 말씀이 있어요. 아빠는 제가 다섯 살이 되기 전까지 어땠는지 기억하세요? 그때 저는 굉장한 울보였어요. 날마다 징징거릴 정도로……. 그런데 전 다섯 번째 생일날 결심했어요. 다시는 징징거리며 울지 않겠다고요. 그 일은 지금까지 제가 한 그 어떤 일보다 훨씬 힘들어요. 만일 제가 이 일을 해내면 아빠도 신경질 부리는 일을 그만두실 수 있을 거예요."

고작 다섯 살밖에 안 된 딸이 자신도 미처 몰랐던 문제점을 정확히 짚어낸 것에 대해서 셀리그만은 상당한 충격에 휩싸였다. 심리학에 대한 연구를 해오던 자신이 정작 아이의 마음을 알지 못했다는 반성과 더불어 한 가지 사실을 깨달았다. 아이를 키운다는 건 그 아이가 지닌 단점을 고치는 게 아니라 강점을 찾아주는 것이라는 사실을 말이다. 즉, 부모의 역할은 자녀가 강점을 잘 발휘하도록 도움으로써 미래에 겪게 될 역경을 잘 극복하도록 하는 것이다. 이를 계기로 지금까지의 심리학이 불안, 우울, 알코올 중독, 스트레스와 같은 부정적인 감정에 초점을 맞췄다면 긍정심리학은 약점보다 강점과 미덕 등 인간의 긍정적인 정서에 초점을 맞추게 되었다.

〈마틴 셀리그만(Martin E. P. Seligman) 니키와의 일화 중에서〉

(권석만, 2014 재인용)

2) 긍정심리학의 정의

1998년 마틴 셀리그만(Martin Seligman)에 의해 창시된 긍정심리학은 인간의 강점, 잠재력 개발, 행복 증진을 지원하는 학문이다. 즉, 인간 내면의 긍정심리를 확장시켜 기쁨과 만족을 느끼게 하고, 역경을 이겨내게 하며, 스스로 행복을 만들어갈 수 있도록 정서, 몰입, 삶의 의미, 긍정관계, 성격강점 등의 5가지 요소에 대하여 과학적인 연구를 수행하며 인간이 가진 최선의 가능성을 이끌어내고자 노력하는 학문이다(Seligman, 1999; 권석만, 2008 재인용).

긍정심리학의 목표는 행복증진이다. 행복과 행복한 삶의 개념은 다양하게 정의되지만 심리학계에서는 행복을 주관적 안녕감, 삶의 만족도, 삶의 질, 심리적 안녕감 등으로 지칭된다. 행복추구를 위해 긍정심리학은 인간이 가지는 부정 감정을 완화시켜 불행하지 않은 상태로 만드는 데 만족하지 않고 불행하지 않거나 조금밖에 행복하지 않은 사람들을 더 행복하게 만들어주는 것을 목표로 한다.

긍정심리학의 가정은 인간에게 질병, 질환, 고통이 발생하는 것과 같이 강점과 미덕, 탁월함도 주어진다는 것이다. 인간의 부정 감정, 결점만큼이나 긍정감정이나 강점도 매우 중요하다는 것을 강조한다. 그래서 삶에서 잘못된 부분을 교정하는 것만큼 최상의 상태를 만드는 일에도 관심을 가지며, 고통 받는 사람들의 상처를 치유하는 것만큼이나 사람들의 건강한 삶을 성취하는 것에도 관심을 갖는다.

따라서 긍정심리학에서는 개인과 조직에 있어 최적의 기능과 작용에 대한 연구로 긍정정서(사랑, 감사, 즐거움, 용서, 일의 만족도)와 강점(창의성, 용감성, 감상력, 호기심, 열정)이 삶 속에서 어떻게 작용하고, 어떤 결과를 산출해내는지에 관심을 기울인다. 예를 들어, 심리상담사가 '당신의 인생에서 어떤 것이 잘못되었습니까?'라고 묻는다면, 긍정심리학자는 '당신의 인생에서 어떤 것이 잘 작용하고 있습니까?'라고 질문한다. 즉, 개인이 가진 강점과 장점을 인지하게 하며, 개인의 최적 기능을 통해 긍정적 성과를 이룰 수 있게 한다.

긍정심리학을 정의하자면, 개인이 인생에서 겪는 최상의 긍정적 경험과 힘든 역경을 극복한 경험 등에 대해 이해와 통찰을 도와 부정적 경험과 고통을 줄이고 균형 잡힌 행복한 삶을 영위할 수 있도록 필요한 지식을 제공(Seligman, Rashid & Parks, 2006)하는 학문으로 정의할 수 있다.

3) 긍정심리학의 핵심주제

마틴 셀리그만은 긍정심리학의 핵심 주제를 긍정정서(positive emotion), 몰입(engagement), 관계(relationship), 의미(meaning), 성취(accomplishment)의 다섯 가지 핵심 요소의 첫 글자를 따서 PERMA(페르마)라고 명명하였으며, 이는 행복추구와 관련된 요소들이라고 설명하고 있다. 이에 저자는 강점(strengths) 요소를 추가하여 여섯 가지 핵심 주제에 대하여 설명하고자 한다.

첫째, 긍정정서이다. 긍정정서는 우리가 느끼는 것으로 기쁨, 희열, 평안, 따뜻한, 감사, 자신감, 희망, 낙관성 등을 말한다. 이러한 정서를 지속적으로 이끌어내는 삶을 '즐거운 삶'이라고 한다. 즐거운 삶은 과거, 현재, 미래에 대한 긍정적인 감정을 느끼며 살아가는 삶이다. 과거 삶에 대한 수용과 감사를 통해 만족감을 느끼고, 현재 삶에서 적극적인 참여로 즐거운 경험을 만들어 가고, 미래 삶에 대하여 도전의식과 기대감을 느끼며 살아가는 삶이다. 따라서 즐거운 삶은 긍정정서를 최대화하고 부정정서를 최소화하는 삶이라는 관점에서 설명되고 있다.

둘째, 몰입이다. 몰입은 시간 가는 줄 모르고 특정 활동에 깊이 빠져드는 동안 자각하지 못하는 것을 의미한다. 몰입은 현재 과업에 대한 강렬한 주의집중을 일으키며, 내적 동기에 의해 유발되므로 몰입경험 자체가 즐거운 것이다.

몰입을 촉진하는 조건은 첫째, 분명하고 구체적인 목표가 있어야 한다. 예컨대, '책을 읽어야지'가 아니라 '오늘까지 100페이지를 읽어야지'라는 구체적인 목표가 몰입을 잘 하게 한다.

그리고 즉각적인 피드백이 주어져야 한다. 즉각적인 피드백은 목표달성을 위해 현재상황과 나아갈 방향을 점검하게 한다. 개인의 수준과 과제의 난이도가 적절히 균형을 이루어야 한다. 난이도가 낮으면 흥미를 상실하고, 난이도가 너무 높으면 포기하게 되므로 도전할 수 있는 눈썹높이 만큼의 난이도가 적절하다. 이처럼 내적 동기에 의해 몰입의 경험을 즐기는 삶을 '몰입하는 삶'이라고 한다.

셋째, 관계형성이다. 관계는 타인과 함께하는 것을 말한다. 말할 수 없이 기뻤던 순간, 자신의 성취에 자긍심을 느꼈던 때를 생각해 보면 거의 대부분 타인과 함께 했을 때이다. 혼자가 아닌 타인과 함께하는 삶을 '좋은 삶(good life)'이라고 한다. 좋은 삶이란 자신의 특징적 강점을 활용하면서 삶의 여러 중요한 영역에서 만족을 얻는 삶을 말한다.

넷째, 의미이다. 삶 속에서 소중한 의미를 발견하고 가치부여하는 것을 말한다. 인생의 의미와 목적을 추구하는 삶을 '의미 있는 삶(meaningful life)'이라고 하는데, 의미 있는 삶은 자신만을 위한 이기적인 삶보다는 자신보다 더 큰 가치를 위해 공헌하고 있다는 인식으로부터 도출될 수 있다. 그래서 가족, 직장, 지역사회, 국가를 위해 봉사하고 공헌함으로써 자신의 존재가치를 느끼게 되고, 더 큰 행복을 경험할 수 있게 된다.

다섯째, 성취이다. 사람들은 성공, 성취, 승리, 정복 그 자체가 좋아서 그것을 추구하기도 한다. 일시적인 상태로는 업적이며, 확장된 형태로는 성취이다. 성취를 위해 업적에 전념하는 삶을 '성취하는 삶'이라고 한다.

여섯째, 강점(strengths)이다. 강점은 개인이 지속적으로 지니고 있는 긍정적인 성품과 행동양식, 성격 강점과 미덕 그리고 탁월한 재능을 의미한다. 강점을 꾸준히 계발하여 활용하게 되면, 시간이 흐름에 따라 더욱 발전하여 개인의 탁월한 재능이 될 수 있다. 긍정심리학자들은 창의성, 지혜, 끈기, 진실성, 겸손, 용기, 열정, 리더십, 낙관성, 유머감각, 영성 등과 같은 다양한 강점에 관심을 지니고 있다. 강점에는 재능과 운동성과 같은 개인의 '능력'까지 포함된다. 삶에서 자신이 추구하는 활동에 열정을 다하고 몰입함으로써 자신의 강점과 잠재력을 최대한 발휘하며 살아가는 삶을 '적극적인 삶'이라고 한다. 진정한 행복(authentic happiness)은 자신의 강점을 계발하여 일과 관계형성, 자녀양육과 같은 일상생활에서 잘 활용하는 가운데 찾을 수 있다.

앞서 긍정심리학의 목표가 행복추구에 있다고 서술한 바 있다. 행복추구를 위해 긍정심리학에서 관심을 가지고 연구되는 주제는 앞에서 살펴본 바와 같이 긍정정서(즐거운 삶), 몰입(몰입하는 삶), 관계형성(좋은 삶), 의미(의미 있는 삶), 성취(성취하는 삶), 강점(적극적인 삶) 등이다. 셀리그만은 즐거운 삶, 몰입하는 삶, 좋은 삶, 의미 있는 삶, 성취하는 삶, 적극적인 삶은 서로 밀접한 관련성을 지니고 있으며, 서로 촉진적인 관계에 있다고 설명한다. 즉, 즐거운 기분을 느끼면서 자신의 일에 열정적으로 몰입하면 강점을 발휘하여 자신의 역량을 펼칠 수 있게 되고, 그 결과 자신과 타인과 사회를 위해 기여할 수 있게 되며, 이러한 과정 속에서 삶의 의미를 발견할 수 있게 된다면 진정한 행복을 누릴 수 있다는 것이다.

따라서 긍정심리학에서 연구하고자 하는 핵심주제는 인간 삶의 질과 행복감을 향상시키기 위하여 긍정적인 감정과 개인의 강점개발에 주안점을 둔다고 말 할 수 있다.

〈표 1-1〉 긍정심리학의 핵심주제와 행복한 삶

핵심주제	행복한 삶
긍정정서(positive emotion)	즐거운 삶
몰입(engagement)	몰입하는 삶
관계(relationship)	좋은 삶
의미(meaning)	의미 있는 삶
성취(accomplishment)	성취하는 삶
강점(strengths)	적극적인 삶

긍정심리학은 과학적인 연구방법을 적용하여 인간의 행복과 긍정정서, 강점들을 체계적으로 탐구하기 위해 면접법, 행동관찰법, 질문지법, 과제수행법 등과 같은 다양한 심리측정법을 사용한다. 아울러 행복이나 강점 관련 요인들을 탐구하기 위해서 상관연구와 실험연구를 수행할 뿐만 아니라 양적 또는 질적 연구방법론을 적용한다.

2. 긍정심리학의 기본 입장

1) 인간의 자아실현 동기에 대한 입장

인간은 누구나 행복추구와 자아실현이라는 성장을 추구하는 존재이다. 긍정심리학에서도 인간은 자신의 잠재능력을 개발하고 발휘함으로써 성장하려는 욕구를 가진다는 가정에 근거하고 있다. 성장에 대한 노력은 자신의 역량을 개발하여 타인과의 상호작용을 좀 더 원활하게 함으로써 만족하고 행복한 삶을 영위할 수 있기 때문에 자아실현 동기와 밀접한 관련이 있다.

자아실현 동기와 관련하여 매슬로우(Maslow)의 욕구위계 이론을 살펴볼 필요가 있다.

1954년에 에이브러햄 매슬로우(Abraham Maslow)는 "사람들이 세상에서 가장 원하는 것이 무엇인가?"에 관심을 갖고 욕구위계 이론(need-hierarchy theory)을 제시하였다. 사람들은 위계를 이루고 있는 욕구를 충족시키기 위하여 동기화된다는 것이다.

매슬로우의 욕구위계 이론에 따르면, 욕구(동기)는 타고난 것으로서 그 강도와 우선순위에 따라 위계적으로 배열할 수 있다. 제일 하위의 생리적 욕구, 안전의 욕구, 애정의 욕구, 존경의 욕구, 자아실현의 욕구 등의 순서로 배열된다.

가장 낮은 위계에 있는 생리적 욕구(physiological needs)는 음식, 물, 산소에 대한 기본적인 욕구를 말한다. 이러한 욕구는 개체가 생존하기 위해 기본적인 조건을 공급받고자 하는 것으로 다른 욕구에 비해 기본적이며 일차적인 욕구이다.

안전의 욕구(safety needs)는 위험으로부터 보호받을 수 있으며 안전하고 편안한 피난처를 갈구하는 욕구이다. 안전한 삶을 항상 지속적으로 유지하려는 안정의 욕구도 이에 속한다.

애정의 욕구(love needs)는 의미 있고 강한 집단에 소속되고자 하는 욕구이다. 이런 소속감의 욕구는 다른 소속원으로부터 사랑과 보호를 받고자 하는 사랑의 욕구와 밀접한 관련이 있다. 소속감과 사랑의 욕구는 타인과의 친밀하고 밀접한 관계를 통해 충족될 수 있는 대인 욕구의 바탕이 된다.

존경의 욕구(esteem needs)는 자신이 가치 있는 존재라는 것을 느끼고자 하는 욕구이다.

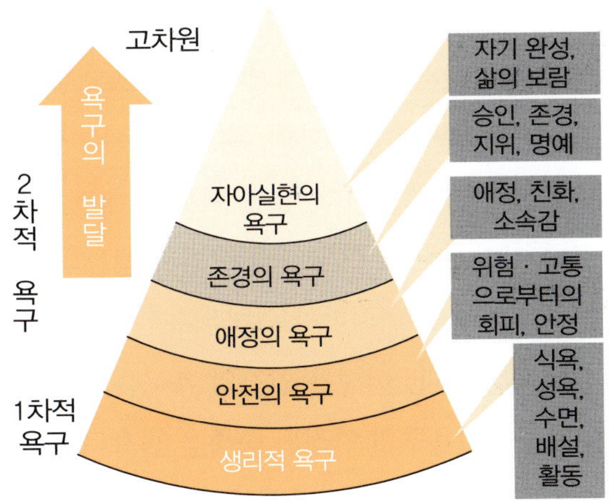

[그림 1-1] 매슬로우(Maslow)의 욕구위계 5단계

자기긍지와 자기만족을 느끼기 위해 자신을 발전시키려는 욕구이다.

가장 높은 위계에 위치하는 것은 자아실현의 욕구(self-actualization needs)이다. 이는 자신이 지니고 있는 잠재능력을 충분히 표현하고 발현하려는 욕구이다. 이는 매슬로우의 욕구위계 이론에서 가장 강조되는 욕구이다.

이 매슬로우의 욕구위계 이론은 3가지 기본가정을 전제로 이루어져 있다.

첫 번째 가정은 결핍원리이다. 인간은 특수한 형태의 충족되지 못한 욕구들을 만족시키기 위하여 동기화되어 있다고 가정한다. 긴장이 유발되면 긴장을 감소시킴으로써 내적 평형상태를 회복하고자 행동하게 된다. 그러나 일단 그 욕구가 충족되면 이 욕구는 더 이상 동기로서 힘을 발휘하지 못하게 된다.

두 번째 가정은 위계원리이다. 사람에 따라서 차이가 있지만, 대부분의 사람들이 추구하는 욕구들은 몇 개의 공통된 범주로 나눠진다. 보편적인 공통된 욕구들은 충족되어야 할 심리적 발달수준에 따라서 순서대로 피라미드 형태의 위계로 계열화되어 있다고 주장한다. 인간이 충족시키고자 추구하는 욕구들은 최하위 욕구인 생리적 욕구부터 시작되어 안전욕구, 애정의 욕구(사회 및 소속감 욕구), 존경의 욕구, 그리고 최상위 욕구인 자아실현의 욕구로 위계를 갖추고 있다.

욕구는 낮은 위계의 하위욕구로부터 높은 위계의 상위욕구로 발달해간다. 특히 하위욕구가 만족되지 않으면 상위욕구로의 발달이 이루어지지 않는다. 따라서 상위욕구로서의 발달은 하위욕구의 충족을 전제로 이루어진다. 예컨대, 배고프고 목마르고 위험에 쫓기는 상황에서 애정 욕구나 존경 욕구는 뒤로 밀려나며, 음식과 물을 찾아 안전한 곳에 피신하려는 욕구와 행동이 우선적으로 나타나게 된다. 뿐만 아니라 애정욕구가 충분히 충족되지 않은 사람에게는 존경 욕구나 자아실현 욕구가 잘 발달되지 않는다. 하위욕구의 충족에 의해 상위욕구가 발전하여 행동에 영향을 미치더라도 하위욕구에 불만족이 생겨나면 인간행동은 하위욕구의 충족을 위해 퇴행된다. 이렇듯 인간의 욕구는 서로 위계적인 관계를 지니고 있으며 상위욕구로의 발달은 하위욕구의 안정된 충족을 필요로 한다.

세 번째 가정은 전진원리이다. 사람들을 동기화시키는 것은 우선적으로 하위욕구부터 시작되어 점차적으로 상위욕구로 전진해 나간다는 것이다. 그러므로 낮은 수준의 욕구가 충족되고 난 다음에 한 번에 한 계층씩 상승하여 바로 이웃한 상위 위계의 욕구를 충족시키기 위하여 동기화된다.

매슬로우는 동기를 성장 동기(혹은 존재 동기)와 결핍 동기(또는 결손 동기)로 구분한다. 결핍 동기는 결손상태(배고픔, 추위, 불안 등)를 방지하려는 동기로 동기위계에서 하위욕구들인 생리적 욕구와 안전의 욕구, 애정의 욕구, 존경의 욕구 등이 여기에 속한다. 결핍동기의 충족은 외부에서 온다. 예를 들면, 음식, 위협을 피할 수 있는 안전, 타인의 인정, 존경 등이다. 결핍 동기의 작동원리는 긴장의 감소이다. 결핍의 경험은 긴장을 유발하고, 결핍상태를 충족하면 긴장이 해소됨으로써 만족하게 된다.

성장 동기는 인간의 잠재력을 실현하려는 자아실현 욕구이다. 성장 동기의 작동원리는 긴장(즐거운 긴장)을 추구한다. 성장욕구가 충족되면 기쁨, 행복, 건강이 유발되고, 성장욕구가 충족되지 못하면 권태나 허무, 절망 등 존재의 병을 초래하게 된다. 성장욕구의 충족에서 절정체험이라는 것이 있는데, 이는 가장 행복을 느끼고, 무아지경이 되며 환희를 느끼는 순간으로 강렬한 행복을 체험하는 것이다.

따라서 동기는 인간의 심리적 성장과 자아실현 욕구를 반영하는 것으로 동기충족은 행복의 필수요건이다.

긍정심리학은 인간이 자신의 잠재능력을 개발하고 발휘함으로써 성장하려는 욕구를 지니며, 진정한 행복을 위해서 이러한 욕구들이 균형 있고 조화롭게 충족되어야 한다고 설명한다. 행복은 효율적인 역할수행, 긍정적인 인간관계, 삶에 대한 목적의식, 성장의 변화인식, 자율성과 자기수용 등 다양한 구성요소로 이루어진다(Ryff, 1989). 인간이 불행해지는 이유는 이러한 동기를 효과적으로 추구하지 못하거나 부적절한 목표와 잘못된 방법을 통해서 추구하기 때문으로 본다. 행복에 대한 잘못된 생각은 부적절한 목표를 추구하게 만든다. 행복한 삶을 위해 적절한 목표를 추구한다 하더라도 목표를 실현할 수 있는 접근방법이 효과적이지 못하면 역시 불행과 좌절의 늪에 빠져들 수밖에 없다.

인간은 자신의 삶을 끊임없이 개선하기 위해 노력하는 존재이며, 많은 사람들이 인생의 여러 난관과 역경을 극복하고 성공적인 삶을 성취한다는 점에서 긍정심리학은 인간의 행복과 성장에 관여하게 된다.

2) 긍정정서와 부정정서에 대한 입장

긍정심리학은 인간의 긍정정서와 부정정서가 서로 독립적이라고 설명한다. 긍정정서와 부정정서는 서로 다른 심리적 과정과 신경학적 기제에 의해 유발되며 그 진화적 기능도 다름을 확인(Bradburn, 1969)하였다. 과거에는 부정정서를 제거하면 자동으로 긍정정서가 생길 것이라고 생각하였지만 실제로 부정정서의 제거는 중립정서가 나타날 뿐 긍정정서가 자동적으로 유발되는 것은 아니다.

부정정서의 감소와 긍정정서의 증진은 매우 독립적인 과정을 형성한다. 왜냐하면 긍정정서와 부정정서에 영향을 미치는 요인들이 다르기 때문이다. 예를 들어, 비관주의를 약화시키면 부정정서는 감소하지만 긍정정서가 증가하는 것은 아니다(Peterson, 2000; Peterson & Steen, 2002; 권석만, 2014 재인용). 긍정정서는 낙관주의의 강화에 의해서 증가된다. 행복감을 증진하려면, 비관주의를 약화시켜 부정정서를 감소시키고 낙관주의를 강화하여 긍정정서를 고양시켜야 한다.

한편 부정정서에 대한 입장에서 불안이나 걱정과 같은 부정정서를 완전히 제거하는 것이 반드시 바람직하다고 여기지도 않는다. 왜냐하면 부정정서가 적절한 수준에서는 적응적인 기능을 가지기 때문이다. 예를 들어, 어두운 밤길을 홀로 걷고 있을 때 누군가가 자신의 뒤를 바짝 따라온다고 생각되면, 두려움과 무서움을 경험하게 될 것이고 이런 부정정서는 자신을 보호하기 위하여 도망갈 마음의 준비를 하고 빠른 속도로 달리게 만든다. 즉, 다양한 잠재적 위험에 대해서 각기 다른 경고 메시지를 전달하는 다양한 부정정서의 기능이 존재한다. 따라서 부정정서는 특정적인 행동경향성(specific action tendency)을 유발하여 특정한 방식으로 행동하도록 만드는 적응적 기능을 가진다. 삶은 고난과 역경을 겪으면서 자신을 단련하고 인생의 의미와 교훈을 깨닫게 되는 경우가 많기 때문에 긍정심리학은 부정정서의 존재와 감소에 대한 노력의 중요성을 인정한다. 뿐만 아니라 긍정정서는 행복의 중요한 요소이며, 인간의 기능과 성장을 촉진하는 조건이기 때문에 긍정심리학에서 매우 중요하게 생각된다.

3) 긍정정서의 다양성에 대한 입장

긍정정서는 경험, 강도, 지속시간, 유발 요인 등 원인에 따라 다양하게 나타난다. 긍정심리학에서는 다양한 긍정정서를 일시적으로 좋게 만드는 노력보다는 지속적인 긍정정서 경험을 통해 자기실현과 성장을 추구하는 삶을 지향한다.

칙센트미하이(Csikszentmihalyi, 1990)는 인간이 경험하는 긍정정서를 쾌락과 즐거움으로 구분하고 있다.

쾌락(pleasure)은 생물학적 욕구(음식, 성행위, 휴식 등)와 사회적 욕구(칭찬, 수용, 인정 등)가 충족될 때 느끼는 긍정정서이다. 쾌락은 유쾌한 심리상태지만 항상 심리적 성장이나 발달로 이어지지 않기 때문에 쾌락을 지속하기 위해서는 반복적인 경험이 필요하다. 반면에 즐거움(enjoyment)은 추구하는 목표의 달성, 기대의 충족, 뜻밖의 심리적 체험이나 창의적 성과에 의해서 경험되는 긍정정서이다. 즐거움은 그 자체로 성취감과 생동감을 주며 그 영향이 지속적이기 때문에 인간의 가능성과 잠재력을 확장시켜 새로운 것을 창조하는데 기여한다. 따라서 칙센트미하이는 사람들로 하여금 쾌락과 더불어 좀 더 생산적이고 성장 촉진적인 즐거움을 많이 체험하도록 하는 방법을 연구하는 것이 긍정심리학의 중요한 과제라고 설명한다.

쾌락과 즐거움의 구분은 쾌락주의적 행복과 자기실현적 행복의 구분과 연결될 수도 있다. 쾌락주의적 입장에서는 쾌락경험을 많이 하는 것이 행복한 삶이라고 여긴다. 쾌락주의에서 지향하는 행복은 긍정정서를 지속적으로 경험할 수 있는 풍요로운 삶을 사는 것이다. 반면에 자기실현적 입장에서는 개인이 지닌 잠재력을 충분히 발현함으로써 진정한 자신의 모습을 구현하는 것이 행복의 중요한 요건이라고 여긴다. 개인이 지니는 강점과 미덕을 계발하고 발휘함으로써 잠재력을 최대한 구현하는 삶이 행복한 삶이라고 보는 것이다. 이러한 자기실현의 과정은 쾌락을 수반할 수도 있고 그렇지 않을 수도 있다.

Chapter 02 긍정정서

1. 쾌감의 의미
2. 긍정정서의 의미
3. 긍정정서의 이론
4. 긍정경험

"

우리의 마음은 밭이다.
그 안에는 기쁨, 사랑, 즐거움, 희망과 같은
긍정의 씨앗이 있는가 하면
미움, 절망, 좌절, 시기, 두려움 등과 같은
부정의 씨앗이 있다.
어떤 씨앗에 물을 주어 꽃을 피울지는
전적으로 자신의 의지에 달려 있다.

"

틱낫한(Thich Nhat Hanh)

긍정심리학자들은 인간이 행복하다고 느끼는 심리적 체험과 긍정정서에 깊은 관심을 지닌다. 이 장에서는 오감을 통해서 직접적으로 느끼게 되는 감각적 쾌감, 좀 더 복합적이고 지속적인 속성을 지닌 긍정정서 그리고 의미감을 수반하게 되는 긍정경험에 대해 살펴보기로 한다.

1. 쾌감의 의미

1) 쾌감의 정의

쾌감은 감성(感性)의 만족 또는 욕망의 충족에서 오는 유쾌한 감정으로 오감을 통해 경험되는 긍정적인 감각이다. 좋아하고, 바라며, 구하고, 획득하여 유지 · 영속시키려는 대상 또는 상황에 대한 감정이 여기에 속한다. 쾌감은 주관적 · 개인적 · 우연적이며, 시간에 따라 일정치 않고 객관적 법칙성을 갖지 않는다. 이러한 쾌감은 오감을 통해 직접적으로 경험되는 순수한 쾌감에서부터 인지적 과정이 개입되어 체험되는 복합적 쾌감에 이르는 다양한 긍정적 경험을 포함한다.

셀리그만(Seligman, 2002b)은 쾌감을 육체적 쾌감과 고등한 쾌감으로 구분한다. 육체적 쾌감(bodily pleasure)은 인간의 생물학적 기제에 의해 감각을 통해 자동적으로 느껴지는 긍정적 경험이다. 대부분 생물학적 욕구를 충족시키는 것으로서 지속기간이 짧다. 육체적 쾌감은 피부, 특히 입, 성기, 항문, 귀, 코와 같은 구멍 부위에서 느껴지는 감각과 밀접하게 관련되어 있다(Rozin, 1999). 아마도 쾌감은 사람과 환경 사이에서 일어나는 교류를 예민하게 감지하고 감독함으로써 생존에 필요한 적응적 기능을 하는 것으로 이해된다. 반면에 고등한 쾌감(higher pleasure)은 좀 더 복잡한 심리적 처리과정을 통해서 느껴지는 복합적인 긍정경험이다. 이러한 쾌감은 고등한 심리적 욕구의 충족과 관련되는 경우가 많으며 장기간 지속된다. 예컨대, 아기의 모습을 보고 귀여움을 느끼거나 음악을 들으며 즐거움을 느끼는 경우는 좀 더 복잡한 심리적 과정이 개입되는 고등한 쾌감이다. 고등한 쾌감의 적응적 기능은 쉽게 설명하기 어렵다. 다만 프리드릭슨(Fredrickson, 1998)에 따르면, 고등한 쾌감이 안전의 신호일 뿐만 아니라 심리적 기능을 확대하고 적응능력을 향상시키는 기능을 하는 것으로 추정된다. 진화심리학자들은 쾌감이 진화과정에서 우리 종의 생존과 보존을 위해서 필요했던 과제들, 즉 양육, 짝짓기, 영양섭취, 안전 확보와 같은 과제들을 해결하는 데 도움이 되었다는 점을 강조하고 있다(Buss, 2000).

2) 쾌감에 대한 절정-대미 이론

인간의 감각 경험은 매순간 변한다. 인간이 느끼는 즐거움은 지금-여기에서의 순간적인 감각보다 기억의 형태로 경험되는 경우가 더 많다(Rozin, 1999).

다니엘 카너먼(Daniel Kahneman, 1999)에 따르면, 과거 경험에 대한 기억은 그 경험을 하는 동안 가장 강렬했던 감각과 그 경험의 마지막 부분에서 느낀 감각에 의해 영향을 받는다는 것이다. 즉, 어떤 경험을 하는 과정에서 가장 강렬한 감각을 느낀 절정 경험과 그 경험이 끝나는 시점에서 느낀 종료 경험이 전체 경험의 평가에 중요한 역할을 한다는 것이다. 이러한 주장을 절정-대미 이론(peak-end theory)이라고 한다(권석만, 2008 재인용).

한 가지 실험(Kahneman, Fredrickson, Schreiber & Redelmeier, 1993)에서 참가자들에게 60초 동안 차가운 얼음물 속에 손을 담그고 있도록 하여 참가자들에게 고통스러운 경험을 하게 했다. 이들 중 어떤 참가자들에게는 추가적으로 30초 동안 더 손을 담그고 있도록 했고, 이들에게 알리지는 않았지만 물의 온도를 1도 정도 높여서 덜 고통스럽도록 만들었다. 몇 분이 지난 후에 그러한 경험에 대한 전반적인 평가를 하게 했다. 그 결과, 90초 동안 손을 담그고 있었던 두 번째 조건의 참가자들은 60초 조건의 참가자들보다 그 경험을 덜 고통스러운 것으로 평가했다. 사실 90초 조건의 참가자들은 60초 조건의 참가자들과 동일한 고통 상황에 있었으며 1도 정도 더 높기는 하지만 역시 고통스러운 경험을 30초 동안 더 경험했다. 그러나 이들은 60초 조건의 참가자들보다 전반적인 고통의 정도를 더 낮게 평가한 것이다. 이러한 결과는 절정-대미 이론을 뒷받침하는 것인 동시에 참가자들이 고통의 지속기간을 전반적 평가에 반영하지 않는다는 것을 의미한다(권석만, 2008 재인용).

카너먼(1999)은 이러한 현상을 지속기간 경시(duration neglect)라고 명명한다. 즉, 우리는 유쾌한 것이든 불쾌한 것이든 어떤 경험이 얼마나 오랫동안 지속되었는지를 중요하게 여기지 않는 경향이 있다는 것이다. 중요한 것은 가장 강렬했던 쾌감의 수준과 마지막 수준에 경험한 쾌감의 수준이라는 것이다.

이러한 연구결과가 시사하는 바는 즐거운 경험을 하게 될 때 그 경험이 단지 오래 지속되도록 하기보다는 강렬한 즐거움을 느끼는 절정 시점을 만들고 끝부분을 즐겁게 해서 나중에 돌이켜볼 때 긍정적인 경험으로 기억되도록 만들 수 있다는 점이다. 예컨대, 적당히 맛있는 음식을 여러 개 내어놓기보다 한 개라도 아주 맛있는 음식과 산뜻한 디저트를 내어놓는 음식점을 다시 찾게 된다는 것이다.

3) 쾌감의 적응적 기능

쾌감에 대한 적응적 기능은 크게 두 가지로 살펴볼 수 있다. 첫 번째는 지속시간 경시로 인해 적응 현상을 가지게 하고, 두 번째는 변화에 대한 민감성을 가지게 한다는 것이다.

쾌감은 유쾌한 보상적 경험이기 때문에 반복적 경험을 요구하게 되고, 반복적 경험은 유쾌함의 강도를 감소시키는 경향이 있다. 즉, 처음에는 매우 유쾌한 경험이었지만 경험의 반복이 쾌감이나 흥미를 저하시키게 된다. 이는 쾌감에 대한 지속시간 경시 때문이다. 쾌감 경험에 대한 지속기간 경시를 나타내는 이유는 쾌감 경험에 적응하기 때문이다. 쾌감을 주는 동일한 자극을 반복하여 접하게 되면, 그에 대한 쾌감을 점점 덜 느끼게 된다. 이러한 현상을 적응(adaptation)이라고 하며, 둔감화(desensitization) 또는 습관화(habituation)라고 부르기도 한다. 쾌감에 대한 적응 현상은 매우 보편적인 현상이다. 그래서 쾌감을 추구하지만 반복되는 경험 속에서 지루함을 느끼며 항상 새로운 쾌감을 추구하며 살아가게 되는 것이다.

인간은 새로운 변화상황에 계속적으로 적응하면서 중립적인 상태로 돌아가는 경향이 있다(Brickman & Campbell, 1971). 이를 인간의 적응경향성이라고 한다. 예컨대, 뜨겁게 사랑하던 연인들이 결혼생활을 하게 되면서 그 열정이 차츰 식게 되는 것이다. 이러한 적응과정은 어떤 특정한 감각을 유발하는 외부의 자극에 의해 인간을 보호해 주는 기능을 지닌다. 쾌감이든 고통이든 새로운 감각은 우리의 신체반응을 흥분시키며 주의를 분산시키고, 흥분상태를 오래 지속시키지 않도록 하여 생존을 위해 일상적인 생활로 돌아오도록 한다(Barkow, 1997).

뿐만 아니라 적응과정은 우리가 주변 환경에서 일어나는 '변화'에 민감해지도록 해 준다. 인간은 생존을 위해서 환경의 변화를 예민하게 포착하고 그에 대처해야 한다. 그런데 반복되는 자극에 지속적으로 주의를 빼앗기고 있다면 새로운 환경변화에 대응하기 어렵다. 동일한 활동을 반복하게 되면 흥미를 잃게 되지만, 매번의 활동 속에서 약간의 변화를 주게 되거나 새로움을 발견하게 되면 흥미를 유지할 수 있다. 예컨대, 취미활동을 기계적으로 반복하게 되면 적응 또는 둔감화가 일어나 흥미를 상실하지만, 그 활동 속에서 미묘한 변화를 포착하거나 창의적으로 변화를 추구하게 되면 오히려 민감화(sensitization)가 일어나 흥미가 증대될 수 있다. 이러한 차이는 활동의 속성 자체에 있을 수도 있지만 그 활동에 임하는 사람의 자세와 태도에 달려 있다.

2. 긍정정서의 의미

1) 정서의 의미

(1) 정서의 정의

정서(emotion)는 외부적 상황에 대한 반응으로 경험하게 되는 느낌으로 정의된다. 즉, 감동된 상태이며, 느낌, 인지, 충동을 내포한다. 쾌감은 대부분 지속기간이 짧고 특정한 자극과 연결되어 단순한 것인 반면, 정서는 주관적인 느낌뿐만 아니라 특정한 생리적 반응, 사고 및 행동 패턴과 관련되어 있다.

- 생리적 변화를 포함하는 열정이나 감수성의 동요이며, 의식적인 노력을 통해서라기보다는 주관적으로 발생하는 기쁨, 슬픔, 존경, 증오, 사랑과 같은 강렬한 감정이다.
- 단일 구성개념이라기보다는 내장기관의 반응이나 운동반응뿐만 아니라 지각, 주의, 평가, 감정을 포함하는 일련의 과정들로 개념화할 수 있다.
- 단순한 주관적인 느낌이 아니라, 우리 신체의 측정 가능한 변화들을 반영하고, 환경 속의 사건에 대하여 예측할 수 있는 반응이며, 사고와 행동에 영향을 미친다.

정서는 주로 외부적 상황에 의해 유발되지만 때로는 내부적 상태, 즉 기억이나 상상에 의해서 유발되는 경우도 있다. 정서는 크게 3가지 요소인 정서적 체험, 생리적 반응 그리고 행동 준비성으로 구성된다.

〈표 2-1〉 정서의 3요소

정서 요소	정의	예시
정서적 체험	• 좋거나 싫은 또는 유쾌하거나 불쾌함에 대한 주관적 체험 • 목표와 관련한 사건에 대한 의식적 · 무의식적 평가에 의해 유발	신호등 건너 사랑하는 연인이 서 있는 모습을 보고 설레거나 기분 좋아짐
생리적 반응	• 특정 감정에 대한 자율신경계의 생리적 반응	가슴이 두근거리거나 홍조를 띰
행동 준비성	• 특정 감정을 느끼게 되면 그와 관련된 특정행동을 표출 • 감정 유발한 사건에 대해 대처하도록 함	신호가 바뀜과 동시에 달려가 껴안음

정서는 자율신경계의 흥분반응으로 생리적 반응을 수반하며, 정서의 유형에 따라 생리적 반응은 독특하게 나타난다. 에크만, 리벤슨과 프리슨(Ekman, Levenson & Friesen, 1983)은 신체반응이 정서마다 독특한 자율신경 반응패턴이 있다는 것을 보고하였다. 심장박동은 행복, 놀람, 혐오보다 분노, 공포, 슬픔 등에서 더욱 빨랐다. 피부온도는 공포나 슬픔의 경우보다 분노의 경우에 더 높았다.

또한 정서는 행동을 촉진한다. 플루치크(Plutchik, 1980)에 따르면, 정서는 종들이 생존하고 번식하는 데 필요한 적응반응을 돕는 것으로서 특정한 행동적 반응을 유발하는 경향성을 지닌다. 예를 들어, 불안과 공포는 위험으로부터 도피하는 행동을 유발하고 분노와 혐오는 공격자에 대응하여 물리치는 공격적 행동을 유발하며, 사랑과 수용의 감정은 배우자나 동료에 대한 애착과 보호행동을 촉진한다.

(2) 정서의 표현

정서는 신체 생리적 반응과 행동적 반응으로 표출되지만, 정서가 가장 즉각적으로 표현되는 것은 얼굴표정이다. 인간은 주로 얼굴표정을 통해 정서를 표현하고 상대방의 정서 상태를 파악한다. 특정한 정서 상태와 얼굴표정 간에는 밀접한 관계가 있다. 그러나 어떤 정서는 문화의 차이에 상관없이 보편적인 얼굴표정으로 표현되는 반면, 어떤 정서는 문화마다 차이를 보인다. 에크만(Ekman, 1984)에 따르면, 공포, 놀람, 분노, 혐오, 슬픔, 기쁨 등의 정서는 여러 문화권에 걸쳐 얼굴표정이 매우 유사한 보편성을 나타낸다고 한다. 그러나 수치, 관심, 경멸 등의 감정은 그러한 보편성이 현저하게 떨어진다.

정서표현은 문화에 따라 달라질 수 있으며 개인에 따라 차이가 있다. 사람들은 정서표현의 정도에 따라 실제 정서보다 과장해서 표현하는 외현형(externalizer)과 반대로 축소해서 표현하는 내면형(internalizer)으로 구분된다(민경환, 1995). 여자는 대체로 외현형에 속하고 남자는 내면형에 속하는 경향을 보인다. 특히 동양문화권의 사람들은 정서표현을 억제하는 내면형이 많은 반면, 서구문화권의 사람들은 외현형이 많다. 한국사회는 유교문화권으로서 정서표현을 억제하는 경향이 있으나 현대에 접어들면서 세대 간의 차이가 나타나고 있는 듯하다. 젊은 세대는 기성세대에 비해 좀 더 적극적인 정서표현을 하는 경향이 있다.

(3) 정서의 분류

우리가 경험하는 정서는 매우 다양하지만, 기본정서와 복합정서로 구분된다. 기본정서는 모든 인간에게 공통적으로 나타나는 원형적 감정을 뜻한다. 반면에 복합정서는 기본정서의 조합에 의해 파생되는 감정을 의미한다. 기본정서의 분류에 초점을 맞춰온 심리학자들(Plutchik, 1980; Ekman, 1993)은 기본정서의 수를 7~10개 정도로 다양하게 추정하고 있으나 기쁨, 즐거움, 행복감과 같은 정서가 기본정서라는 점에서는 모두 동의하고 있다. 몇몇 학자별로 정서에 대한 분류는 다음과 같다.

① 플루치크의 정서바퀴

로버트 플루치크(Robert Plutchik, 1980)의 정서바퀴(emotion wheel)에 의하면 인간의 정서는 8가지 기본정서와 복합정서로 구분되며, 복합정서는 두 가지 기본정서의 조합으로 생성된 정서라고 정의한다. 8가지 기본정서는 기쁨, 수용, 공포, 놀람, 슬픔, 혐오, 분노, 기

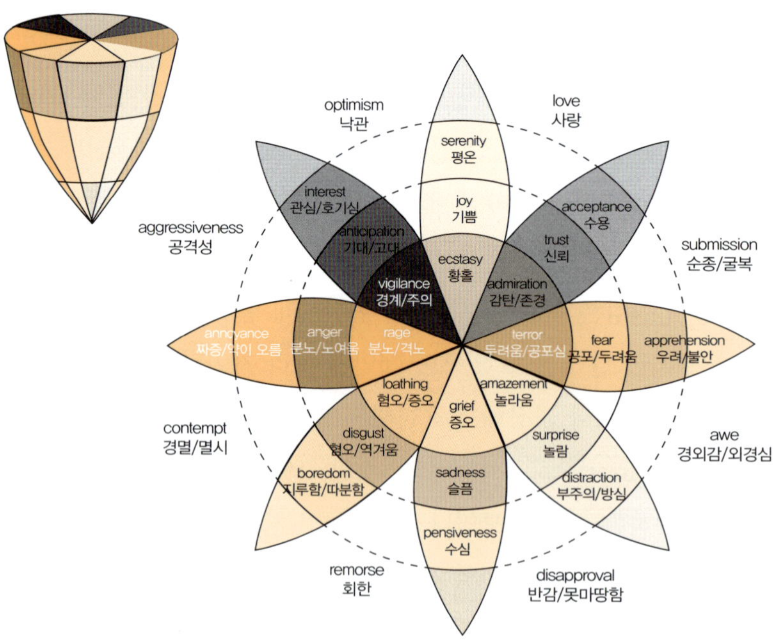

[그림 2-1] 플루치크(Plutchik)의 정서바퀴

(민경환, 1995, 권석만, 2011 재인용)

대이며, 복합정서는 사랑, 복종, 경외, 실망, 후회, 경멸, 공격, 낙관 등이다. 예컨대, 사랑은 기쁨과 수용의 조합으로 생성된 복합정서이다. 이는 플루치크의 정서바퀴에서 살펴볼 수 있으며, 8개의 기본정서들은 상호인접성의 정도에 따라 상호유사성의 정도가 결정되며, 바퀴의 양극에 있는 정서는 서로 반대되는 관계의 정서임을 표시한다.

② 러셀의 2차원 정서 원형 모형

제임스 러셀(James Russell, 1980)은 원형 모형(circumplex model)을 제안하였다. 원형 모형은 인간의 모든 정서를 2가지 차원인 유쾌함과 강도에 따라서 구분한다. 즉, 정서는 유쾌하거나 불쾌하고 강하거나 약하다는 것이다. 예를 들어, 행복한 사람이 동시에 슬플 수는 없다고 생각한다(Russell & Carroll, 1999). 두 차원에 따라서 원형태의 정서가 4등분 되는데 유쾌–강함 분면에는 '행복한(happy)'과 '아주 기쁜(delighted)' 등이, 유쾌–약함 분면에는 '편안한(relaxed)'과 '만족스런(satisfied)' 등이, 불쾌–약함 분면에는 '지루한(bored)'과 '슬픈(sad)' 등이 그리고 불쾌–강함 분면에는 '오싹한(alarmed)'과 '성가신(annoyed)' 등이 들어간다.

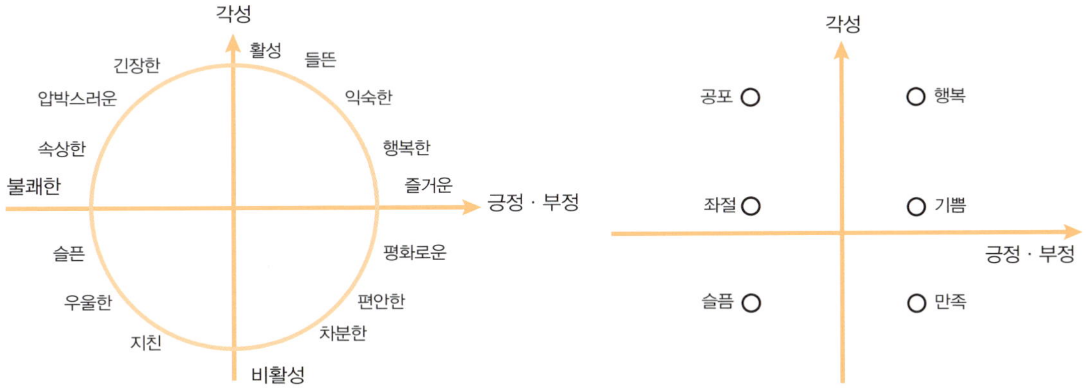

[그림 2-2] 러셀(Russell)의 2차원 정서 원형 모형

(민경환, 2002; 권석만, 2011 재인용)

③ 왓슨과 텔레건의 정서 차원 모형

왓슨과 텔레건(Watson & Tellegen, 1985)은 정서를 정적 차원과 부적 차원으로 구분하여 제시한다. 다만 연속적 차원으로 정서를 나열했던 러셀(Russell)과는 달리 왓슨과 텔레건은 정적 정서와 부적 정서를 독립적인 차원으로 보았다. 따라서 배타적으로 보이는 정서일지라도 동시에 경험할 수 있다고 설명하고 있다. 즉, 슬프면서도 기쁜 감정이나 아쉬우면서도 후련한 감정을 동시에 느낄 수 있다는 것이다.

왓슨(Watson, 2002)은 이후 다양한 긍정정서에 3가지의 기본적 차원이 존재한다고 주장한다. 첫째 차원은 유쾌성(joviality)이다. 행복감, 쾌활한 기분, 열광적 관심 등에서 나타난다. 둘째 차원은 확신성(assurance)이다. 자신감이나 대담한 용기에서 나타난다. 셋째 차원은 주의 집중성(attentiveness)이다. 주의집중, 명료한 의식, 전념에서 볼 수 있다. 즉, 우리가 느끼는 긍정정서는 얼마나 유쾌한 것인가 하는 점뿐만 아니라 얼마나 강렬한 확신이 담겨 있으며 그 초점이 집중되어 있는가에 따라 다양하게 분류될 수 있다고 주장한다.

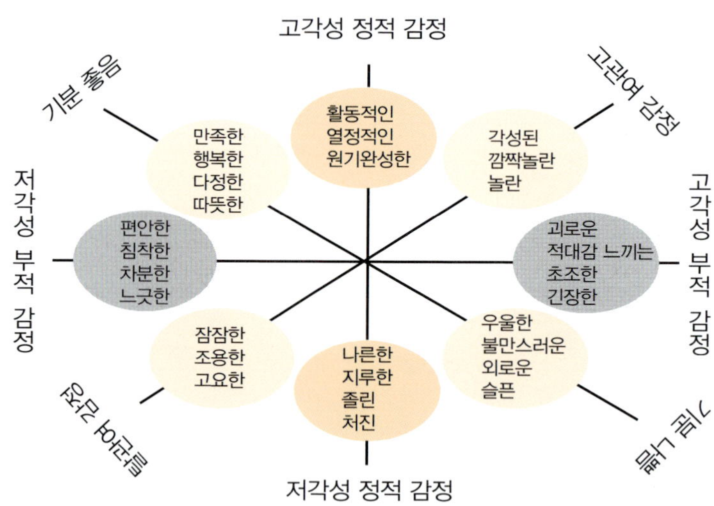

[그림 2-3] 왓슨과 텔레건(Watson & Tellegen)의 정서 차원 모형

일반적인 정서요소들을 제시하면 〈표 2-2〉와 같다.

〈표 2-2〉 정서요소의 구분

정서요소	정의
슬픔(Sadness)	• 상실감에 대한 정서적인 반응으로 스트레스, 고통, 질병과 밀접하게 관련된다.
행복(Happiness)	• 개인의 주관적인 가치관에 의해 만족감이 성취된 심리상태를 의미한다. • 인간이 만족하고 충만하다는 것을 알려주는 핵심적인 감정이다.
분노(Anger)	• 어떤 이의 행동이나 생각을 이해하지 못할 때 발생하며 불쾌감에 의해 유발되는 강한 감정의 상태를 의미한다. • 인간이 경험하는 정서 가운데 가장 기본적이며, 개인적 · 사회적으로 치명적인 결과를 초래하는 강렬한 에너지이다.
두려움(Fear)	• 두려운 느낌으로 정의되며, 위협당할 때, 욕구가 무시될 때 일어난다. • 위험에 대한 경고, 분별력과 지혜를 주는 에너지이다.
죄책감(Guilt)	• 스스로가 저지른 잘못에 대하여 책임을 느끼는 정서를 의미한다. • 불쾌감을 주며, 오랜 시간 동안 지속된다는 특징이 있고, 양심을 이루는 에너지이다.
사랑(love)	• 어떤 사람이나 존재를 몹시 아끼고 귀중히 여기는 마음을 의미한다.
희망(Hope)	• 일어날 일에 대한 기대를 가지고 바라며, 앞으로 잘 될 수 있다는 가능성을 의미한다.
수치심(Shame)	• 부끄러움을 느끼는 마음을 의미한다. • 사회적 관습을 위반했을 때 죄책감처럼 상대방을 다치게 하며, 모든 정신적 질환을 일으키는 주범이다.
질투(Jealousy)	• 다른 사람이 잘되거나 좋은 처지에 있는 것 따위를 공연히 미워하고 깎아내리려 하는 마음으로 정의된다.
불안(Anxiety)	• 특정한 위험을 알아차릴 수는 없지만 뭔가 나쁜 일이 일어날 것이라는 일반적인 기대를 의미한다. • 인간의 생존에 가장 필수적인 정서이며, 적당한 불안은 위험에 대한 대처능력을 가지게 하는 에너지이다.

2) 긍정정서의 정의

정서(emotion)는 외부적 상황에 대한 반응으로 경험하게 되는 느낌이다. 정서는 유쾌함-불쾌함 또는 좋음-싫음을 포함하는 주관적인 정서체험과 특정한 감정이 자율신경계에 나타나는 생리적 반응과 감정을 유발하는 사건에 대해서 효과적인 대처를 돕는 행동 준비성으로 구성된다(권석만, 2008). 이러한 정서에 대해 프레드릭슨(Fredrickson, 1998)은 긍정정서란 환경적인 자극에 대하여 긍정적으로 평가를 내린 의식 상태라고 정의하였다.

긍정정서는 종종 식욕이나 성욕과 같은 감각적 쾌락과 동일시되어 사용되어 왔다. 그러나 긍정정서는 환경에 대한 주관적 의미 부여라는 인지적 평가가 주요 요소이지만, 쾌락은 물리적 환경에 대한 신속하고 재빠른 반응이 원인이라는 점에서 차이가 있다(김주환 외, 2009). 또한 쾌락은 대부분 신체적 자극에 의해 유발되지만 긍정정서는 대부분 외부 자극 없이도 발생할 수 있다는 것이다(Fredrickson & Losada, 2005).

프레드릭슨과 레벤슨(Fredrickson & Levenson, 1998)은 긍정정서와 부정정서가 작동기제나 적응적 기능이 서로 다른 것이며, 긍정정서의 특징을 부정정서와는 차별적으로 이해해야 한다고 주장한다.

정서의 기능은 현재 상황 또는 미래에 겪게 될 상황에 대응하는 현재의 대처방식(Morris, 1999)이며, 적응에 필요한 진화적 기능을 지니고 있다. 현대의 진화심리학자들은 긍정정서가 인간의 진화 · 적응 · 생존에 절대적으로 필요하다(David Buss, 2000)고 주장한다. 부정정서는 인간이 처하게 될 위험과 위협에 대응하도록 만드는 적응적 기능을 지닌다. 또한 특정적인 행동경향성(specific action tendency)을 유발하여 특정한 방식으로 행동하도록 만든다. 부정정서가 우리에게 위험을 알리고 반응범위를 좁혀서 위험신호에 재빨리 대처하도록 하는 반면, 긍정정서는 안전의 신호로서 대처역량을 확장하고 증대시키는 것이다. 즉, 긍정정서 경험은 이후에 다른 상황에서 사용할 수 있는 개인적 자원을 확장하고 축적하는 기능을 지닌다. 또한 긍정정서는 환경에 대한 적응과정에 중요한 역할을 하며 종의 생존에 필요한 것이다(Buss, 2000). 예컨대, 애착, 돌봄, 사랑의 유대 없이는 공동생활과 협동적 양육, 공동방어를 위한 조건을 갖추기 어려울 것이다. 따라서 긍정정서는 인간의 적응과 생존에 반드시 필요한 것이다.

인간 삶에 긍정정서의 경험이 행복감을 느끼는 데 중요한 역할을 한다면 긍정정서의 빈도와 강도도 매우 중요하다. 그러나 긍정정서의 빈도와 강도는 인간이 행복감을 느끼는데 필요한 주관적 안녕에 각기 다른 영향을 미친다(Diener, Larson, Levine & Emmons, 1985).

일반적으로 긍정정서의 빈도가 전반적인 행복감에 더 중요하다. 드물게 경험하는 환희 경험보다는 일상생활에서 일관성 있게 자주 경험되는 즐거움이 주관적 안녕에 더 중요하다. 그러나 적응과정에서 설명한 바와 같이 반복되는 정서는 그 효과가 감소한다. 절정-대미 이론에서 보았듯이 강렬한 긍정정서가 그 경험의 기억에 중요한 영향을 미친다. 이러한 결과는 긍정정서의 강도도 역시 주관적 안녕과 밀접한 관련이 있음을 시사한다. 한 연구에서 긍정정서 강도는 부정정서 강도와 상관이 있는 것으로 밝혀졌다(Diener et al., 1985). 매우 강렬한 행복감을 느끼는 사람은 부정적인 정서경험 역시 매우 강렬하게 느낀다는 것이다. 일반적으로 여성은 남성보다 긍정정서든 부정정서든 더 강렬하게 경험하며, 노년층보다 젊은이들이 정서를 더 강렬하게 경험하는 경향이 있는 것으로 밝혀졌다(Argyle, 1999). 이처럼 긍정정서의 빈도와 강도는 인간의 행복감에 복잡한 영향을 미친다.

3) 긍정정서의 유형

인간을 행복하게 만드는 긍정정서는 무수히 많고 다양하다. 다채로운 긍정정서를 경험하는 것이 풍요롭고 행복한 삶이라면 불필요한 부정정서를 최소화하는 것도 행복의 중요한 조건이다. 프레드릭슨(Fredrickson)은 행복한 마음을 구성하는 주요한 긍정정서를 10가지로 제시한다.

(1) 평온감

평온감(serenity)은 고요하고 평화로운 마음이다. 평온감은 모든 것이 갈등 없이 평화롭게 흘러가는 삶의 상태에 대해서 느끼는 이완된 긍정정서이다. "아~ 평화롭다. 모든 것이 편안하고 만족스럽다"라는 안전하고 차분한 느낌을 말한다.

예컨대, 하루의 일을 성공적으로 잘 마무리하고 가정에서 느긋한 저녁시간을 맞이하면서 평온감을 느낀다. 때로는 고요한 산사에서, 평화로운 바닷가에서 또는 조용히 묵상하면서 평화롭고 청정한 마음의 행복을 경험하게 된다.

평온감은 행복한 마음의 바탕이며, 반대되는 부정정서는 혼란감 · 불안감 · 당혹감이다.

(2) 환희감

환희감(joy)은 긍정적인 사건이나 변화로 인해 느끼는 흥분된 기쁜 마음이다. "바라던 좋은 일이 일어났다. 드디어 이뤄냈다. 신난다"와 같이 흥분된 긍정정서가 환희다.

예컨대, 시험의 합격, 자녀의 탄생, 사랑의 성취 등과 같이 소망하던 일들이 이루어졌을 때 느끼는 긍정정서가 바로 기쁨과 환희다.

환희감은 밝고 가벼운 긍정정서로서 우리에게 환한 미소가 피어나게 하고 신바람이 나게 한다. 삶에 생기를 불어 넣으며 무엇이든 도전할 수 있는 자신감과 동시에 무엇이든 용서할 수 있는 관대한 마음을 유발한다. 환희감에 반대되는 부정정서는 슬픔 · 실망감 · 우울감이다.

(3) 사랑

사랑(love)은 호감을 느끼는 사람이나 대상에 대한 긍정정서이다. 사랑은 주로 인간관계에서 느끼는 행복한 마음으로 애정이라고도 불린다.

예컨대, "그 사람이 참 좋다, 사랑스럽다, 함께 있으면 마음이 편하고 즐겁다, 항상 함께 있고 보호해 주고 싶다"는 마음이다.

사랑의 종류도 매우 다양하다. 어린 자녀에게 느끼는 부모의 사랑, 부모에게 애착하는 자녀의 사랑, 친구나 동료에게 느끼는 우정과 유대감, 그리고 연인 간의 낭만적 사랑이 이에 속한다.

애정감은 사람뿐만 아니라 신, 자연, 반려동물 등 다양한 대상에 대해서도 경험할 수 있으며, 반대되는 부정정서는 미움 · 혐오감 · 증오감 · 고독감이 있다.

〈표 2-3〉 사랑의 유형과 구성요소

유형	구성요소	내용
비사랑	–	일상적으로 만나 지나치게 되는 무의미한 대인관계 상태 [관계형성 안 됨]
우정	친밀감	친구관계에서 느끼는 우정과 같이 가까움과 따뜻함을 느끼는 상태 [친구관계]
짝사랑	열정	우연히 어떤 사람을 보고 첫눈에 반해 뜨거운 사랑의 감정을 느끼는 상태 [가슴앓이]
공허한 사랑	책임감	상호 간 정서적 교류 없이 수년간 지속되고 있는 정체된 관계의 상태 [돈 많은 늙은 남자와 결혼하는 젊은 여자]
낭만적 사랑	친밀감, 열정	신체적 또는 다른 매력의 요소에 대해 좋아함의 상태 [휴가나 여행에 만나 며칠 동안 나눈 뜨거운 사랑]
허구적 사랑	열정, 책임감	서로 이해할 시간이 부족하고 동정에 의해 나타난 상태 [만난 지 며칠 만에 약혼하고 보름 만에 결혼]
우애적 사랑	친밀감, 책임감	열정이 없거나 식어버린 상태 [결혼생활 오래된 부부]
완전한 사랑	친밀감, 열정, 책임감	사랑의 세 요소를 모두 갖춘 이상적인 상태 [모두가 갈구하나 성취하거나 유지하기 어려운 사랑]

스턴버그(Sternberg, 1986). 사랑의 삼각형이론 중에서(권석만, 2008 재인용).

(4) 자존감

자존감(pride)은 자기 자신에 대해서 만족스럽게 여기는 긍정적인 마음이다.

예컨대, "나는 참 괜찮은 사람이다, 나는 유능한 사람이다, 자랑스럽다"라는 자기긍지감을 뜻한다.

자존감은 타인의 평판을 의식하는 감정으로 부모나 주변 사람들로부터 칭찬과 인정을 받음으로써 증진될 수 있다. 자존감은 자신감과 성취욕을 자극하여 더 큰 성취를 이루게 하며, 난관과 역경을 극복하도록 돕는다. 반대되는 부정정서는 자책감 · 열등감 · 자괴감 · 죄책감이 있다.

(5) 유희감

유희감(amusement)은 어떤 활동을 하면서 재미있다고 느끼는 즐거움과 흥겨움의 긍정정서이다.

예컨대, 아이들이 놀이를 하면서 배고픔마저 잊고 빠져드는 행복한 마음이다. "참 즐겁다, 재미있다, 신난다, 다음에 무슨 일이 벌어질까?, 계속하고 싶다"고 느끼는 유쾌한 마음으로서 몰입과 무아지경에 빠져들게 만든다. 반대되는 부정정서는 지겨움 · 피곤함 · 권태감이다.

(6) 영감

영감(inspiration)은 어떤 지적인 깨달음이나 통찰을 경험하며 느끼는 긍정정서이다. 무언가를 배우면서 새롭게 이해하고 깨닫거나 새로운 아이디어가 떠올랐을 때 느끼는 유쾌한 마음이 영감이다.

예컨대, 책을 읽거나 강연을 들으며 새로운 깨달음을 얻을 때, 비범한 사람의 삶에서 인생의 통찰을 얻을 때, 어려운 문제를 두고 고민하던 중 해결책이 불쑥 떠올랐을 때 무릎을 치면서 "맞았어, 바로 그거야, 아~ 그랬구나"라고 소리치며 느끼는 행복한 마음이 바로 영감이다. 반대되는 부정정서는 답답함 · 지루함 · 무력감이 있다.

(7) 희망감

희망(hope)은 미래에 좋은 일이 벌어질 것이라는 기분 좋은 기대감과 설렘의 긍정정서이다. 희망감은 현재의 상황이 좋지 않은 경우에도 느낄 수 있는 감정이다. 즉, 고난과 좌절에도 포기하지 않고 우리의 능력을 발휘하도록 동기를 유발하며 더 나은 미래를 향해 나아가도록 추진하는 힘이다.

예컨대, 새로운 목표와 계획을 세우면서 "그런 일이 이루어지면 얼마나 좋을까?, 그런 순간이 빨리 왔으면 좋겠다"라고 바라는 가슴 뛰는 행복한 마음이 바로 희망감이다. 반대되는 부정정서는 절망감이다.

(8) 사은감

사은감(gratitude)은 자신에게 주어진 것에 대해서 감사하는 긍정정서이다. 사은감은 선물을 받았다는 기쁨과 더불어 선물을 준 사람에 대한 감사와 존경이 어우러진 기분 좋은 감정이다. 일반적으로, 사은감은 자신의 현재 상태가 과분한 혜택을 받은 것이라는 축복감과 함께 이러한 혜택을 베풀어준 사람에 대한 감사함이 포함된다.

예컨대, 자신의 삶을 긍정적으로 평가하면서 "나는 참 많은 것을 받았다, 축복 받은 삶이다, 나는 행운아다"라고 여기는 행복감이 바로 사은감이다. 반대되는 부정정서는 원망감 · 결핍감 · 복수심이 있다.

(9) 흥미감

흥미감(interest)은 무언가 새롭거나 색다른 것에 관심을 갖고 호기심과 기대감에 가슴이 설레고 벅차오르는 긍정정서이다. 즉, 무언가에 매료되어 탐구하게 만드는 감정이 흥미감이다.

예컨대, 새로운 세계로 여행을 하거나 새로운 것을 경험하며 "이거 참 흥미롭다, 더 자세히 알고 싶다, 깊이 배워보고 싶다"라고 느끼는 마음이 바로 흥미감이다. 반대되는 부정정서는 권태감 · 따분함 · 싫증 · 혐오감이 있다.

(10) 경외감

경외감(awe)은 무언가 대단한 것에 직면했을 때 느끼는 압도감과 존경심으로 혼합된 긍정정서이다.

예컨대, 거대한 산, 넓은 바다, 황홀한 석양, 아름다운 가을 풍경, 별이 반짝이는 밤하늘을 접할 때 "참 대단하다, 감동적이다, 장엄하고 숭고하구나"라고 느끼며 경험하는 놀라움이다.

경외감은 자연뿐만 아니라 신 또는 인간의 고매한 인격과 탁월한 능력에 대해서 느낄 수 있는 긍정정서이기도 하다. 반대되는 부정정서는 경멸감 · 시시함 · 혐오감이 있다.

〈표 2-4〉 긍정정서의 유형

긍정정서	경험 내용	부정정서
평온감	평화롭게 흘러가는 삶의 상태에 대한 감흥	불안, 공포, 혼란감
환희감	긍정적인 사건이나 변화에 대한 유쾌한 흥분감	슬픔, 우울, 좌절감
사랑	좋아하는 사람이나 대상에 대한 애정어린 마음	미움, 혐오, 고독감
자존감	자신의 긍정적 특성이나 성취에 대한 만족감	자괴감, 열등감
유희감	어떤 활동을 하면서 느끼는 재미와 흥겨움	지겨움, 피로감
영감	지적인 깨달음이나 통찰에 대한 유쾌한 감흥	답답함, 지루함
희망감	긍정적인 미래에 대한 기대감과 설렘	절망감, 두려움
사은감	자신에게 주어진 것에 대해서 감사하는 마음	원망감, 복수심
흥미감	새롭고 색다른 것에 대한 호기심과 기대감	권태감, 따분함
경외감	장대함과 아름다움에 대한 놀라움과 감동	경멸감, 혐오감

3. 긍정정서의 이론

긍정정서를 설명하는 이론에는 확장과 축적 이론, 원상복구 가설, 긍정정서의 유전론, 긍정정서의 인지론이 있다.

1) 확장 및 축적 이론

정서의 기능에서 부정정서는 우리에게 위험을 알리고 반응범위를 좁혀서 위험신호에 재빨리 대처하도록 하는 반면, 긍정정서는 안전의 신호로서 대처역량을 확장하고 증대시키는 것이라고 하였다.

프레드릭슨(Fredrickson, 1998, 2000, 2001)의 연구에서 긍정정서를 경험한 참가자들은 주의 폭과 작업 기억이 확장되고 언어 유창성과 정보 수용성이 증가했다. 긍정정서를 유도하게 되면, 주어진 과제에 주의 폭이 넓어져 자극의 전체적 측면을 더 잘 탐색하는 경향이 나타났다. 또한 다양한 주제에 대해서 창의적인 대답을 자유롭게 하는 '20개 질문과제'에서도 대답의 수가 많고 내용도 더 다양했다.

이러한 연구결과들에 근거하여, 프레드릭슨은 긍정정서의 확장 및 축적 이론(broaden-and-build theory)을 제시하였다. 이 이론에 따르면, 긍정정서 경험은 이후에 다른 상황에서 사용할 수 있는 개인적 자원을 확장하고 축적하는 기능을 지닌다. 예컨대, 사랑이라는 감정은 그 순간의 애정 표현에 대한 생각뿐만 아니라 애정의 확대, 미래의 애정 표현, 타인과의 사랑 경험 공유, 타인에 대한 사랑 지원 등과 같이 다양한 생각들을 확장시킨다. 반면에, 부정정서는 사고와 행동의 선택범위를 축소시킨다. 위험에 처하면 그것을 피하기 위한 행동을 하게 된다.

확장 및 축적 이론에 따라 긍정정서의 특징을 살펴보면 다음과 같다.

첫째, 긍정정서는 적응적 행동으로 이끄는 불특정적인 행동경향성(nonspecific action tendency)을 유발한다. 예컨대, 사람들은 긍정정서를 느낄 때 다른 사람들과 더 많은 상호작용을 하게 되고, 새로운 도전을 하거나 도움이 필요한 사람을 돕게 된다.

둘째, 긍정정서는 인지적 활동을 촉진한다. 즉, 긍정적 경험을 하게 만든 특정 사고와 행동방식을 학습하고 기억하며, 미래의 상황에 활용하게 된다. 예컨대, 즐거운 놀이 활동이 새로운 학습과 탐구활동으로 이어지게 되고, 학습한 내용은 기억에 더 잘 저장되어 비슷한 상황에서 활용하게 된다.

셋째, 긍정정서는 대인관계 속 상호작용에 의해서 강화된다. 즉, 대인관계에서 경험하게 되는 친밀감, 보살핌, 유대감은 타인과의 상호작용에서 느끼는 긍정정서에 의해서 증진된다. 긍정정서를 경험하게 되면 상대방에게 다양한 호의적 행동을 하게 되고, 그 결과 상대방의 긍정적인 행동을 유발하여 더 많은 긍정감정을 느끼게 됨으로써 두 사람의 관계는 점점 더 깊어진다. 이러한 과정에서 긍정정서는 다양한 생각과 행동을 촉발하고 그 범위를 확장함으로써 관계의 심화를 돕는다.

넷째, 긍정정서는 회복 탄력성을 고양시킨다. 회복 탄력성(resilience)은 스트레스를 주는 사건으로부터 회복할 수 있는 능력이고 평정을 찾는 능력이다. 즉, 스트레스 경험으로 야기된 부정정서를 상쇄시키는 효과를 통하여 회복 탄력성과 대처능력을 향상시킨다.

따라서 프레드릭슨의 확장과 축적 이론에 따르면, 긍정정서를 경험하게 되면 일시적인 사고기능과 행동양식이 확장되며, 미래 상황에 효과적으로 대처할 수 있는 인지적 · 정서적 자원을 축적하게 된다. 즉, 긍정정서 경험은 이후에 다른 상황에서 사용될 수 있는 개인적 자원을 축적하고 증대시키는 효과를 지니는 것이다. 자원 증대는 개인의 발전과 성장이 일어나게 하며 새로운 상황에 대한 효과적인 대응으로 다시 긍정정서를 경험하게 되는 선순환을 이루며 적응을 돕는다.

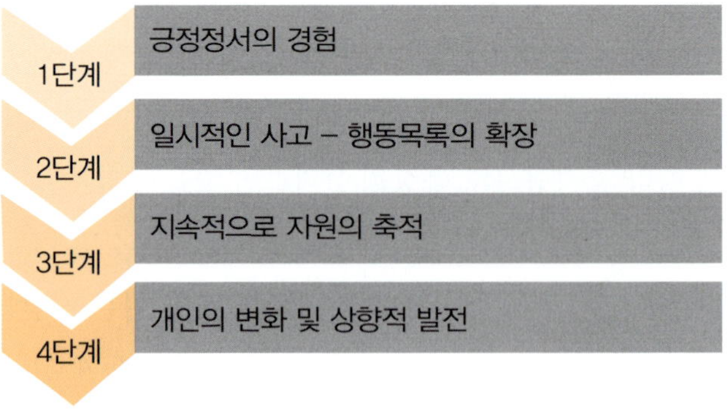

[그림 2-4] 확장과 축적 이론에 따른 긍정정서의 선순환

2) 원상복구 가설

원상복구 가설(undoing hypothesis)이란 긍정정서가 부정정서의 해독제 기능을 한다는 것이다. 즉, 긍정정서가 부정정서의 생리적 효과를 원상태로 회복시키는 기능을 말한다(Fredrickson & Levenson, 1998; Tugade & Fredrickson, 2004).

프레드릭슨은 긍정정서의 원상복구 가설을 제시하기 위해 다음과 같은 연구를 하게 되었다.

대학생들에게 "내가 왜 좋은 친구인가?"라는 주제로 짧은 발표를 하게 했다. 발표 전 1분간 준비시간에 교감신경계 흥분상태를 보여주는 심리 생리적 측정치와 불안수준을 측정하고 그 수치가 증가함을 관찰하였다. 발표 준비시간이 끝났을 때, 대학생들에게 기쁨, 만족감, 슬픔, 중립감정을 유발하는 4가지 영화필름 중 하나를 보여주었다. 이 필름들은 모두 내용의 자극성이 유사한 것으로서 그 자체로는 교감신경계의 흥분상태에 차별적인 영향을 주지 않는 것들이었다. 필름을 본 후에 심리 생리적 측정을 한 결과, 긍정정서(기쁨, 만족감)를 유발하는 필름을 본 사람들은 다른 필름을 본 사람들보다 심혈관계의 활성상태가 정상수준으로 더욱 빨리 회복되었다. 긍정정서 경험을 통해서 불안과 긴장상태가 신속하게 감소한 것이다.

이러한 연구결과에 근거하여 프레드릭슨은 긍정정서가 부정정서의 유해한 영향에 대해서 해독제 역할을 한다는 원상복구 가설을 제시하였다. 긍정정서는 부정정서나 스트레스의 신체적 · 심리적 후유증으로부터 안정된 평정상태로의 회복을 돕는다는 것이다. 예를 들어, 학교에서 선생님께 야단을 듣고 심한 스트레스를 경험하지만 하원 후 반갑게 맞이하는 엄마를 만나 즐거운 시간을 보내며 스트레스를 해소하게 된다. 이처럼 긍정정서가 부정정서나 스트레스의 신체적 · 심리적 후유증으로부터 안정된 평정상태로의 회복을 돕는다는 것이다.

프레드릭슨의 원상복구 가설에서 밝혀진 긍정정서의 특징은 다음과 같다.

첫째, 긍정정서는 이타주의 성향과 같은 의사결정의 효율성을 높이고, 창의력을 증진시키며 공격성을 줄이는 경향이 있다(Isen, 2002).

둘째, 긍정정서는 인간관계의 질을 향상시키며 직업만족도 향상에도 도움이 된다(Isen, 2001; Morris, 1999).

셋째, 특정한 기분을 느끼는 상태에서는 그 기분과 일치하는 기억들이 더 잘 회상되는 경향이 있는데 이러한 현상을 기분 일치 회상(mood congruent recall)이라고 한다. 긍정적인 정서 상태에서는 긍정적인 과거 기억의 회상을 촉진하는 반면, 부정적인 기억의 회상을 억제한다.

정서는 우리가 환경에 얼마나 잘 대처하고 있는지를 알려주는 지속적인 감찰시스템을 제공한다. 우울, 불안, 분노와 같은 부정정서는 현재의 대처방식이 환경 적응에 부적절하므로 무언가 변화의 노력을 기울이라는 메시지를 전달하는 반면, 기쁨이나 즐거움 같은 긍정정서는 현재의 대처방식이 적절하므로 더 강화하고 확대하라는 메시지를 전달한다. 이러한 정서의 메시지에 귀를 기울인다면 올바른 삶의 방향을 찾게 될 것이다.

[부록 1]

긍정심리학에서는 좋은 습관을 가지기 위해서 긍정적인 사고와 정서가 몸에 길들이도록 실천 계획을 세우라고 제시한다. 삶의 변화를 위해 행동훈련이 필요하며, 실천적 노력은 행복한 습관들을 몸에 익히게 한다.

〈표 2-5〉 긍정정서-행동 훈련 목록

[긍정정서-행동 훈련]	
① 보다 활동적이 되어라. ② 사교활동에 더 많은 시간을 보내라. ③ 의미 있는 일에 더욱 몰두하라. ④ 일상의 스케줄을 정리하라. ⑤ 걱정하지 마라. ⑥ 기대치들을 조금 낮추어 보라. ⑦ 낙관적으로 생각하라. ⑧ 현재의 삶에 열중하라.	⑨ 건강한 성품을 개발하라. ⑩ 활발하고 사회적 성품을 개발하라. ⑪ 당신의 모습 그대로에 솔직하라. ⑫ 부정적인 노력들을 제거하라. ⑬ 성숙하고 친근한 관계들을 개발하라. ⑭ 삶의 가치인 행복(Value Happiness)에 우선순위를 두어라.

〈포다이스(Fordyce, 1988). 행복훈련 프로그램 중에서〉(이상복, 2012 재인용)

3) 긍정정서의 유전론

사람마다 평소에 자주 느끼는 정서의 종류나 강도가 각기 다르다. 이러한 정서 체험이 유전에 의해서 영향을 받는다는 주장이 긍정정서의 유전론이다.

리켄과 텔레건(Lykken & Tellegen, 1996)은 긍정정서가 유전적 영향을 받는다는 것을 쌍둥이 연구를 통해 밝히고자 했다.

리켄(1999)은 각기 떨어져 양육된 쌍둥이를 대상으로 다면적 성격 질문지(Multidimensional Personality Questionnaire)를 사용하여 행복도를 측정한 다음, 주관적 안녕의 유전적 영향을 살펴보았다.

그 결과, 일란성 쌍둥이의 행복도 점수는 상당히 높은 상관을 나타낸 반면, 이란성 쌍둥이의 상관은 미약했다. 이러한 결과는 행복도의 44~53%가 유전에 의해 영향을 받으며, 행복의 기준점이 98% 정도 유전에 의해 결정된다는 것을 의미한다.

여기에서 행복기준점이란 일시적으로 높거나 낮은 정서 경험을 한 후에 되돌아오게 되는 행복의 평균수준을 말한다. 즉, 일시적으로 강렬한 기쁨이나 슬픔을 경험하게 되지만 장기적으로 보면 어떤 수준의 정서 상태로 되돌아오게 된다. 어떤 사람들은 행복기준점이 긍정정서 쪽으로 기울어져 있어서 전반적으로 활기찬 기분상태를 유지하는 반면, 어떤 사람은 부정정서 쪽으로 기울어져서 비관적이고 걱정을 많이 하는 경향을 나타낸다는 것이다.

이러한 연구결과는 개인의 기본적인 정서반응 성향은 상당부분 유전적 요인에 의해 정해지는 것이며, 장기적인 정서 상태를 결정하는 주요한 요인은 초기 아동기의 정서경험이나 후천적 학습경험보다 유전적 요인이 크다는 것을 설명한다.

그런데 만약 인간의 정서가 유전적 요인에 영향을 받는다면, 즉 사람마다 유전에 의해 결정된 행복기준점이 존재한다면 개개인이 행복을 추구하고자 노력하며 삶을 살아간다는 것은 아무런 의미가 없지 않을까?

류보머스키, 셀든과 슈케이드(Lyubomirsky, Sheldon & Schkade, 2005)는 행복을 결정하는 주요 요인을 다음과 같이 제시한다.

행복은 개인의 행복기준점, 삶의 상황, 의지적 활동이라는 세 가지 요인에 의해 결정된다. 행복기준점(happiness setpoint)은 유전에 의해 결정되는 것이지만, 삶의 상황(life circumstances)은 나이, 성별, 교육수준, 사회적 계층, 수입, 가족 및 자녀, 지능수준, 신체적 매력도와 같이 행복에 영향을 미치는 외부적인 여건들을 의미한다. 의지적 활동(volitional activity)은 개인의 동기와 의지에 의해서 선택된 자발적인 활동을 의미한다.

행복 = 행복기준점 + 외부 환경적 여건 + 개인의 의지

따라서 행복은 유전요인에 의해 결정되는 행복기준점과 외부 환경적 여건과 개인의 의지와 선택에 의해 결정된다는 것이다. 그렇다면 인간은 자신의 의지로 삶을 변화시킬 수 있으며, 어떤 선택을 하느냐에 따라서 행복한 삶을 추구할 수도 아닐 수도 있다는 것이다.

4) 긍정정서의 인지론

정서는 진화과정에서 형성한 생물학적 기반을 지니고 있지만 주로 인지적 평가의 결과로 발생한다. 이런 점에서 감정은 인지적 요인과 매우 밀접한 관계를 지니고 있다. 인지심리치료자인 엘리스(Albert Ellis)는 정서 경험에 있어서 인지적 요인의 중요성을 강조하고 있다(권석만, 2003, 2004). 인간이 의미를 부여하지 않고서 그 자체로 의미를 지니는 것은 없다. 모든 현상과 사건의 의미는 인간에 의해 부여된 것이다. 이런 점에서 인간은 외부적 사건에 의미를 부여함으로써 세상을 능동적으로 살아가는 존재이다.

라자루스(Lazarus, 1981)는 정서는 사건에 대한 인지적 평가에 의해 유발된다는 가정하에, 평가 과정을 일차적 평가와 이차적 평가로 구분하고 있다. 일차적 평가(primary appraisal)는 개인이 추구하는 목표와 관련지어 사건의 의미를 평가하는 과정인 반면, 이차적 평가(secondary appraisal)는 사건 상황에 효과적으로 대응하기 위한 대처방법을 평가하는 과정을 의미한다. 라자루스에 따르면 정서는 일차적 평가의 산물이다. 일차적 평가에서 개인은 직면한 사건을 목표 관련성, 목표 합치성, 자아 관여성의 측면에서 평가한다. 라자루스는 사고의 주제나 내용에 따라 정서가 다양하게 변화될 수 있다고 설명한다. 그렇다면 개인이 직면한 사건을 어떻게 해석하고 의미부여를 하느냐에 따라서 나타나는 반응은 달라질 것이고, 경험하는 정서에도 영향을 미치게 될 것이다. 이러한 측면에서 개인의 행복

추구를 위하여 직면한 상황에 대한 의미를 어떻게 부여할 것인가는 매우 중요한 선택으로 보여 진다.

슈와르츠(Schwartz, 1986)와 같은 인지 이론가는 긍정적 사고와 부정적 사고의 비율이 기분상태를 결정하는 중요한 요인이라고 주장한다. 심리적으로 건강한 사람들은 긍정적 사고와 부정적 사고가 대체로 황금비, 즉 1.6:1.0의 비율로 적절한 균형을 이루고 있다고 한다(Kendall, Howard & Hays, 1989; 권석만, 2011 재인용).

긍정적 사고와 부정적 사고의 비율은 우리의 삶에 중요한 의미를 지닌다. 긍정적 사고는 우리에게 낙관적 기대와 더불어 의욕과 활기를 불어넣는 삶의 추진기(accelerator)인 반면, 부정적 사고는 비관적 기대와 더불어 삶의 폭과 속도를 감소시키는 삶의 제동기(brake) 역할을 한다. 예컨대, 자동차에는 추진기와 제동기가 모두 필요하듯이, 우리의 삶에는 긍정적 사고와 부정적 사고가 모두 필요하다. 우리가 자신에 대한 과대평가의 환상 속에서 삶을 지나치게 확장하며 무모하게 과속할 때, 삶의 속도를 조절하게 해 주는 제동기가 바로 부정적인 생각인 것이다. 반면, 자신감을 잃고 슬럼프에 빠져 침체된 삶을 살고 있을 때, 우리에게 희망과 용기를 갖게 해 주는 가속기가 바로 긍정적 생각인 것이다. 따라서 심리적으로 건강한 사람은 삶의 추진기와 제동기를 모두 구비하고 적절하게 사용하는 사람이라고 할 수 있다. 즉, 긍정적 사고와 부정적 사고의 적절한 균형이 건강한 삶의 비결이다(권석만, 2003).

4. 긍정경험

긍정경험은 인간을 행복하게 만드는 방법이므로 긍정경험을 많이 누리는 것은 매우 바람직한 일이다. 미국 여론조사기관 갤럽에서 Gallop World Poll을 통해 2013년에 조사한 긍정경험지수(Positive Experience Index)에 의하면, 우리 국민의 긍정경험지수는 63점으로 전체 138개 국가 중 90위를 차지하였다. 우리나라와 함께 63점을 얻은 국가는 체코(Czech Republic, 수도 프라하), 이란(Iran, 수도 테헤란), 룩셈부르크(Luxembourg, 수도 룩셈부르크), 카자흐스탄(Kazakhstan, 수도 아스타나)이다. 조사에 의하면, 행복으로 이끄는 긍정경험은 잘 쉬고, 존중받고, 많이 웃고, 흥미로운 것을 하고, 즐기는 것으로 나타났다.

따라서 긍정경험을 친밀한 인간관계, 성취경험, 여가경험, 몰입경험, 절정경험, 소비경험 등 여섯 가지로 소개하고자 한다.

1) 친밀한 인간관계

인간관계서 경험할 수 있는 친밀감, 애정, 우정, 사랑, 애착, 신뢰감 등의 긍정경험은 행복감을 느끼게 한다. 핸드릭과 핸드릭(Hendrick & Hendrick, 2000)은 연애를 하고 있는 대학생들이 그렇지 않은 대학생들보다 훨씬 행복하다는 결과를 얻었다. 이들의 행복도는 열정적 사랑, 우정, 전반적인 관계만족도와 유의미한 상관이 있었고, 그중에 친밀감은 어떤 연령대에서든 가장 높은 선호도를 나타냈다.

인간이 삶을 살아가는 데 있어서 사랑을 하거나 친밀감과 신뢰감을 형성하고 긍정적인 관계를 맺어가는 것은 어린 영아기에 형성되는 애착과도 관련 있다. 인간관계 형성에 영향을 미치는 애착 이론과 형평 이론은 3장 행복에 영향을 미치는 요인에서 구체적으로 설명하기로 한다.

2) 성취경험

성취는 말 그대로 목적한 바를 이루는 것이다. 작든 크든 상관없이 성취경험은 자신감을 고양시키는 긍정경험이다. 자신이 제일 잘 하는 일을 할 때 우리는 긍정적인 감정을 불러 일으킬 수 있다. 흥미롭고 관심 있는 것에 도전을 하면서 묵혀두었던 재능을 마음껏 발휘할 수 있는 기회를 만들고 그 순간을 즐기면서 원하는 바를 달성하는 성취경험은 진정 행복에 가까이 가는 것이다.

3) 여가경험

여가는 의무적인 일이나 직업적인 업무를 떠나 한가하게 즐기는 여유로운 휴식이나 재미를 찾기 위한 취미활동을 의미한다. 특히, 운동하는 여가 활동은 불안, 우울과 같은 부정정서를 감소시킨다(Alfermann & Stoll, 2000).

여가의 기능은 다음과 같다.

첫째, 자율성에 대한 욕구 충족하는 기능을 가진다.

둘째, 휴식과 즐거움을 제공하는 기능을 가진다.

셋째, 일상으로부터 벗어날 수 있는 기능을 가진다.

넷째, 스트레스를 해소하고 원기를 회복시켜 주는 기능을 가진다.

다섯째, 도전 의지로 잠재력의 성장을 도모하는 기능을 가진다.

특히, 여가 활동 중 취미활동은 집단적으로 하는 경우에 만족도가 더 높은 경향이 있다. 그 이유는 같은 취향, 가치관, 활동시간, 사회적 관계를 공유하는 동호인 집단 속에서 유쾌한 흥분감, 협동적 성취, 소속감과 유대감 등을 경험하기 때문이다(Carr, 2004).

4) 몰입경험

몰입경험은 어떤 일을 하면서 고도의 집중상태에서 즐겁게 수행하는 상태를 의미한다. 즉, 무언가에 흠뻑 빠져 있는 집중상태(being in flow)이다. 몰입경험은 개인 역량을 최고도로 발휘하게 하는 기능을 가지고 있으며, 다양한 상황에서 경험할 수도 있다.

예컨대, 창의적 예술 활동, 종교의식, 컴퓨터 게임, 독서활동, 직업적 일을 즐길 때 등 다양한 상황에서 몰입경험이 나타난다.

5) 절정경험

절정경험은 삶의 과정에서 경험하게 되는 매우 기쁘고 흥분되는 감격의 순간을 체험하는 긍정경험이다. 절정경험은 환희감, 놀라움, 경외감, 깨달음 등을 수반한다.

절정경험이 강렬할 때는 자기의식이 없어지고 거대한 존재와 일치된 느낌을 받기도 하다.

예컨대, 자기실현 욕구가 충족될 때 느끼는 일시적 경험, 오랜 시간 힘든 노력으로 목표를 성취했을 때, 위대한 미술작품을 보았을 때, 자연의 아름다움에 압도되었을 때 일시적으로 또는 우연히 찾아오게 된다.

이러한 절정경험은 개인의 창조적 에너지가 발산되고, 존재의 의미를 느끼게 되며, 인생의 목표의식을 갖게 되고, 조화와 통합의 느낌을 얻게 된다는 점에서 치유와 성장을 촉진하는 기능을 가진다(Maslow, 1970; 권석만, 2011 재인용).

6) 소비경험

소비경험은 돈을 소비함으로써 행복감을 느끼는 긍정경험이다. 즉, 새로운 물건을 살 때 얻는 기쁨은 실망스러울 만치 대단히 짧지만, 경험을 위해 돈을 투자하거나 특히 다른 사람과 의미 있는 시간을 함께 보내는 일은 오랜 시간 긍정적인 감정을 유지하는 데 큰 도움을 준다(Robert Frank).

예컨대, 신발, 텔레비전, 명품시계를 구매하기 위해 돈을 쓸 때보다 다른 사람들과 함께 콘서트를 보거나 저녁식사를 하느라 돈을 쓸 때 더 많은 행복을 느낀다(Van Boven & Gilovich, 2003).

Chapter 03 행복

1. 행복의 의미
2. 긍정심리학에서의 행복관
3. 행복의 심리학적 이론
4. 행복에 영향을 미치는 요인

“

행복의 한 쪽 문이 닫힐 때,
다른 한 쪽 문은 열린다.
하지만 우리는 그 닫힌 문만 오래 바라보느라
우리에게 열린 다른 문은 보지 못한다.

”

헬렌 켈러(Helen Keller)

1. 행복의 의미

1) 행복의 정의

행복에 대한 정의는 매우 다양하다. 그러나 저자는 "행복이란 즐거운 기분으로 삶의 가치와 의미를 발견하며, 자신의 강점을 계발하여 일상생활에 활용하는 것"이라고 정의한다.

행복에 대한 관점은 크게 쾌락주의적 관점과 자기실현적 관점으로 나누어 볼 수 있다.

쾌락주의적 관점에서 행복은 '개인이 주관적으로 경험하는 유쾌한 상태'이다. 행복은 개인이 자신의 삶에 대해서 만족스럽게 느끼는 주관적인 상태라는 것이다. 쾌락주의 관점의 연구자들은 행복을 주관적 웰빙(subjective well-bing), 삶의 만족도(life satisfaction), 삶의 질(quality of life) 등의 용어로 혼용하여 사용하기도 한다.

주관적 웰빙은 정서적 요소와 인지적 요소로 구분되며, 정서적 요소는 긍정정서와 부정정서를 말한다. 즉, 행복감, 즐거움, 환희감과 같은 긍정정서를 자주 강하게 경험하는 반면, 우울감, 슬픔, 질투감 같은 부정정서를 덜 경험할수록 주관적 웰빙수준이 높다고 본다. 인지적 요소는 개인이 설정한 기준과 비교하여 삶의 상태를 평가하는 의식적이고 인지적인 판단을 의미하며, 이를 삶의 만족도라고 말한다. 삶의 만족도는 자신의 삶을 전체적으로 평가한 결과가 긍정적일 때 만족감을 느끼게 된다. 따라서 주관적 웰빙은 긍정정서와 부정정서 그리고 삶의 만족도를 경험하는 상태라고 말할 수 있다.

쾌락주의적 관점에서 행복을 탐구하는 심리학자들은 긍정적인 주관적 경험들(웰빙, 행복감, 삶의 만족도, 몰입경험, 긍정정서 등)에 초점을 맞추고 있다. 쾌락적 행복을 위해서는 지식, 전문성, 건강, 대인관계, 사랑, 경제적 풍요가 필요하다. 한편, 이런 쾌락적 행복 요소는 작은 행복만 안겨줄 뿐이고 오래가지 못한다는 비판도 있지만(Goldberg, 2006; Lyubomirsky, 2007), 류보머스키(Lyubomirsky, 2007)는 친구들과 어울리거나, 가진 것에 대한 감사, 삶의 즐거움 음미, 규칙적인 운동습관 등의 쾌락적 행복요소를 행복한 사람의 특징으로 제시하고 있기 때문에 쾌락적 요소는 행복을 위한 기초적 요소임에 틀림없다.

자기실현적 관점에서 행복은 '개인의 잠재적 가능성을 충분히 발현하는 것'이다. 개인의 강점을 충분히 계발하고 발휘함으로써 의미 있는 삶을 구현하는 것이 행복이라고 말한다.

자기실현적 관점의 심리학자들은 인간의 긍정적 특질, 즉 성격적 강점(지혜, 인간미, 용기, 절제, 정의, 초월)에 연구초점을 맞추고 있다.

자기실현적 행복을 위해서는 자신의 꿈이나 생애 목표를 달성하는 것이 필요하다. 남에게 보이기 위해 '거짓의 나'가 아니라 '나다운 나', '참다운 나'를 찾기 위해 삶에서 마음과 물질, 인간관계를 정리정돈하고 나누며, 공(空)의 깨달음을 실천하는 것이 필요하다. 또한 자기실현을 위해서 자신이 원하는 방향대로 잘 실천하고 있는지에 대한 평가와 성찰의 과정이 필요하다. 과거를 돌아보고, 현재를 바라보며, 미래를 내다보는 성찰의 시간을 통해 행복의 방향과 과정이 적절한지 스스로 판단하고 계획할 수 있어야 한다. 행복의 실천 과정에서는 삶에 대한 목표를 가지고 자기주도적이며 열정적으로 실천하는 삶을 살아야 하며, 역경과 난관을 극복해가는 의지력과 감사하는 마음을 가져야 한다.

행복을 구현하기 위해서는 반드시 실천하는 과정이 필요하다. 자신이 삶의 과정 속에서 얼마나 행복한지를 묻는 것은 행복을 위한 과정과 그 과정으로 나타난 결과의 합에 기초하여 답할 수 있다. 셀리그만(Seligman, 2002)이 제시한 즐거운 삶, 몰입하는 삶, 좋은 삶, 의미 있는 삶, 성취하는 삶, 적극적인 삶도 마찬가지로 행복의 결과이자 행복의 실천과정을 동시에 내포하고 있다. 즉, 즐겁고, 열정적으로 참여하고 몰입하며, 의미 있는 삶을 살아가다 보면 행복한 삶을 얻는다는 것이다. 따라서 실천이 따르지 않는 행복은 머릿속에만 존재할 뿐 현실에서는 행복이 전혀 구현되지 않는다.

2) 행복의 조건

행복을 이루는 요소가 다양하고 어떠한 관점에서 행복을 정의하느냐에 따라 달라질 수 있기 때문에 행복의 조건에 관한 주장도 학자마다 차이를 보인다.

괴테(Goethe)는 행복의 요소로 즐겁게 일할 수 있는 정도의 건강, 기본적인 생활조건을 충족시킬 만한 경제적 여유, 어려움을 이겨낼 만한 정신적 힘, 좋은 결과가 나올 때까지의 인내력, 이웃을 돕는 자비심, 장래에 대한 불안을 이겨낼 만한 희망을 행복의 조건으로 꼽았다.

리처드 스티븐스(W. Richard Stevens)는 행복의 조건으로 좋은 느낌과 긍정적인 마음,

활기 넘치는 생활, 인생에서 가치 있는 선택, 즉 의미부여 등 세 가지를 제안하였다.

시오야 노부오(鹽谷信男) 박사는 행복의 조건으로 건강과 장수, 풍요로운 생활, 일과 인생의 성공, 안심입명(安心立命) 등의 네 가지를 들었다.

이 밖에도 사람이 나이를 들어갈수록 예상되는 행복의 조건으로는 첫째, 고통에 적응하는 성숙한 자세, 둘째, 교육, 셋째, 안정적 결혼, 넷째, 금연, 다섯째, 금주, 여섯째, 운동, 일곱째, 적당한 체중 등이 제시된다(한만우, 2010: 151).

일반적으로 행복의 세 가지 조건은 다음과 같다.

첫째, 쾌락이다. 쾌락은 '감성의 만족이나 욕망의 충족에서 오는 유쾌한 감정'으로 즐겁고 유쾌한 것을 말한다. 행복은 이와 같은 '기분이 좋은 감정', '감각적인 즐거움의 향유' 등이 주요한 요소로 작용한다.

둘째, 불쾌감의 부재이다. 불쾌감이란 마음이 거슬리고 언짢은 느낌을 말한다. 그런데 인간은 쾌감을 추구하고 불쾌감을 기피한다. 따라서 행복하기 위해서는 불안함이나 고통으로부터 벗어나야 행복해질 수 있다. 자신이 좋아하는 일이나 가족, 사랑이나 취미에 관심을 갖도록 하는 것도 행복을 추구하는 지름길이다.

셋째, 만족감이다. 만족감이 없는 행복은 있을 수 없다. 물론 만족감의 기준은 사람마다 다를 수 있다. 하지만 모자람 없이 마음에 흡족한 느낌인 만족감은 행복의 중요한 요소로 작용한다.

사람들은 보통 "행복은 마음먹기에 달려 있다"고 말한다. 아무리 금은보화를 쌓아놓고 호의호식을 해도 마음이 즐겁지 않으면 행복하기 어렵다. 왜 '마음먹기'가 생각처럼 쉽지는 않다는 것일까?

가장 큰 이유는 행복이 마음먹기에 달려 있다고 믿지 않기 때문이다. 말은 그렇게 하지만 마음속으로는 그렇게 생각하지 않는다. 행복은 마음 밖의 물질적 조건에 달려 있다고 믿는 것이다. 끊임없이 물질적인 소유를 추구하며 마음 밖의 일에만 관심을 가지기 때문이다.

행복을 위한 마음먹기가 어려운 또 다른 이유는 마음을 어떻게 먹어야 하는지 모르기 때문이다. 마음은 보이지도 만질 수도 없기 때문에 인식하기가 어렵다.

행복은 긍정 마인드에 있다. 긍정 마인드는 어떤 상황이든 어떤 사건이든 문제를 해결해 나가게 하는 힘이다. 긍정 마인드가 지속적인 행복의 관건인 이유가 여기에 있다. 행복을 외부에서 찾는 사람은 지속적인 행복을 누릴 수 없다. 외부의 상황은 수시로 변하기 때문이다.

〈표 3-1〉 긍정적 마인드의 세 가지 기준에 대한 질문

질문	내용
'이 생각이 나를 즐겁고 편안하게 하는가?'	부정적인 생각은 불안이나 분노와 같은 부정정서를 유발하는 반면, 긍정적인 생각은 유쾌하거나 편안한 긍정정서를 유발한다.
'이 생각이 다른 사람과의 관계를 긍정적인 것으로 개선시키는가?'	부정적인 생각은 타인과의 관계를 악화시킴으로써 행복의 원천을 잠식한다. 반면에 긍정적인 생각은 행복의 원천인 인간관계를 유지하거나 더욱 긍정적인 것으로 개선시킨다.
'이 생각이 내가 소중하게 추구하는 목표를 성취하는 데 도움이 되는가?	부정적인 생각은 의욕과 동기를 저하시키고 장애물을 새롭게 만들어내 목표달성을 저해한다. 반면에 긍정적인 생각은 희망과 도전 의식을 강화하고 효율적인 목표달성을 지원함으로써 성취를 이루도록 돕는다.

행복의 관건은 자신의 마음을 잘 다스리는 것이다. 부정적인 생각을 포착하여 도전함으로써 긍정적인 생각으로 대체하는 것이다. 나의 기분을 즐겁고 편안하게 할 수 있는 생각, 타인과의 관계를 긍정적인 방향으로 촉진할 수 있는 생각, 그리고 내가 소중하게 추구하는 목표를 달성하도록 돕는 다양한 생각을 창의적으로 만들어 마음 가득 채워야 한다.

[활동 제안을 위한 자료 1]

김상욱 등(2007)이 18세 이상 남녀 1,605명을 대상으로 실시한 '한국종합사회조사(KGSS)'에서 한국인의 행복에 관한 인식 조사를 실시한 결과, 〈표 3-2〉의 조건들이 충족되면 행복하다고 인식한다는 연구 결과가 있다.

〈표 3-2〉 행복에 관한 인식조사에서 나타난 행복의 조건

행복의 조건
• 경제적 풍요(돈) • 고학력 • 얼짱, 몸짱 • 사회적 인정, 존경과 명예 • 사회적 봉사 • 자아실현 • 좋은 직장 • 전문성 • 많은 여가시간 • 좋은 인간관계, 사랑, 우정 • 목표실현 • 지혜

한편, 매경이코노미에서 2015년 6월 전국 20~50대 1,300명을 대상으로 조사한 결과에 따르면, 20대가 느끼는 행복의 조건으로는 '경제적인 안정'(21%)을 우선 조건으로 꼽았는데, 그 비율은 40대까지 높아지다가 50대부터 다시 낮아지기 시작했다(30대 28%, 40대 32.8%, 50대 30.4%). 또한 20대는 '자아실현'(17.7%)을 두 번째로 중요한 행복 요인이라고 응답한 반면, 40대 이상은 6.8%만이 자아실현을 중요하게 생각하는 것으로 나타났다.

[활동 제안을 위한 자료 2]

이제 시 한 편을 읽어 보자. 이 시에서는 행복을 어떻게 표현하고 있을까?

〈표 3-3〉 행복한 사람

행복한 사람
[정용철] 사랑하고 있는 사람은 행복합니다. 꿈이 있는 사람은 행복합니다. 시작을 생각하는 사람은 행복합니다. 정직한 사람은 행복합니다. 좋은 말을 전하는 사람은 행복합니다. 성실하여 일이 좋은 사람은 행복합니다. 부모님이 귀하고 가족을 사랑하는 사람은 행복합니다. 세상을 믿고 사는 사람은 행복합니다. 그러므로 나는 행복합니다.

매경이코노미의 인식조사에서 나타난 행복은 타인과의 비교에 기초한 경제력과 자아실현에 초점을 두고 있는 반면, 정용철의 시에서 제시한 행복의 조건은 타인과의 관계 속에서 나타나고 있다. 이처럼 행복을 추구하는 데 있어서 실제 세계와 문학 세계는 이렇게 차이가 난다.

우리들의 삶 속에서 행복은 무엇이고, 어떤 조건을 갖춰야 한다고 생각하는가? 우리가 행복할 수 있는 방법은 무엇일까?

[활동]

지금 여기 행복에 대하여 생각해 보고, 행복에 대한 조작적 정의를 내려보자. 그리고 행복하기 위한 방법들을 제안하고, 인지적 · 정서적 · 행동적 측면으로 분류해 보자.

[부록 2] 행복정의와 행복할 수 있는 방법 찾아보기(로스터발상법 적용)

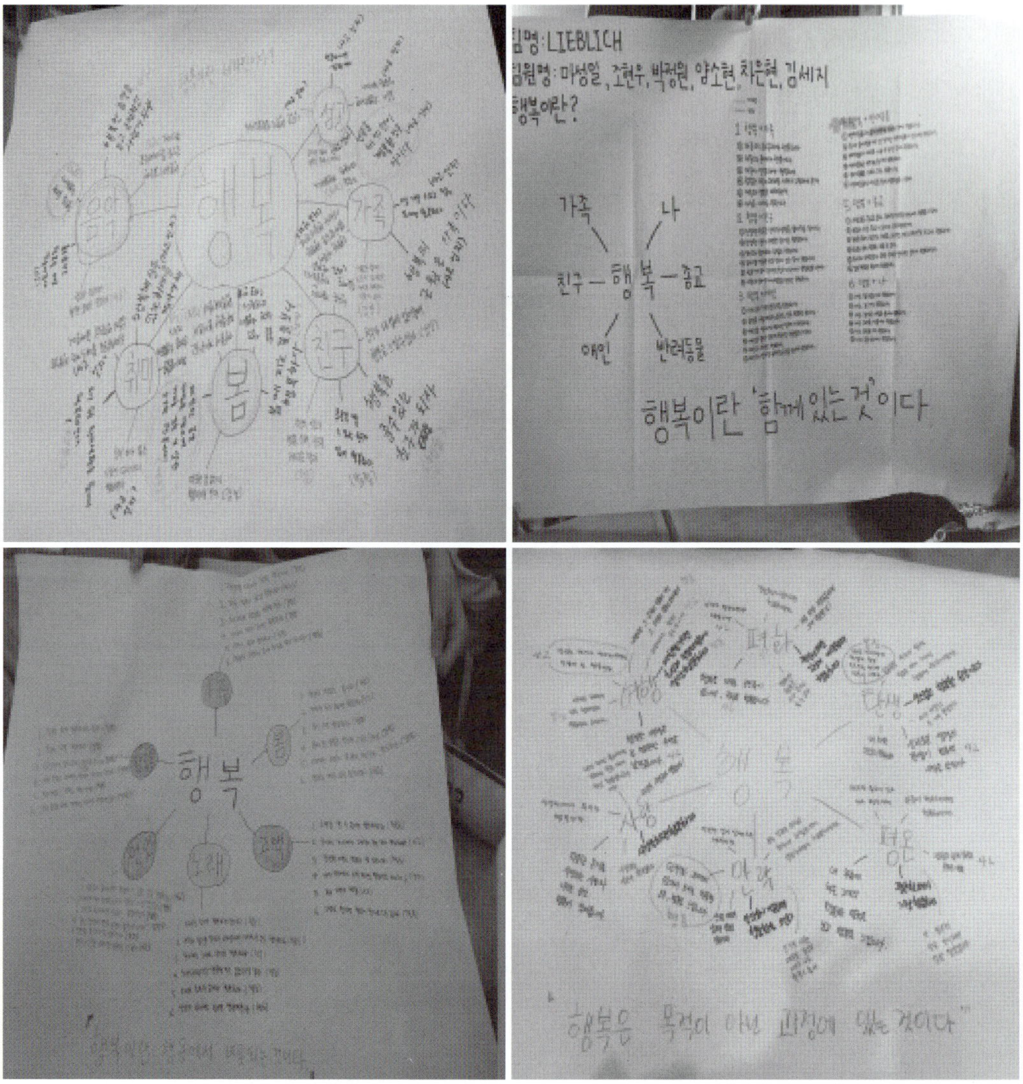

[그림 3-1] 행복의 조작적 정의와 행복할 수 있는 방법 구안

3) 행복한 사람들의 특징

행복은 자신의 삶에 대한 긍정적인 인식으로서 주관적 웰빙수준이 높은 사람들이 행복감이 높다고 한다. 그렇다면 행복하다고 느끼는 사람들은 어떤 특성이 있는지 알아보자.

행복한 사람들이 훗날 삶의 여러 영역(결혼생활, 친구관계, 직업생활 및 직업성취도, 경제적 수입, 정신건강, 신체건강)에서 긍정적인 결과를 나타내게 된다. 행복한 사람들의 특징을 정리하면 다음과 같다.

(1) 행복한 사람은 균형 잡힌 정서적 체험을 한다

행복한 사람은 부정적인 정서보다 긍정적인 정서를 조금 더 많이 경험하는 균형 잡힌 정서적 체험을 한다.

긍정심리학(positive psychology)에서 정서경험을 말할 때, 사람들로 하여금 평생 동안, 매일 그리고 온종일 긍정정서만을 경험하게 하는 것을 지향하지 않는다. 그러한 목표는 가능하지도 않을 뿐만 아니라 오히려 정신건강이나 심리적 측면에서도 좋지 않다.

(2) 행복한 사람은 즐길 줄 안다

행복한 사람은 삶의 순간순간을 즐긴다. 대부분의 사람들은 삶의 속도를 늦추고 좀 더 여유롭게 살아가기를 원한다. 여가생활의 만족도는 전반적인 삶의 만족도를 예측하는 강력한 요인이다. 편안한 이완상태에서 휴식을 하고 좋은 음식을 즐기며 취미활동에 참여하는 것은 행복감을 단기적으로 증진시키는 효과를 지닌다(Argyle, 2001).

여가 활동이 긍정경험을 제공하여 사람들을 행복하게 하는 것은 분명하지만, 단지 여가 시간을 많이 갖는다고 해서 삶의 만족도가 증가되는 것은 아니다. 여가 활동을 통해서 긍정적인 경험을 많이 하는 것이 더 중요하다. 일반적으로 다양하고 활동적인 여가 활동에 참여할수록 삶의 만족도가 높아지는 경향이 있고(Bammel & Burrus-Bammel, 1996), 개인적으로 의미를 느끼는 여가 활동에 참여할수록 행복도가 높아진다(Ogilvie, 1987).

(3) 행복한 사람은 대표강점이 있다

행복한 사람은 자신만의 대표강점을 지니고 있다. 개인이 지닌 재능과 강점을 충분히 발현함으로써 행복한 삶을 누릴 수 있다. 셀리그만(Seligman, 2002b)은 개인이 지니는 대표강점을 발휘하며 사는 것이 진정한 행복이라고 주장한다. 대표강점(signature strength)은 개인을 잘 나타내고 그의 독특성 혹은 개성을 보여주는 긍정적인 성격 특징이다. 특징적인 강점을 활용할 때, 사람들은 더 활기찬 열정을 느끼고 '진정한 자기'가 표현되고 있다는 느낌을 갖게 된다. 진정한 행복(authentic happiness)은 자신의 강점을 찾아내어 계발하고 직업, 인간관계, 여가, 자녀양육, 봉사에 매일 활용함으로써 발견될 수 있는 것이다.

대표강점에 대한 구체적인 내용은 4장에서 살펴보기로 한다.

(4) 행복한 사람은 인간관계가 좋다

행복한 사람은 긍정적인 인간관계를 형성하고 있다. 긍정적인 인간관계는 주관적 안녕에 긍정적 영향을 미치는 정서적 친밀감과 사회적 지지를 제공한다. 배우자, 가족, 친구와의 관계에서 경험하는 친밀감은 삶의 만족도를 예측하는 가장 강력한 변인이다. 이는 물질적 풍요, 건강 및 여가 활동보다 더 강력한 예측요인이다(Cummins, 1996).

좋은 사람들과 친밀하고 지지적인 관계 속에서 살고 있다고 느낀다면, 자존감과 자신감이 높아질 뿐만 아니라 어려움에 적극적으로 잘 대처하게 될 것이며, 심리적 장애를 나타낼 가능성이 줄어든다.

주관적 웰빙을 가장 일관성 있게 잘 예측하는 요인은 인간관계다. 인간의 주요한 활동 영역 중에서 전반적인 삶의 만족도를 가장 잘 예측하는 것은 결혼 및 가정생활이다. 또한 인생에서 가장 소중한 것이 무엇이냐고 물었을 때 가장 흔한 대답은 친밀한 인간관계다(Emmons, 1999).

다른 사람과의 연결감과 사회적 지지는 전반적인 육체적 기능을 향상시킬 뿐만 아니라 질병으로부터의 회복을 추진한다(Cohen & Herbert, 1996). 인간관계의 결여는 흡연보다도 더 강력한 수명 단축요인으로 알려져 있다(House, Landis & Umberson, 1988). '최근에 일어난 가장 괴로운 일'이 무엇이냐고 물었을 때 응답자의 50% 이상이 인간관계, 특히 중요한 사람과의 이별이나 갈등을 들었다. 사람들이 심리치료를 받게 되는 가장 흔한 문제 역시 인간관계 문제이다(Pinsker, Nepps, Redfield & Winston, 1985). 고통스러운 인간관계는 신체적 건강에도 해로운 영향을 끼쳐서 면역기능을 저하시킨다(Kiecolt-Glaster, 1999). 이처럼 인간관계는 우리의 행복과 불행에 심각한 영향을 미치는 매우 중요한 삶의 영역이라고 할 수 있다.

(5) 행복한 사람은 자존감이 높다

자존감(self-esteem)은 자기 자신에 대한 전반적인 긍정적 평가와 우호적 태도를 의미한다. 자존감은 행복, 주관적 안녕의 매우 강력한 예측변인으로 알려져 있다(Campbell, 1981). 자존감은 개인의 다양한 적응적 기능과도 밀접하게 관련되어 있다. 긍정적 자존감을 지닌 사람은 인간관계에서의 만족도, 친밀감, 타인을 배려하는 능력, 생산적 수행능력 등이 높을 뿐만 아니라 분노를 잘 조절하며 반사회적 행동을 하지 않는 경향이 있다(Hoyle, Kernis, Leary & Baldwin, 1999). 따라서 행복한 사람은 자존감이 높다.

(6) 행복한 사람은 낙관적이다

행복한 사람은 낙관적인 태도를 지닌다. 낙관성(optimism)은 미래에 대해서 긍정적인 기대와 전망을 하는 인지적 경향성을 의미하는데, 3가지 특징을 가진다(권석만, 2008). 첫째, 미래에 일들이 긍정적인 방향으로 잘 펼쳐질 것이라는 전반적인 기대를 뜻하는 기질적 낙관성(dispositional optimism)이고, 둘째, 자신의 행동과 노력으로 인해서 추구하는 목표를 성취할 수 있다고 믿는 희망(hope)이며, 셋째, 사건의 원인을 자신에게 유리하도록 긍정적 방향으로 돌리는 설명방식(explanatory style)이다. 낙관성이 높은 사람들은 자신의 행복도와 삶의 만족도가 높은 것으로 보고된다. 물론, 비현실적인 낙관성은 거짓된 안전감과 잘못된 위험 지각을 하게 하여 불행한 결과를 초래할 수도 있기 때문에 낙관성이 장기적인 행복 증진에 기여하려면 현실적인 근거에 바탕을 두고 있어야만 한다(Schneider, 2001).

(7) 행복한 사람은 외향적이다

행복한 사람은 외향적인 사람이다. 행복과 외향성은 높은 상관이 있다고 일관성 있게 보고되고 있다(Fujita, 1999). 외향적인 사람들이 긍정정서 성향, 즉 긍정적 보상에 대한 민감성을 가지고 있기 때문에 긍정적 사건에 더 강하게 반응하게 된다. 이 때문에 사건들을 긍정적으로 기억하고 나중에 긍정적인 것으로 회상하는 경향이 있다(Seidlitz & Diener, 1993). 외향성은 요즘과 같이 매우 사교적인 시대에 잘 맞는 성격특질이라고 할 수 있다(Moskowitz & Cote, 1995).

(8) 행복한 사람은 통제력이 있다

행복한 사람은 내적 통제력을 가진다. 통제감(sense of perceived control)은 개인적으로 중요한 삶의 사건들에 대해서 자신이 통제할 수 있다고 믿는 신념이다. 내적 통제 소재(intersal locus of control)를 지닌 사람들이 외적 통제 소재를 지닌 사람들보다 다양한 측면에서 주관적 웰빙수준이 더 높다(Lefcourt, 1981).

(9) 행복한 사람은 목적의식이 분명하다

행복한 사람은 삶의 목적의식을 지니고 있다. 연구에 따르면 어떤 것이라도 자신에게 의미 있는 다양한 목표를 적극적으로 추구할수록 행복감이 증진된다(Oishi, Diener, Suh & Lucas, 1999)고 한다.

(10) 행복한 사람은 건강하다

건강은 행복과 쌍방향적 관계이다(Baumgardner & Crothers, 2009). 건강이 행복에 기여하고 행복이 또한 건강에 기여한다. 우리의 신체적 건강상태는 우리의 행복수준에 영향을 미친다. 질병과 상해는 통증과 고통을 초래하고 즐겁고 신나는 활동을 할 수 있는 기회를 제한한다. 이런 까닭에 질병은 부정정서를 증가시키고 긍정정서를 감소시킬 수 있다.

정신건강도 행복에 강력한 영향을 미친다. 행복한 사람들은 그렇지 않은 사람들보다 더 낮은 수준의 정신질환 증상을 보인다(Dieder & Seligman, 2004). 오늘날에는 14세밖에 안 되는 십대들 중의 상당수가 우울증을 앓고 있다. 대부분 정신장애에서 나타나는 심리적 고통, 부정정서, 불안 등이 높아지는 것에서 기인한다. 이러한 정신건강은 삶의 만족도를 낮추고 행복감을 감소시킨다.

(11) 행복한 사람은 자신의 일을 즐긴다

행복을 위해서는 할 일이 있어야 한다. 행복한 사람은 자신의 일에서 만족을 찾고, 일에 대한 만족은 개인의 행복에 기여한다. 실직은 행복에 즉각적이고 부정적인 영향을 미친다. 실직은 우울증과 신체적 질환을 앓을 위험성을 높이고 자존감을 떨어뜨리며 불행감을 증가시킨다(Argyle, 2001; Diener & Seligman, 2004; Layard, 2005).

직업은 행복에 있어서 매우 중요하다. 직업은 경제적 소득을 얻을 뿐만 아니라 개인의 잠재능력을 발휘하고 인생의 의미를 찾는 행복의 주요한 원천이다. 직업을 가진 사람들은 미취업자보다 더 행복하다는 연구결과가 있다(Diener et al., 1999). 행복한 사람은 직업적 활동에 있어서 더 생산적이며, 직장에서 생산적인 성과를 나타내는 사람들이다.

(12) 행복한 사람은 배움을 즐긴다

지능과 행복 간의 상관은 유의미하지 않다. 지능이 높다고 더 행복한 것은 아니다. 그러나 교육을 많이 받은 사람이 교육을 적게 받은 사람보다 약간 더 행복하다. 높은 교육수준은 개인적 만족과 재정적 보상을 더 많이 주는 직업을 선택할 수 있는 기회와 자유를 더 갖게 된다. 아가일(Argyle, 2001)에 의하면, 많은 교육을 받는 것은 더 높은 주관적 웰빙, 더 좋은 정신적 · 신체적 건강, 증가된 개인적 통제감 및 더 많은 타인의 지지 등과 관련이 있다고 한다.

(13) 행복한 사람은 돈이 아주 많지도 아주 적지도 않다

사람들은 돈이 많으면 행복하다고 생각한다. 하지만 실제 돈으로 행복을 살 순 없다. 지난 30년에 걸친 대학생 조사 연구는 삶에서 돈이 차지하는 중요성이 증가하고 있음을 보여준다(Myers, 2000). 하지만, 전반적으로 돈은 가난한 사람들에게 있어서는 행복에 상당한 기여를 하지만, 평균적인 수준의 소득을 가지고 있는 사람들은 돈이 행복에 거의 영향을 미치지 않는다고 생각한다. 그러나 재미있는 실험결과가 있다.

행복한 사람이 돈을 더 많이 버는가? 답은 그렇다. 멜론재단과 UCLA가 미국 내 수 백 개 대학 수천 명의 신입생을 대상으로 연구한 결과에 의하면, 대학에 들어올 때 가장 유쾌했던 학생들이 덜 유쾌했던 학생들에 비해 돈을 더 많이 벌었고, 직업만족도도 더 높았으며, 실직경험이 더 적었다(Diener, Nickerson, Lucas & Sandvik, 2002).

유쾌한 대학생이 덜 유쾌한 학생에 비해서 더 많은 돈을 버는 이유는 다음과 같다. 첫째, 유쾌한 모습은 학생에게 '할 수 있다'는 태도를 심어줘서 새로운 도전을 하게 하였고 실패했을 때도 덜 좌절하게 했다. 둘째, 유쾌함은 다른 사람들이 좋아하는 긍정적인 자질이어서 사람들이 가까이 하고 함께 일하는 것을 편하게 여겼다. 유쾌한 사람은 자신의 생각을 더 잘 설득시키고 다른 사람이 도움과 지지를 주도록 마음먹게 만드는 데도 유능했다. 셋째, 유쾌한 사람은 쾌활하고 긍정적인 태도로 다른 사람들의 호감을 더 받으며, 수행평가도 더 높게 받게 되었다.

(14) 행복한 사람은 결혼을 했다

결혼은 행복과 밀접한 관계가 있다(Baumgardner & Crothers, 2009). 행복하냐는 질문에 매우 행복하다고 말하는 사람들의 비율은 기혼자들이 40%, 미혼자들이 26%로 기혼자들이 미혼자들에 비해 거의 두 배 가까이 높았다. 미혼이거나 이혼했거나 별거 중이거나 혼자된 사람들보다 부부로 있는 사람이 더 행복해 했다(Diener et al., 1999).

물론 선택효과(selection effect)를 염두에 두어야 한다(Veenhoven, 1988). 이것은 결혼을 해서 더 행복해진 것이 아니라, 결혼한 사람이 미혼자에 비해서 결혼 전부터 이미 더 행복했을 가능성이 있다는 것이다. 행복한 사람들은 행복하지 않은 사람보다 더 바람직한 결혼 파트너이기 때문에 결혼할 가능성이 더 높아질 것이고, 이런 연유로 결혼을 더 빨리 했을 수 있다는 가정에 기반을 둔 것이다.

뿐만 아니라 기혼자들의 행복지수에 영향을 미치는 요인은 단지 결혼했느냐의 여부가 아니라 결혼생활의 질이다. 즉, 부부간에 긍정적인 관계를 형성하여 서로 지지하고 인정하는 관계일수록 행복감이 높다는 것을 명심해야 할 것이다.

2. 긍정심리학에서의 행복관

행복은 더 이상 변화가 힘들다는 인식이 아니라 스스로 얼마든지 현실을 바꾸어 나갈 수 있다는 믿음에서 비롯된다.

우리는 인간의 잠재력이 어디까지인지 모른다. 사소한 형태의 실천과 노력으로도 지속적인 긍정적 변화를 만들어낼 수 있다. 즉, 작은 노력만으로도 얼마든지 놀라운 성과를 이뤄낼 수 있다는 것을 절대 잊어서는 안 된다.

정신건강 분야도 질병모델에서 행복과 성장을 지향하는 예방모델로의 전환이 시도되고 있다. 불행의 법칙으로는 행복을 설명할 수 없으며 정신장애를 설명하는 이론으로는 성숙한 인격을 설명할 수 없다. 또한 불행을 감소시키는 방법으로는 행복을 증진하기 어려우며 정신장애를 치료하는 방법으로는 인격적 성장을 함양하기 어렵다. 이러한 문제의식 속에서 행복의 법칙과 행복 증진의 방법을 과학적으로 탐구하는 긍정심리학이 부각될 수밖에 없다.

고대부터 현대에 이르기까지 수많은 철학자나 종교인들이 나름대로의 행복론을 제시해왔다.

소크라테스(Socrates, 469~399 B.C.)는 자기성찰을 통해서 진정한 행복을 성취할 수 있다고 하였다. 즉, 진리를 파악하는 이성적 능력을 지혜라고 명명하며, 지혜를 인식하고 실천하며 사는 삶이 행복한 삶이라고 하였다.

플라톤(Plato, 427~347 B.C.)은 인생의 본질과 의미를 지향하는 삶이 행복한 삶이라고 설명하였다. 즉, 진정한 지혜는 인간의 이성과 직관에 있으며, 감각세계를 초월한 영원한 진리는 지혜의 발견에서 가능하다. 따라서 진정한 지혜는 이성과 직관을 탐색하는 것이고, 행복은 감각적 쾌락을 추구하기보다는 인생의 본질과 의미를 추구하는 것에서 찾을 수 있다고 하였다.

아리스토텔레스(Aristotle, 384~322 B.C.)는 행복은 일시적 욕망을 충족하는 것 보다 도덕적 완성, 인격적 덕성을 구현하는 삶이라고 주장하였다. 즉, 덕성을 구현하는 삶을 유대모니아(Eudaimonia)라고 칭하며, 유대모니아는 이상적 목표를 지속적으로 지향하는 삶 속에서 행복감을 가지게 되므로, 덕성을 구현하는 삶을 추구해야 한다고 하였다. 아리스토텔레스는 행복의 덕성 이론(virtue theory)에서 12가지 덕성으로 용기, 관용, 자존, 친밀, 재치, 정의, 절제, 희망, 온유, 정직, 양심, 고결을 제시하였으며, 덕성은 누구나 타고나는 것으로 잠재된 덕성을 발견하여 계발함으로써 행복에 이를 수 있다고 설명하였다.

아리스티포스(Aristippus, 435~360 B.C.)는 즉각적인 감각의 만족을 중시하며 고통을 최소화하고 쾌락을 최대화하는 것이 행복한 삶이라고 주장하였다. 이러한 주장은 이후 쾌락주의 토대가 되었다.

에피쿠로스(Epicurus, 342~270 B.C.)는 쾌락주의(hedonism)를 제창하였으며, 행복한 삶은 친구들과 어울리면서 안락한 상태에 평온함을 얻는 것으로, 안락한 여가를 중시하였다. 이는 긍정정서와 주관적 안녕이 행복의 주요 요소라고 설명하는 긍정심리학에 영향을 미치게 되었다.

기독교의 종교적 행복관은 신성한 계율 이론(divine command theory)에서 찾아 볼 수 있다. 진정한 행복은 하나님의 절대 권위에 순종하면서 자기중심적이고 쾌락추구적인 행동을 억제하는 삶이라고 한다. 즉, 초월적 존재가 정한 계율이나 규범을 따르는 삶이 행복한 삶이라고 설명하고 있다.

기독교 지도자들은 세속적인 쾌락의 위험을 경고하며 7대 죄악(seven deadly sins)을 제시한다. 분노, 질투, 나태, 교만, 성욕, 방종, 물욕은 죄로 인도하는 근본적인 악이며, 이러한 죄악을 포기하도록 이끄는 미덕을 4대 보편적 덕성(four cardinal virtues)과 3대 신학적 덕성(three theological virtues)이라고 한다. 4대 보편적 덕성은 신중, 용기, 절제, 정의이며, 3대 신학적 덕성은 믿음, 사랑, 소망이다. 이 7가지 덕성은 서구문화의 윤리적 규범의 기초가 되었다.

17세기 말 벤담(Bentham)의 공리주의(utilitarianism)의 표방으로 최대다수의 최대행복이 개인적 행동과 사회적 제도의 옳고 그름을 판단하는 기준이 되어야 한다는 생각에서 다수의 행복을 증진하는 것이 인간 행동의 궁극적 목표이자 판단기준이 되었다. 이로써, 개인의 행복과 안녕에 대한 관심이 증대되었다.

18세기 후반 미국 독립선언(1775)과 프랑스 시민혁명(1789)을 계기로 행복 추구는 개인의 선택이자 권리가 되었으며, 19세기 초에는 낭만주의(romanticism)의 태동으로 사회적 환경은 개인의 개성과 정서적 표현을 중요시 여기게 되었다. 따라서 행복한 삶은 진정한 자아를 발견하고 표현하는 삶이라는 생각들이 확산되었고(권석만, 2008 재인용), 이는 긍정심리학에서 추구하는 행복 이론에 영향을 미치게 되었다.

21세기로 접어들면서 비로소 행복에 대한 과학적 접근이 본격적으로 시작되었다. 마틴 셀리그만(Martin Seligman)을 비롯한 여러 심리학자들이 과학적인 연구방법론을 적용하여 행복에 대한 집중적인 연구를 하기 시작하였으며, 그 결과 긍정심리학이라는 새로운 학문 분야가 태동되었다.

긍정심리학은 행복을 비롯한 인간의 긍정적인 측면을 과학적으로 탐구하는 학문 분야로서 많은 사람들의 주목을 받고 있다. 긍정심리학은 인간의 강점과 재능을 함양하고 행복을 증진시키는 것을 목적으로 한다. 즉, 인간의 긍정적이고 적응적이며 창조적이고 자기실현적인 모습을 이해하고 증진하기 위해서 심리학 이론, 연구방법 그리고 개입방법을 사용한다. 대다수 심리학자들이 인간의 긍정적 측면과 부정적 측면을 연결하는 연속선상에서 다양한 활동을 하고 있다. 부정적 측면의 이해와 극복 역시 소중하고 필요한 일이다. 다만 긍정심리학은 부정적 측면의 제거보다는 긍정적 측면의 향상에 더 많은 관심을 가진다.

행복한 삶이란 어떤 것인가? 긍정심리학자들은 행복에 관하여 나름대로의 견해를 제시하고 있다. 긍정심리학의 창시자인 셀리그만(Seligman, 2002b; Seligman, Rashid & Parks, 2006)은 다음과 같은 측면을 주목하여 행복한 삶의 조건을 제시하고 있다.

첫 번째 조건은 즐거운 삶(pleasant life)이다. 과거, 현재, 미래에 대해서 긍정적인 감정을 느끼며 살아가는 삶이다. 즉, 과거의 삶에 대해 수용과 감사하는 마음으로 만족감과 흡족함을 느끼고, 현재의 삶에 대해 '지금 이 순간' 적극적 참여와 몰입을 추구하며 유쾌함과 즐거움을 경험할 수 있어야 한다. 미래의 삶에 대해서는 도전의식과 낙관적 기대를 가지고 희망감과 기대감을 느끼며 살아가야 한다.

즐거운 삶은 긍정정서를 최대화하고 부정정서를 최소화하는 삶으로서 행복에 대한 쾌락주의 입장을 반영하는 것이다. 이러한 측면에서 긍정심리학은 행복을 주관적 안녕, 삶의 만족, 긍정정서의 증가와 부정정서의 감소라는 관점에서 정의되고 있다.

두 번째 조건은 적극적인 삶(engaged life)이다. 매일의 삶에서 자신이 추구하는 활동에 열정적으로 참여하고 몰입함으로써 자신의 성격적 강점과 잠재력을 최대한 발휘하며 자기실현을 이루어나가는 삶이다. 셀리그만(2002b)은 사람마다 나름대로의 다양한 강점과 재능을 지니고 있다고 말한다. 강점들 중에서 개인의 독특성을 가장 잘 보여주는 것들을 대표강점(signature strengths)이라고 지칭하면서, 진정한 행복(authentic happiness)은 이러한 대표강점을 찾아내고 계발하여 일생생활에서 잘 활용하는 가운데 발견되는 것이라고 주장한다. 그러한 대표강점을 활용할 수 있을 때, 활기와 열정을 느끼게 되며 '진정한 자기'가 표현되고 있다는 느낌을 갖게 된다는 것이다.

세 번째 조건은 의미 있는 삶(meaningful life)이다. 우리의 삶과 행위로부터 소중한 의미를 발견하고 부여할 수 있는 삶을 말한다. 즐거움 속에서 열정적인 삶을 영위했지만 의미를 발견할 수 없는 경우에는 진정한 행복감을 느끼기 어렵다. 삶의 의미는 자신만을 위한 이기적인 삶보다는 자신보다 더 커다란 어떤 것을 위하여 공헌하고 있다는 인식으로부터 도출될 수 있다. 의미 있는 삶은 가족, 직장, 지역사회, 국가 또는 신을 위해 봉사하고 공헌함으로써 자신의 존재가치를 느낄 수 있을 때 가능하다.

그 외에도 특정 활동에 깊이 빠져들어 자각하지 못하는 '몰입하는 삶', 혼자가 아닌 타인과 함께 더불어 살아가며 자신의 강점을 활용하는 '좋은 삶', 성취를 위해 업적에 전념하는 '성취하는 삶'을 추구하는 것이 진정 행복한 삶이라고 한다.

셀리그만은 즐거운 기분을 느끼면서 자신의 일에 열정적으로 몰입하며 삶의 의미를 발견할 수 있을 때 진정한 행복을 누릴 수 있다고 본다. 6가지 삶은 밀접한 관련성을 지니며 서로 촉진적인 관계를 지닌다. 즐거운 기분을 느끼게 되면, 삶에 대한 활기와 흥미가 증가하여 자신이 하는 활동에 열정적으로 몰두하게 됨으로써 역량을 잘 발휘하게 되고 그 결과 타인과 사회를 위해 기여한다는 의미감을 느낄 수 있다. 또한 자신의 강점을 잘 발휘할 수 있는 활동에 열정적으로 몰두하게 되면, 더 많은 즐거움을 느낄 수 있을 뿐만 아니라 이러한 활동을 통해서 좋은 성과를 거둘 수 있기 때문에 사회적 기여를 하고 있다는 인식이 증진된다. 또한 소중한 의미를 부여하는 활동에 참여하게 될 때, 우리는 즐거운 마음으로 자신의 역량을 최대한 발현할 수 있는 것이다.

이런 점에서 진정으로 행복하고 건강한 삶은 긍정정서를 반영하는 정서적 안녕(emotional well-being), 개인의 원활한 기능수준과 적응상태를 반영하는 심리적 안녕(psychological well-being) 그리고 적극적인 사회적 참여와 기여를 뜻하는 사회적 안녕(social well-being)으로 이루어진다(Keyes & Lopez, 2002)는 것을 알 수 있다.

3. 행복의 심리학적 이론

최근 긍정심리학에 대한 많은 연구들을 통해서 행복의 심리적 과정에 대한 이해가 증진되고 있다. 다양한 주장들이 제기되고 있지만 여기에서는 행복에 대한 욕망충족 이론, 비교 이론, 목표 이론, 적응과 대처 이론, 웰빙 이론, 상향과 하향 이론, 강점 이론을 중심으로 살펴보고자 한다.

1) 욕망충족 이론

인간은 욕망이 충족된 상태에서 행복을 느낀다는 생각이 가장 일반적이다. 인간은 식욕, 성욕, 재물욕, 권력욕, 명예욕 등과 같은 다양한 욕망을 지니게 되고 이러한 욕망이 충분히 충족되었을 때 행복감을 느낀다는 것이다. 이를 욕망충족 이론(desire fulfillment theory)이라고 한다(Diener, 1984). 욕망충족 이론은 행복에 대한 쾌락주의적 입장과 종종 일치한다. 이러한 입장에서는 인간의 행복 정도가 욕망의 충족으로 인한 쾌락이나 만족수준에 비례할 뿐만 아니라 욕망을 충족시킬 수 있는 외부적 또는 상황적 조건(의식주, 재산, 계층, 사회적 지위, 교육수준)에 비례한다는 생각으로 이어지게 한다.

(1) 동기 이론

동기(motive)는 흔히 욕구(need), 충동(impulse), 욕망(desire)이라는 용어와 혼용해서 사용되고 있다.

동기란 '특정한 목표를 향해 행동하게 하는 내면적인 원동력'을 의미한다. 동기는 세 가지의 주요한 기능을 지닌다(Ford, 1992).

첫째, 목표지향적 행동을 유발한다. 즉, 목표달성을 위해 특정한 행동을 하도록 행동의 방향을 결정한다. 예컨대, 목이 마를 때는 물을 찾아 마시듯이, 다른 행동이 아닌 목마름의 해소라는 목표를 향한 행동을 하도록 인도한다.

둘째, 목표지향적 행동을 지속하게 하는 추진력을 제공한다. 예컨대, 목이 마를 때 물을 발견하지 못하면 지속적으로 물을 찾도록 하며 여러 가지 난관이 있더라도 이를 감내하면서 물을 찾는 행동을 계속하게 한다.

셋째, 목표지향적 행동을 조절한다. 예컨대, 목마른 자가 물을 충분히 마시면 더 이상 물을 찾지 않듯이, 목표지향적 행동을 시작하고 지속하며 종결하게 하는 기능을 한다. 이렇게 목표가 성취되었을 때 느끼게 되는 심리적 체험이 만족감이다.

① 내재적 동기와 외재적 동기

동기의 유형에 따라 행복에 미치는 영향이 달라진다는 주장이 제기되면서, 외재적 동기와 내재적 동기의 구분이 주목을 받고 있다. 즉, 외부적 보상에 의해 충족되는 동기보다는 행위 자체에서 만족을 얻게 되는 내재적 동기를 추구하는 사람들이 더 행복감을 느낀다는 것이다.

외재적 동기(extrinsic motivation)는 외적인 보상을 얻기 위해 행동할 때 작동한다. 외적 보상은 돈, 소유물, 지위와 권력, 사회적 인정, 명예 등과 같이 외부에서 발생하는 행동 유인 요인을 의미한다. 반면에, 내재적 동기(intrinsic motivation)는 외부적 보상과 상관없이 일 자체를 위한 활동에 참여하도록 이끌릴 때 작동하는 것이다. 내재적 동기는 기본적인 심리적 욕구에 의해 생겨나는 것으로서 동기를 충족시키기 위한 행위 자체에서 만족감을 느낄 수 있는 것이다. 내재적 동기는 인간에게 내재해 있는 심리적 성장과 자기실현 욕구를 반영하므로 행복에 필수적이다.

예컨대, 니퍼, 그린과 네즈빗(Lepper, Greene & Nesbitt, 1973; 권석만, 2014 재인용)의 연구에서 유아들이 자유놀이 시간에 재미있는 그림그리기 활동을 하도록 하고 활동을 관찰한 후, 그림그리기를 좋아하며 내재적 만족을 얻은 것처럼 보이는 유아들을 선발했다. 그런 다음에 유아들을 세 조건 중 하나씩에 할당했다.

첫 번째 조건에서 유아들에게 '훌륭한 화가' 인정서를 보여주면서 그림을 열심히 그리면 이 상을 주겠다고 했다. 즉, 보상을 얻기 위해서 자신이 좋아하는 일을 하도록 한 것이다.

두 번째 조건에서는 아무런 지시 없이 단지 그림을 그리도록 한 후 나중에 '훌륭한 화가' 인정서를 주었다.

세 번째 조건에서는 단지 그림을 그리도록 했으며 아무런 보상도 주지 않았다.

2주 후에 다시 그림그리기 활동에 참여하게 된 유아들을 관찰한 결과, 상을 받기 위해서 그림을 그렸던 첫 번째 조건의 유아들은 그리기에 별로 흥미를 보이지 않았다. 더구나 보상이 주어지지 않는 상황에서는 그림그리기를 그만두었는데, 외적인 보상이 그림 그리기에 대한 본래의 내재적 동기를 없애버린 것처럼 보였다. 그러나 다른 두 조건의 유아들은 2주 후에도 그림그리기에 대해 비슷한 수준의 흥미를 나타내 보였다.

이러한 연구결과는 동일한 행위를 하더라도 그 행위를 하는 동기가 다를 수 있으며, 동기의 유형에 따라 행위에 대한 흥미나 만족감이 달라질 수 있다는 점을 잘 보여 주었다.

첫 번째 조건의 경우처럼 내재적 동기가 외적인 보상에 의해 대체되는 현상을 과잉정당화(overjustification)라고 한다. 어떤 일을 하게 되는 동기는 그 일 자체를 좋아하기 때문이거나 어떤 보상을 기대하기 때문일 수 있다. 동일한 일을 하더라도 외적인 보상에 대한 기대를 갖게 하면, 그 일 자체에 대한 흥미나 선호는 오히려 떨어지게 된다. 왜냐하면 그 일을 하게 되는 이유가 일 자체에 대한 흥미 외에도 외적 보상이라는 이유로 정당화 될 수 있기 때문이다. 니퍼와 그린(1978)은 이러한 현상에 관한 연구들을 종합하여, 내재적인 만족을 얻고 있는 활동에 대해서 보상을 주게 되면 이후에 그 활동에 참여하게 만드는 내재적 동기가 저하될 수 있다고 설명하였다. 이러한 결과는 행복하게 만드는 것은 어떤 보상의 기대보다 그 자체에 대한 만족이나 재미를 느껴서 참여하게 되는 활동들이라는 것을 설명해 준다.

여러 연구에 따르면, 외재적 동기, 즉 경제적 성공, 신체적 매력, 사회적 인기를 추구하는 사람은 주관적 안녕이 저하되어 있는 것으로 나타난 반면, 내재적 동기를 추구하는 사람들은 주관적 안녕수준이 높은 것으로 나타났다(Kasser & Ryan, 1933, 1996).

내재적 동기와 외재적 동기의 구분은 행복과 정신건강을 이해하는 데에 매우 중요하다. 데시(Deci, 2000)와 리얀(Ryan, 1985)에 따르면, 내재적 동기를 지닌 사람들은 외적인 보상에 의해 동기가 부여된 사람들에 비해서 업무성과, 끈기, 창의성, 자존감, 활기가 향상되었으며 전반적 행복수준을 더 높게 보고했다. 또한 내재적 동기를 지닌 사람들은 건강 증진 행동, 종교적 참여, 친밀한 인간관계, 정치적 활동과 같은 다양한 영역에서도 긍정적인 결과를 나타내는 경향이 있었다. 내재적 동기를 지니고 흥미로운 일에 전념하게 될 때, 몰입이라는 독특한 긍정적 심리상태를 경험하게 된다.

이러한 일관된 결과에 근거하여, 데시와 리얀(2000)은 내재적 동기를 '새롭고 도전적인 것을 추구하고, 자신의 능력을 확장하여 연마하며, 항상 탐구하고 배우고자 하는 선천적 성향'이라고 정의하면서 인간의 대표적인 긍정적 속성으로 간주했다. 나아가서 이들은 내재적 동기를 구성하는 세 가지의 기본적 욕구를 제시하였다. 그 첫째, 유능성(competence)이다. 유능성의 욕구는 환경에 효과적으로 대응할 수 있는 숙달된 경험을 추구한다. 둘째, 관계성(relatedness)이다. 관계성의 욕구는 서로에게 지지적인 인간관계를 형성하고자 한다. 셋째, 자율성(autonomy)이다. 자율성의 욕구는 삶의 중요한 문제에 관해서 독립적이고 자주적인 결정을 내리고자 한다. 이러한 세 가지 욕구는 자발적인 동기부여(self-motivation)를 하기 때문에 세 가지 욕구가 충족될 수 있을 때, 내재적 동기가 촉진된다.

(2) 쾌락주의와 금욕주의

욕망을 포함하여 쾌락에 대하여 긍정적인 입장과 부정적인 입장이 있다. 긍정적인 입장을 쾌락주의(hedonism)라 한다.

쾌락주의자들은 욕망의 기능을 다음과 같이 설명한다.

첫째, 욕망은 삶의 의욕과 활기를 제공한다.

둘째, 욕망은 삶에 필요하고 시급한 과제에 대응하는 능력을 증진시킨다. 즉, 욕망은 생존과 적응에 필요한 활동을 촉진하는 신호이다.

셋째, 욕망은 즐거움의 원천이다. 욕망충족을 통해서 즐거움과 행복감을 느끼게 된다.

넷째, 적절한 욕망과 쾌락의 추구는 몸과 마음을 즐겁게 함으로써 인생을 향유하도록 만든다. 오히려 욕망에 대한 과도한 억제나 억압은 삶을 메마르게 할 뿐만 아니라 때로는 정신장애의 원인이 되기도 한다.

반면에 욕망과 쾌락을 위험한 것으로 보는 입장이 금욕주의(asceticism)이다. 금욕주의자들은 욕망에 대하여 다음과 같은 설명을 한다.

첫째, 욕망은 충족되기 어렵다. 대부분의 중독현상은 욕망과 쾌락을 추구한 결과로 초래된 불행한 결과이다.

둘째, 욕망은 인간을 무절제하고 나태한 존재로 만든다. 행복에는 쾌락의 강도뿐만 아니라 쾌락의 결과도 중요하다. 쾌락은 단기적으로 즐거운 것이지만 장기적으로는 부정적인 결과를 초래하는 것들이 많다.

셋째, 욕망과 쾌락에는 의미가 없다. 궁극적으로 공허감을 줄 수밖에 없다는 것이다.

넷째, 욕망은 사회적 관계와 유대를 약화시킨다. 욕망은 기본적으로 이기적인 것이어서 다른 사람의 욕구나 입장에 둔감하다.

긍정심리학자 중 칙센트미하이(Csikszentmihalyi)는 쾌락과 즐거움에 대하여 다음과 같이 설명하고 있다. 쾌락(pleasure)은 식욕이나 성욕 같은 생물학적 욕구나 타인의 칭찬과 같은 사회적 욕구가 충족될 때 느끼는 긍정정서 상태지만 심리적 성장이나 발달로 이어지지는 않는다. 뿐만 아니라 반복적인 경험을 통해서만 유쾌함이 지속될 수 있다. 반면에 즐거움(enjoyment)은 추구하는 목표의 달성, 기대의 충족, 뜻밖의 심리적 체험이나 창의적 성과에 의해서 경험되는 긍정정서를 의미한다. 이러한 즐거움은 그 자체로 성취감과 신선감을 주며 그 영향이 지속적일 뿐만 아니라 인간의 가능성과 잠재력을 확장시켜 새로운 것을 창조하는 데 기여한다.

따라서 행복 추구를 위해서는 유쾌한 경험과 더불어 생산적이고 성장적인 즐거움을 체험(Csikszentmihalyi, 1990)하도록 다양한 방법을 모색하는 것이 필요하다.

2) 목표 이론

행복을 설명하는 주된 심리학 이론 중 하나는 목표 이론(goal theory)이다(Austin & Vancouver, 1996). 인간은 자신이 추구하는 목표를 달성하거나 목표를 향해 진전되고 있다고 믿을 때 행복을 느낀다는 것이다.

인간은 환경과의 접촉을 통해서 욕망을 충족시킨다. 즉, 환경의 현실을 고려하여 욕망을 충족시킬 수 있는 구체적인 목표를 설정하고 그 달성을 위해 노력한다. 성장과정을 통해 인지적 발달과 사회화 과정을 겪으면서, 인간의 욕망은 인지적 요소와 사회적 영향을 받아 가치관으로 변화된다. 즉, 가치(value)는 '개인이 특정 상황에서 어떤 선택이나 결정을 내려야 할 때, 특정한 방향으로 행동하게 하는 원칙, 믿음, 신념'을 의미한다. 가치는 선택과 행동에 영향을 미칠 뿐만 아니라 어떤 목표를 지향하게 만드는 중요한 심리적 요인이 된다.

인지적 요소
↓
욕망 → 가치 → 목표 → 행동 → 목표달성 → 행복
↑
사회적 영향

[그림 3-2] 목표 이론

목표(goal)는 개인이 행동을 통해 성취하고자 하는 구체적인 지향점을 의미한다. 미래에 대한 기대나 희망의 구체적인 내용이기도 하다. 이러한 목표 설정과 성취는 주관적 안녕과 긍정정서를 증가시킨다(Brunstein, 1993; Brunstein, Schultheiss & Graesman, 1998). 목표 이론에 따르면, 인간은 목표의 설정, 목표를 향한 진전감 그리고 목표의 성취를 이룰 때 행복을 느낀다(Austin & Vancouver, 1996).

주관적 안녕 연구의 선구자인 윌슨(Wilson, 1967)은 인생에서의 목표와 성취 간의 격차가 작을수록 더 행복하다고 보았다. 격차가 작다는 것은 실제 자기모습이 추구하는 목표에 가까워졌다는 것을 의미한다.

목표 이론은 개인이 지향하는 목표의 유형과 구조, 목표를 성취할 수 있는 가능성, 목표를 향한 진전 속도에 의해서 행복이 결정된다고 보고 있다.

(1) 목표의 유형

모든 목표가 행복을 증진하는 것은 아니다. 개인이 선택하는 목표의 유형에 따라서 행복에 대한 영향력이 달라질 수 있다.

일반적으로, 추구하는 목표가 인간의 내재적 동기와 잘 부합할 때 행복감이 증가한다. 자기수용, 긍정적 인간관계, 다른 사람을 돕는 것과 관련된 목표를 추구하는 사람들이 물질적 성공, 신체적 매력, 사회적 명성을 추구하는 사람들보다 행복수준이 더 높다(Cantor & Sanderson, 1999; Kasser & Ryan, 1993). 특히, 지나치게 물질주의적이거나 권력지향적인 사람들은 행복수준이 낮은 경향이 있다(Sirgy, 1998). 그 이유는 외재적 가치(예: 재물, 미모, 지위, 명성)보다 인간의 내재적 욕구(예: 유대감, 친밀감, 자기수용)를 충족시키는 목표를 달성하는 것이 더 큰 행복감을 주기 때문인 것으로 이해되고 있다. 이처럼 내재적 동기를 반영할 뿐만 아니라 자율적으로 선택된 목표가 행복 증진에 도움이 된다.

목표에는 접근 목표와 회피 목표가 있다. 접근 목표(approach goals)는 무언가를 향해 움직이도록 동기를 부여하는 것인 반면, 회피 목표(avoidance goals)는 위험, 곤란, 공포 등을 피하기 위한 것이다. 일반적으로, 접근 목표가 회피 목표보다 주관적 안녕과 관련성이 높다. 무엇이든 가치를 부여하는 것을 향해 나아가고 있을 때 행복은 증대된다. 이 경우, 중요한 목표에 다가가는 접근 속도가 중요하다. 기대했던 속도나 그보다 더 빠른 속도로 진전되는 것을 느끼게 되면, 행복감이 훨씬 더 증대된다(Hsee & Abelson, 1991).

또한 자신의 상황적 조건을 고려하여 달성 가능성이 높은 현실적인 목표를 추구하는 것이 중요하다.

목표는 구체성에 따라 행복에 미치는 영향이 달라진다. 에먼스(Emmons, 1992)에 따르면, 추상적인 목표를 추구할수록 현재의 행복도가 낮아진다고 한다. 왜냐하면 추상적인 목표일수록 그것이 언제 성취될 수 있는지를 알 수 없기 때문이다. 예컨대, "타인을 배려하는 좋은 사람 되기"보다 "하루에 한 명 이상 도움이 필요한 사람을 도와주기"의 목표가 더 구체적이며 그 성취 여부를 즉각적으로 알 수 있다.

그러나 행복에 있어서 더 중요한 것은 구체적인 목표와 더불어 추상적인 장기적 목표를 함께 지니는 것이다. 추상적 목표만을 추구하는 경우는 그 달성 가능성을 확인할 수 없으며, 구체적 목표만을 추구하는 경우는 장기적인 목표를 향한 방향감각을 잃을 수도 있다. 구체적인 목표와 추상적인 목표 간의 균형을 위해서는, 추상적이며 의미 있는 장기적 목표와 더불어 직접 행동으로 연결될 수 있는 구체적인 실천 목표를 세우는 것이 가장 좋은 방법이다(Emmons, 1992).

여러 가지 목표를 추구하는 사람은 성취의 즐거움도 많지만 이러한 목표들을 성취해야 하는 부담감뿐만 아니라 여러 목표 간의 불일치와 갈등으로 인한 스트레스도 많이 경험한다. 셀든과 캐서(Sheldon & Kasser, 1995)는 추구하는 목표들 간의 일관성과 통합 정도가 행복에 중요한 영향을 미친다고 주장한다.

행복한 삶을 위해서는 서로 조화롭게 밀접히 연결된 목표를 선택하여 추구하는 것이 중요하다. 연구에 따르면, 추구하는 목표들 간의 통합성이 높고 경쟁적 목표들 간의 내적 갈등이 적을수록 주관적 안녕의 수준이 높았다.

(2) 목표의 실현 가능성과 진전속도

목표 이론에 따르면, 행복은 개인이 추구하는 목표의 실현 가능성뿐만 아니라 목표달성을 위해 다가가고 있다는 진전속도에 대한 주관적 평가에 의해서 결정된다. 디나와 루카스(Diener & Lucas, 2000)는 평가 이론에서 행복은 지속적으로 유입되는 정보들을 어떻게 평가하느냐에 의해서 결정된다는 것이다. 행복은 정보를 처리하는 능동적인 인지과정에 의존하는데, 대부분의 경우 가장 중요한 평가요소는 주요한 목표를 향해 얼마나 진전되고 있느냐에 관한 것이다. 이러한 진전과정에 대한 평가는 개인의 기질과 성격, 진전을 평가하는 기준, 처해 있는 상황, 소속된 문화 등과 같은 다양한 요인에 의해 영향을 받는다. 그러나 평가과정의 핵심은 우리가 추구하는 주요한 목표가 현재 얼마나 달성되었으며 앞으로 얼마나 잘 달성될 것인가에 대한 평가이다.

또한 어떤 목표를 추구할 것인지 여부를 결정하는 중요한 요인은 그 목표를 성취할 수 있다는 기대, 즉 희망이다. 희망이라는 개념은 목표 이론과 밀접한 관련이 있다. 희망(hope)은 두 가지 믿음의 결과이다. 첫째, 목표에 이르는 경로에 대한 것으로서 목표를 달성하는 방법을 찾을 수 있다는 믿음이다. 둘째, 목표를 향한 추구의지에 관한 것이다. 즉, 목표를 달성할 만큼 충분히 동기와 의지를 지니고 있다는 믿음이다. 희망이란 목표를 달성할 수 있는 현실적인 방법이 있으며 그 목표를 향해 충분한 욕구를 스스로 불러일으킬 수 있다는 믿음의 결과라는 것이다. 이러한 희망수준이 높은 사람들은 긍정정서를 더 많이 느끼고, 미래에 행복해질 것이라고 기대하며, 더 확신에 차 있고, 스트레스에도 더 성공적으로 대처하며, 목표를 향한 대안적인 방법들을 찾을 가능성이 높고, 더 많은 사회적 지원을 받아내는 경향이 있다(Snyder, Rand & Sigmon, 2002).

3) 비교 이론

주관적 안녕과 행복에 대한 인지적 이론들은 행복과 불행은 삶에서 일어나는 사건들보다 그에 대한 인지적 해석에 영향을 받는다고 주장한다.

행복에 대한 인지적 이론가(Ellis, 1962; Beck, 1976)들은 자존감, 낙관성, 통제감, 목적의식 등 행복의 주요 예측요인들에 대해 자신과 환경에 대한 해석이나 기대 또는 긍정적 신념이 영향을 미친다고 설명한다.

인간은 자신의 상태를 어떤 기준과 비교하여 그 기준과의 긍정적 차이를 인식할 때 행복감을 느낀다는 것이 비교 이론이다(Michalos, 1985). 특히, 자존감은 우리가 자신에 대해서 내리는 판단과 밀접하게 연관되어 있다. 우리는 자신에 대한 평가를 할 때, 어떤 기준과의 비교를 통해서 자신의 가치에 대한 결론에 이르게 된다. 비교수준 없이 우리 자신의 가치를 평가할 수 없기 때문이다.

인간은 매우 다양한 기준에 의해서 자신을 평가하지만, 가장 주요한 비교기준은 다른 사람, 과거의 삶, 이상적 자기상, 지향하는 목표이다. 비교 이론에 따르면, 개인은 자신의 현재 상태를 이러한 기준들과 비교했을 때 우월한 방향으로의 차이가 클수록 더 높은 행복감을 경험한다. 즉, 개인이 처해 있는 현재의 상태 그 자체보다는 현재 상태를 평가하기 위해 적용하는 기준의 속성이 행복에 중요하다는 것이다. 따라서 높은 기준과의 상향적 비교를 하는 사람은 불행감을 느끼기 쉬운 반면, 하향적 비교를 하는 사람은 행복감이 증가한다.

(1) 다른 사람과의 비교

우리가 자기평가를 위해 적용하는 가장 일반적인 비교기준은 다른 사람들이다. 우리보다 더 성공적인지, 더 재능이 있는지, 더 만족스럽고 행복해하는지에 관심을 갖는다. 이러한 사회적 비교(social comparison)는 우리가 자기평가를 하는 가장 대표적인 방법인데, 이때 어떤 사람들을 비교대상으로 삼느냐에 따라 평가결과가 크게 달라진다.

비교대상에 따라서 사회적 비교는 자신과 비슷한 사람들과 비교하는 수평적 비교(lateral comparison), 자신보다 더 나은 사람들과 비교하는 상향적 비교(upward comparison),

자신보다 못한 사람들과 비교하는 하향적 비교(downward comparison)로 구분할 수 있다.

연구에 따르면, 행복한 사람들은 상향적 비교보다 하향적 비교를 더 많이 한다(Lyubomirsky & Ross, 1997). 하향적 비교를 많이 할수록 행복도가 증가한다. 행복감은 우리가 다른 사람들보다 우월하다는 평가와 관련되어 있다. 그러나 하향적 비교를 과도하게 적용하게 되면, 우월의식이 지나쳐서 자기도취와 교만으로 변질될 수도 있다.

비교 이론에 따르면, 주변의 비교대상이 어려운 상황에 처해 있을수록, 개인은 더 행복감을 느낀다. 또한 비교 이론은 높은 기대수준이 현실과의 괴리를 증가시키는 불행의 주요한 요인임을 시사한다. 그러나 과도하게 높거나 낮은 기대수준을 지닌 사람들은 모두 높은수준의 불안과 우울을 느꼈으며 행복도가 낮다.

사회적 비교를 통한 행복감은 흔히 일시적이며, 비교를 통해 얻은 사회적 정보와 자신이 추구하는 목표와 어떤 연관성을 지니느냐가 중요하다는 주장이 제기 되고 있다. 기대수준 자체보다는 기대수준이 얼마나 현실적이고 개인의 능력과 일치하느냐가 더 중요하다. 즉, 기대수준에 도달할 수 있다는 성공 가능성의 평가가 중요하다. 뿐만 아니라 목표성취의 최종상태보다는 목표를 향해 진전되고 있는 과정이 중요하다. 높은 기대수준과 낮은 성취상태에 있더라도 목표를 향해 적절한 진전이 있다고 느낀다면 행복감을 느끼게 된다는 것이다. 따라서 자신에게 도움이 될 수 있도록 적절한 비교기준을 선택하는 것은 행복한 사람들의 지혜일 것이다.

(2) 과거와의 비교

현재 자신을 평가하는 두 번째 비교기준은 과거의 자신이다. 현재를 과거와 비교하여 긍정적인 변화를 인식할 때 행복감을 느낀다.

과거와의 비교를 할 경우, 삶의 여건이 열악한 상태에 있었던 사람들은 비교기준이 낮기 때문에 새로운 변화를 긍정적인 것으로 경험할 가능성이 높다. 반면에, 탁월한 삶의 조건에서 생활해온 사람은 비교기준이 높기 때문에 긍정적 변화를 인식하기 어렵다. 그렇다면 불행한 삶과 행복한 삶은 정해져 있는가? 그렇지 않다. 불행한 사람은 자신의 성격이나 태도로 인해서 불행을 영속화시키는 경향이 있으며, 행복한 사람은 긍정적 변화를 위해 끊임없이 노력하는 경향이 있다. 또한 사람들은 자신을 평가할 때 과거의 자기모습뿐만 아니라 다른 사람, 이상적 자기상, 지향목표 등과 같은 다른 기준을 적용한다. 또한 과거와의 비교는 일시적인 효과를 지닌다. 사람들은 새로운 긍정적 변화에 금방 익숙해져 그것을 당연한 것으로 여기기 때문이다.

행복에 있어서 중요한 것은 현재의 절대적 상태가 아니라 과거보다 나아졌다는 긍정적 변화의 인식이다. 행복한 삶을 지속하기 위해서는 점진적이고 긍정적인 변화를 지속적으로 인식하는 것이 필요하다. 삶 속에서 사소한 것이라도 긍정적 변화를 인식하고 그것을 소중하게 여기는 것이 행복한 삶을 영위하는 비결이다.

(3) 이상적 자기상과의 비교

자기를 평가하는 세 번째 방법은 자신이 어떤 사람이 되어야 하는지에 대한 절대적 기준을 세우고 그 기준과 비교하는 것이다. 인간은 생활경험에 근거하여 자기의 구성요소들을 끊임없이 평가하며, 그 평가결과는 자존감의 기초가 된다. 자기평가에서 중요한 한 가지 기준은 이상적 자기상(ideal self-image)이다. 이상적 자기상은 자신이 지녀야 한다고 생각하는 특성들을 의미한다. 히긴스(Higgins, 1987)에 따르면, 이상적 자기상에는 이상적 자기와 의무적 자기로 구분된다. 이상적 자기(ideal self)는 스스로 이상적인 것으로 여기는 자신의 특성인 반면, 의무적 자기(ought self)는 부모와 같이 중요한 사람들에 의해 기대되는 자신의 모습이다. 우리는 자기평가를 할 때 이상적 자기와 더불어 의무적 자기와 비교를 하게 된다.

실제적 자기와 이상적 자기의 괴리가 클수록 불행감이 증대된다. 예컨대, 주변 사람들과 비교하여 자신이 우월하다고 여기더라도 이상적 자기상에 미치지 못할 때는 불행감을 느끼게 되는 것이다.

연구에 따르면, 실제적 자기와 이상적 자기의 격차가 적을수록 긍정적 자존감과 주관적 안녕이 증가했다. 반면에, 실제적 자기와 이상적 자기의 불일치가 클수록 자기평가는 더 부정적이 되고 주관적 안녕 역시 저하되었다(Morretti & Higgins, 1990).

또 다른 비교는 실제적 자기와 의무적 자기의 비교이다. 이 괴리가 크면 불안과 부담감을 느끼게 된다. 부모나 주변 사람들의 기대수준이 높고 실제적 자기가 그것에 못 미치면 심한 부담감을 안게 된다. 자신이 생각하는 이상적 자기와 실제적 자기 간의 차이가 없다 하더라도 주변 사람들이 기대하는 의무적 자기가 높은 사람은 불안을 느끼게 된다.

따라서 개인의 행복은 자기평가를 할 때 적용하는 이상적 자기와 의무적 자기의 수준에 의해서 커다란 영향을 받는다. 그러나 실제적 자기에 불만족할 뿐만 아니라 이상적 자기나 의무적 자기와 괴리가 있다 하더라도, 자신이 노력할 경우 그러한 기준에 도달할 수 있다는 자신감과 자기효능감을 지닌다면 불안감은 해소될 수 있다.

(4) 지향 목표와의 비교

어떤 사건들이 얼마나 행복감에 영향을 미치는지는 우리가 지향하는 목표에 영향을 받는다. 라자루스(Lazarus, 1981, 1991)는 정서가 사건에 대한 인지적 평가에 의해 유발된다는 가정하에, 평가과정을 일차적 평가와 이차적 평가로 구분하고 있다.

일차적 평가(primary appraisal)는 개인이 추구하는 목표와 관련지어 사건의 의미를 평가하는 과정인 반면, 이차적 평가(secondary appraisal)는 사건 상황에 효과적으로 대응하기 위한 대처방법을 평가하는 과정을 의미한다. 라자루스에 의하면, 정서는 일차적 평가의 산물이다. 즉, 일차적 평가과정에서 직면한 사건을 목표 관련성, 목표 합치성, 자아 관여성 등 3가지 측면을 평가한다.

목표 관련성(goal relevance)은 특정한 사건이 내가 현재 추구하는 목표와 관련성을 지니고 있는 정도를 말한다. 지향하는 목표와 무관한 사건에 대해서는 관심을 지니지 않게 되며 정서를 유발하지 않는다. 그러나 목표와 매우 밀접한 관련성을 지닌 사건에 대해서는 강한 관심을 갖게 된다.

목표 합치성(goal congruence)은 사건이 목표 추구에 도움이 되는 정도를 뜻한다. 목표 추구에 도움이 된다고 평가되는 사건에 대해서는 긍정적 감정을 느끼게 되는 반면, 오히려 방해가 된다고 평가되는 사건에 대해서는 부정적 감정을 느끼게 된다.

자아 관여성은 어떤 사건이나 상황이 개인의 안녕과 자존감에 어떤 영향을 미치고 있는지에 대한 평가이다. 긍정적인 자아 관여성은 긍정감정을 가지게 하고, 이는 자기존중감, 즉 자존감을 상승시킨다.

자존감은 이러한 인지적 평가과정을 통해 형성된다. 긍정적 자존감의 형성과 유지에는 세 가지 과정이 관여한다.

첫째, 자신에 대해서 정확한 평가를 하려고 노력하는 자기평가 과정(self-assessment)이고, 둘째, 현재 자신에 대한 자기평가를 확인하려고 노력하는 자기입증 과정(self-verification)이며, 셋째, 자신에 대해서 호의적인 평가를 하려고 노력하는 자기고양 과정(self-enhancement)이다. 자존감이 높은 사람들은 자기고양 과정을 많이 사용하는 경향이 있다(Sedikides, 1993). 자신을 평가할 때, 이들은 자신에 대한 긍정적 자존감을 고양시킬 수 있는 정보에 더 많은 관심을 기울이고 그 중요성을 더 높게 평가한다.

4) 적응과 대처 이론

욕망이 충족되고 목표가 달성되어 행복감을 느끼게 되더라도, 그러한 상태가 지속되면 행복감이 저하된다. 이는 지속되는 긍정적 상태에 대해서 적응하기 때문이다. 즉, 절정-대미 이론에 의하면, 쾌락 경험의 지속시간은 행복에 있어서 경시되는 경향이 있는데, 그 이유는 적응하기 때문이다. 적응과 대처 이론도 이러한 측면에서 살펴볼 수 있다.

(1) 적응과정의 중요성

쾌락을 주는 동일한 자극을 반복적으로 접하게 되면 그에 대한 쾌락을 점점 덜 느끼게 되는데, 이러한 현상을 적응(adaptation)이라고 한다. 적응은 지속적이고 반복적 자극에 대해서 인식이 점진적으로 감소되는 지각적 경향을 의미한다. 이를 둔감화(desensitization) 또는 습관화(habituation)라고 부른다.

쾌락에 대해서도 적응과정이 일어난다. 쾌락은 유쾌한 보상적 경험이기 때문에 쾌락을 추구하며 반복적으로 경험하기를 원하게 된다. 그러나 쾌락은 반복적 경험을 통해서 그 유쾌함의 강도가 감소한다. 처음에는 매우 유쾌한 경험이었지만 반복하면서 쾌감이나 흥미가 저하되는 경우가 흔하다.

인간은 변화에 예민하며, 행복은 새로운 긍정적 변화에 대한 반응이다. 행복은 항상 주어지는 자극보다 최근에 발생한 새로운 긍정적 사건에 대한 반응이다. 그러나 인간은 긍정적 변화에 대해서 상당히 빠른 시간 내에 적응하게 된다.

커다란 행운 또는 불운을 경험한 사람들이 우리가 생각하는 것보다 자신의 삶을 현저하게 더 행복하거나 불행하게 느끼지 않는다는 것이다. 왜냐하면 현격한 삶의 변화를 겪더라도 그러한 삶에 적응하기 때문이다.

적응현상이 필요한 이유는 다음과 같다.

첫째, 적응은 어떠한 특정한 감각을 유발하는 외부의 자극에 의해 우리가 압도되지 않도록 보호하는 기능을 지닌다. 쾌감이든 고통이든 새로운 감각은 우리의 신체반응을 흥분시키며 주의를 분산시킨다. 따라서 생존을 위해서는 일상적인 생활로 돌아올 수 있도록 흥분 상태가 오래도록 지속되지 않는 것이 필요하다(Barkow, 1997).

둘째, 적응은 주변 환경에서 일어나는 변화에 민감해지도록 한다. 생존을 위해서는 특히 환경의 변화를 예민하게 포착하고 그에 대처해야 한다. 그런데 반복되는 자극에 지속적으로 주의를 빼앗기고 있다면 새로운 환경변화에 대응하기 어렵게 된다.

행복의 비밀 중 하나는 우리가 "반복에 둔감하며 변화에 민감하다"라는 점이다.

예컨대, 운동을 기계적으로 반복하게 되면 적응 또는 둔감화가 일어나 흥미를 상실하지만, 그 활동 속에서 미묘한 변화를 포착하거나 창의적으로 변화를 추구하게 되면 오히려 민감화(sensitization)가 일어나 흥미가 증대될 수 있다. 둔감화와 민감화의 차이는 활동의 속성 자체에 있을 수도 있겠지만 그 활동에 임하는 사람의 자세에 달려 있다.

(2) 대처의 중요성

새로운 변화에 대한 적응과 관련하여 중요한 요인이 대처이다. 대처(coping)는 어떤 사건에 대하여 알맞은 조치를 취하고자 끊임없이 변화하는 인지적 및 행동적인 노력(Lazarus & Folkman, 1984)으로 정의된다. 삶을 살아가는 동안 사람들은 누구나 스트레스를 겪을 수밖에 없고 스트레스 자체보다 그 스트레스들에 대해 어떻게 대처하고 대처의 효과가 어떠한지가 행복추구에 더욱 중요한 의미를 지닌다.

적응은 수동적인 과정인 반면, 대처는 능동적인 과정이다. 대처능력은 주관적 안녕과 밀접한 관계를 갖고 있다. 즉, 신경증적 대처를 하는 사람보다 성숙한 대처를 하는 사람이 유쾌한 감정을 더 많이 느낀다. 새로운 변화에 대해서 긍정 의미를 부여하고, 합리적으로 행동하며, 필요할 때는 도움을 요청할 줄 알고, 역경 속에서 분발하며 문제해결적 대처를 하는 사람이 행복감을 많이 느낀다.

대처에는 낙관성이 중요하다. 미래에 대해 낙관적인 사람들은 삶에 대한 만족도와 행복도를 더 높게 보고한다(Diener et al., 1999). 미래의 긍정적 결과에 대한 기대는 기분을 고양시킬 뿐만 아니라 스트레스 상황에서도 더 효과적인 대처전략을 사용하게 만든다.

대처를 얼마나 잘 하는가는 대처자원과 효과적 활용에 달려 있다. 라자루스와 포크먼(Lazarus & Folkman, 1984)은 의미 있는 대처자원으로 5가지를 제시한다.

첫째, 건강과 에너지이다. 건강하고 힘이 넘치는 사람은 아프고 약한 사람보다 외적 및 내적 스트레스 요구들을 더 잘 관리할 수 있다.

둘째, 긍정적 신념이다. 자신이 바라는 결과를 성공적으로 성취할 수 있다는 믿음이 강할수록 대처능력이 증진된다.

셋째, 문제해결 기술이다. 당면문제를 해결하는 데 필요한 기술이 있으면 더 효과적으로 대처할 수 있다.

넷째, 사회적 기술이다. 다른 사람들로 하여금 협조하게 만드는 사회적 기술이 있는 경우 스트레스를 보다 효과적으로 다룰 수 있으며, 스트레스 극복에 힘을 주는 사회적 지원(social support)을 끌어낼 수 있다.

다섯째, 물질적 자원이다. 자동차가 고장이 났을 경우 수리에 드는 비용을 지불할 수 있는 충분한 돈이 있다면 그 스트레스를 쉽게 극복할 것이다.

최근에 긍정정서가 대처자원으로 주목받고 있다(Baumgardner & Crothers, 2009). 긍정정서가 스트레스와 삶의 외상에 대처하는 데 중요한 역할을 한다는 것이다. 긍정정서 경험은 고통의 와중에서도 스트레스의 부정적인 효과를 완충시키거나 감소시킨다.

긍정정서는 낙관주의, 희망, 자신감을 증진시킴으로써 고갈된 심리적 자원을 북돋을 수 있다. 또한 면역기능을 향상시키는 신체적인 자원에도 기여한다. 역경에도 불구하고 웃을 수 있는 방도를 찾고 기억을 공유하는 것을 즐기며 긍정적인 삶의 교훈을 얻고자 한다.

적응과 대처 이론의 시사점은 다음과 같다.

첫째, 긍정적 변화에 주목해야 한다. 변화가 미세한 것이라도 주목하여 긍정적 변화가 있음을 자각해야 한다.

둘째, 사건의 부정적 측면을 무시하지 않되, 긍정적 측면에 주의를 기울여야 한다.

셋째, 사건의 의미를 긍정적으로 해석하여 받아들여야 한다. 부정적 사건에 대해서는 수용을 하면서 미래를 위한 교훈적 의미를 발견할 수 있어야 한다.

넷째, 미래에 대한 긍정적 기대를 지니고, 최선의 결과를 유발할 수 있도록 대처할 수 있어야 한다. 행복은 주어지는 것이 아니라 적극적으로 발견하고 발굴하는 데 있다.

5) 웰빙 이론

웰빙 이론에서는 행복이라는 용어보다는 웰빙(well-being)이라는 용어를 사용하고는 있지만, 그 취지와 내용은 거의 동일하다. 웰빙은 흔히 '참살이', '잘 사는 법', '삶의 질'과 함께 사용되는데 사전적으로 몸과 마음의 편안함과 행복을 추구하는 태도나 행동으로 정의할 수 있다. 웰빙은 몸과 마음, 일과 휴식, 가정과 사회, 자신과 공동체 등 모든 것이 조화를 이루어 어느 한쪽으로 치우치지 않는 상태를 의미하기도 한다.

웰빙 이론에서 웰빙을 평가할 때 기준이 되는 것은 삶에 대한 만족과 긍정정서의 경험으로 정의되는 주관적 웰빙(subjective well-being)이어야 된다고 본다(Diener, 1984).

키스와 워터맨(Keyes & Waterman, 2003)은 사람들이 살아가면서 경험하는 주관적 웰빙은 크게 정서적 웰빙(emotional well-being), 심리적 웰빙(psychological well-being), 사회적 웰빙(social well-being)으로 구분할 수 있으며, 15가지 측면들이 고려되어야 하는데, 각각은 서로 다른 특별한 기능이 있다고 하였다.

첫째, 정서적 웰빙은 자신의 삶을 통해서 경험한 긍정적 · 부정적 경험의 균형상태로 자신의 삶에 대하여 느낀 행복감과 만족감이다. 정서적 웰빙은 긍정적 정서, 부정적 정서, 삶의 만족, 행복감으로 구성된다.

둘째, 심리적 웰빙은 삶의 과정에서 자신이 경험한 긍정적 경험을 의미한다. 심리적 웰빙은 자기수용, 타인과의 긍정적 관계, 개인의 성장, 삶의 목표, 환경 통제, 자율성으로 구성된다. 이것들은 정신건강과 밀접한 관계가 있다.

셋째, 사회적 웰빙은 보다 개인적 기준에 역점을 두고 있는 심리적 웰빙과는 대조적으로, 보다 공개적이고 사회적 기준에 역점을 둔다. 사회적 웰빙은 사회적 일관성, 사회적 실현, 사회적 통합, 사회적 수용, 사회적 공헌의 차원으로 구성된다.

정서적 웰빙의 수준이 높은 사람은 자기 자신의 삶을 불만보다는 만족, 불행보다는 행복, 부정보다는 긍정적으로 평가한다. 심리적 웰빙의 수준이 높은 사람은 자신이 스스로 원만한 심리적 역할을 수행하고 있다고 생각하며, 더불어 개인의 성장, 삶의 목표, 그리고 원만한 자기수용을 하고 있다고 생각한다. 사회적 웰빙을 누리고 있다고 생각하는 사람은 스스로 원만한 사회적 관여와 사회적 공헌을 하고 있다고 생각한다.

6) 상향과 하향 이론

행복은 우연히 외부에서 찾아온 행운이 아니라, 그 사람에 의한 올바른 노력의 결과이다. 외향성, 긍정적 인간관계, 인생의 목적의식, 정서적 안정성 등은 삶의 만족도를 향상시키는 요인이다(Argyle, 1999; Compton, 2005; Diener & Lucas, 1999).

(1) 상향 이론

상향 이론(bottom-up theory)은 행복이 생활 속에서 경험하는 여러 가지 즐거운 순간들의 총합에 의해서 결정된다는 입장이다. 상향 이론에 의하면, 행복, 주관적 안녕 또는 삶의 만족 등은 삶 속에서 얼마나 많은 행복한 순간들을 경험하느냐에 달려 있다. 즐겁고 기쁜 순간들을 더 많이 경험할수록 사람들은 더 행복할 것이다.

상향 이론의 입장에 따르면, 생활 속에서 즐거운 경험들을 증가시킬수록 행복도 증가 한다. 또한 즐거운 경험을 제공할 수 있는 삶의 환경적 여건, 즉 결혼, 직업, 종교, 재정상태, 건강 등이 행복에 영향을 미치는 중요한 요인이 된다.

따라서 행복을 증진하려는 노력은 환경적 여건과 상황을 개선하는 데 있다.

(2) 하향 이론

하향 이론(top-down theory)은 행복이 개인의 유전적 기질, 성격, 정서, 성향 등에 의해서 강력한 영향을 받는다는 입장이다. 개인의 유전적 기질이나 성격적 요인들은 일상적 경험을 긍정적인 방식으로 해석하고 인간관계에서 사교적인 행동을 나타내며 환경에 적극적인 대처를 하게 함으로써 주관적 안녕에 영향을 미치게 된다. 하향 이론에 따르면, 행복은 개인이 처한 환경적 여건보다 삶에 대한 태도에 의해서 더 강력한 영향을 받는다. 행복 증진을 위해서는 개인의 태도와 신념을 변화시키는 데 중점을 두어야 할 것이다.

셀리그만(Seligman, 1991)은 낙관주의와 같은 삶의 태도도 학습에 의해서 변화될 수 있다고 주장한다.

삶의 환경적 여건에 대한 만족도는 상향 이론에 의해서 더 잘 설명될 수 있는 반면, 인생 전반에 대한 만족도는 하향 이론이 더 적절하게 적용될 수 있다(Diener et al., 2003).

(3) 통합 이론

통합 이론은 행복이 성격적 요인에 의해 하향적인 영향을 받는 동시에 삶의 여건과 경험들을 통해서 상향적인 영향을 받는 것이라고 보는 입장이다. 즉, 행복은 성격특성과 삶의 여건의 상호작용에 영향을 받게 되는 심리적 과정에 의해서 결정되는 것이다.

통합 이론에서 고려해야 할 점은 다음과 같다.

첫째, 행복은 유전적 · 심리적 · 환경적 요인들에 의해 영향을 받는다. 루보머스키(Lyuvomirsky, 2005)는 행복이 행복기준점, 환경 여건, 의지적 활동에 의해 결정된다고 제시한 바 있다. 즉, 행복은 행복기준점이라는 유전적 요인과 개인의 의도적 활동을 유발하는 심리적 요인과 환경적 요인에 의해 결정된다고 하였다.

둘째, 행복의 하향 이론과 상향 이론이 통합될 필요가 있다. 즉, 행복에 영향을 미치는 성격특징은 유전에 의한 아동의 기질과 어린 시절의 양육경험이 상호작용하여 결정된다고 여겨진다. 이처럼 유전요인이나 성격특성은 생활사건에 대한 심리적 과정에 영향을 미치기 때문에 행복에 영향을 주는 요인이 된다.

셋째, 행복에 영향을 미치는 요인들은 그 영향력의 근접성에 따라 원격원인과 근접원인으로 구분될 필요가 있다.

원격원인(distal causes)은 어떤 심리적 경험을 유발하는 인과적 과정에서 여러 단계를 거치거나 간접적인 방식으로 영향을 미치는 요인을 의미한다. 원격원인에는 소속 국가, 집단, 가족환경과 같은 환경적 요인과 유전적 요인, 생의 초기경험, 성격특질 등 개인적 요인이 포함된다.

반면, 근접원인(proximal causes)은 심리적 경험을 직접적으로 유발하는 요인을 뜻한다(Abramson, Alloy & Metalsky, 1988). 근접원인에는 최근의 생활사건, 같은 환경적 요인, 사건에 대한 의미부여와 대응행동을 나타내는 심리적 과정이 포함된다.

넷째, 행복은 요인들의 결과인 동시에 원인이 될 수 있다. 즉, 생활사건에 대한 긍정적 의미부여를 통해서 행복감을 느낄 수도 있지만, 행복감을 느끼기 때문에 사건들을 좀 더 긍정적으로 바라볼 수도 있다는 것이다. 따라서 통합 이론은 행복과 관련되는 요인들의 관계를 종합적으로 포괄하여 설명하기 위한 것이다.

7) 강점 이론

강점 이론(strength theory)은 자기실현적 관점을 취하는 이론으로 행복이란 개인의 강점을 계발하고 현실세계에 활용하는 것이라고 본다. 강점 이론에서는 DSM에 상응될 수 있는 심리적 강점에 대한 분류체계를 개발하였는데 VIA(Virtues In Action) 분류체계가 그것이다. 이것은 1999년에 돈 클리프턴(Don Clifton)에 의해 시작되었으며, 메이어슨(Mayerson) 재단의 후원 아래 피터슨(Peterson)과 셀리그만(Seligman)이 확장한 것이다.

VIA 분류체계는 6개의 덕목과 24개 강점으로 분류되어 있다. 이런 덕목과 강점을 자신의 대표강점으로 계발하고 일상생활에 활용하는 것이 행복이다.

강점에 대한 구체적인 설명은 4장에서 다루고 있으므로, 여기서는 간략한 설명으로 대체한다.

(1) 정신장애진단 및 통계편람

미국정신의학회(APA)에서 만든 『정신장애진단 및 통계편람(Diagnostic & Statistical Manual for Mental Disorders, DSM)』은 1994년에 제4판(DSM-IV: APA, 1994)이 발행되었고, 2000년에 개정판(DSM-IV-TR: APA, 2000)이 나왔다. 2013년에 DSM-5로 개정되었다. 신속하고 지속적인 개정을 위해 로마숫자로 표기하던 것을 아라비아숫자로 표기하였다. 심리장애를 분류하고 설명하는데 가장 보편적으로 사용되고 있는 DSM의 특징을 살펴보면 다음과 같다(Kaplan, Sadock & Grebb, 1994).

첫째, 심리장애의 원인과 정의를 이론보다는 임상적인 특징을 중심으로 서술하였다.

둘째, 각 장애에 대한 구체적인 진단준거를 마련함으로써 객관적으로 진단할 수 있게 되었다.

셋째, 각 장애와 관련된 부가적인 특징들(발병연령, 유병률, 병의 진행과정, 합병증 등)을 세분하여 심리장애를 이해하고 치료계획을 세우는 데 도움이 되었다.

넷째, 진단을 위한 정보가 부족하거나 환자의 임상적 상태 또는 병력이 진단준거와 완전히 일치하지 않을 경우는 진단을 유보하거나 분화시키지 않을 수 있는 방법을 제시하였다.

다섯째, 환자를 종합적으로 진단하기 위하여 다양한 변인을 평가하는 방법을 사용하였다.

(2) 강점 및 덕목 분류체계

강점 분류체계(VIA Classification of Character Strengths and Virtues)는 24개의 대표강점으로 구성된 상위 6개 덕목(the high six)이라 불리는 6개의 핵심덕목이 포함되어 있는데, 그것은 지혜와 지식(wisdom & knowledge) · 인간미(humanity) · 용기(courage) · 절제(temperance) · 정의(justice) · 초월(transcendence)이다.

① 지혜와 지식

지혜와 지식(wisdom & knowledge)과 관련된 강점들은 더 나은 삶을 위해서 지식을 습득하고 활용하는 것과 관련된 인지적인 강점들이다. 삶에서의 지혜로운 판단과 지적인 성취를 돕는 강점들이다. 지혜와 지식 덕목은 창의성 · 호기심 · 개방성 · 학구열 · 지혜를 포함하는 5개의 강점들로 구성되어 있다.

② 인간미

인간미(humanity)와 관련된 강점들은 다른 사람을 보살피고 친밀해지는 것과 관련된 대인관계적 강점들을 의미한다. 인간미 덕목은 사랑 · 이타성 · 정서지능을 포함하는 3개의 강점으로 구성되어 있다.

③ 용기

용기(courage)와 관련된 강점들은 내면적 · 외부적 난관에 직면하더라도 추구하는 목표를 성취하려는 의지와 관련된 강점들이다. 용기 덕목은 용감성 · 진실성 · 끈기 · 활력을 포함하여 4개의 강점으로 구성되어 있다.

④ 절제

절제(temperance)와 관련된 강점들은 지나침으로부터 우리를 보호해 주는 긍정적 특질들로서 극단적인 독단에 빠지지 않는 중용적인 강점들이다. 절제 덕목은 겸손 · 신중성 · 용서 · 자기조절을 포함하여 4개의 강점들로 구성되어 있다.

⑤ 정의

정의(justice)와 관련된 강점들은 건강한 공동체 생활과 관련된 사회적 강점을 말한다. 정의 덕목은 공정성 · 시민의식 · 리더십을 포함하여 3개의 강점으로 구성되어 있다.

⑥ 초월

초월(transcendence)과 관련된 강점들은 현상과 행위에 대해 의미를 부여하고 커다란 우주와의 연결성을 추구하는 초월적 또는 영적 강점을 의미한다. 초월 덕목은 감사 · 낙관성 · 심미감 · 유머감각 · 영성을 포함하여 5개의 강점으로 구성되어 있다.

인간은 자신의 장점, 자신만의 재능을 발휘함으로써 행복감을 맛볼 수 있다. 먼저 자신의 강점을 살피고, 이를 일상생활 속에서 실천할 수 있는 아이디어를 만들어 보는 것이 우리가 선택할 수 있는 방법이다. 자기 자신을 소중히 여기지 않으면 어떠한 일도 제대로 할 수 없고 그 누구도 소중히 여길 수 없다. 먼저 자기 자신에 집중할 필요가 있다. 자기 자신이란 밖으로 보이는 나의 모습이 아니라 "나"라는 사람의 본래 모습을 의미한다. 우리가 소중하게 여겨야 하는 건 바로 '자신의 본질'이다. 우리 자신을 소중히 여길 때 더 건강해지고 행복해지기 때문에, 스스로 소중한 사람이 되기 위한 출발점은 바로 자신의 대표강점을 찾아 계발하고 적극적으로 활용하는 것이 필요하다.

(3) 강점의 특성

피터슨과 셀리그만(Peterson & Seligman, 2004)은 개인은 누구나 2~5가지의 대표강점을 가지고 있으며, 개인이 가지고 있는 대표강점은 다음과 같은 특징을 지니고 있다(권석만, 2008). 그러므로 특징을 잘 고려하여 자신의 대표강점을 찾아낼 수 있어야 한다.

① 강점은 자신의 진정한 본연의 모습이라는 느낌을 준다. 예컨대, "그래! 이게 바로 나야"라고 느끼게 한다.
② 강점을 발휘할 때 유쾌한 흥분감을 느낀다.
③ 강점과 관련된 일을 배우거나 연습할 때 빠른 학습속도가 나타난다.
④ 강점을 발휘할 수 있는 새로운 방법을 지속적으로 찾게 된다.
⑤ 강점과 일치되는 방향으로 생동하고 싶은 열망을 느낀다.
⑥ 강점을 사용할 수밖에 없다는 느낌을 갖게 된다. 즉, 강점의 표현을 멈추거나 억제할 수 없다는 것을 느낀다.
⑦ 강점은 숨겨져 있던 자신의 능력이 발현되어 나타나는 것처럼 여겨진다.
⑧ 강점을 활용할 때는 의욕과 활기가 넘친다.
⑨ 강점과 관련된 중요한 일을 만들어내고 추구하게 된다.
⑩ 강점을 사용하고자 하는 내재적 동기를 지니게 된다.

대표 강점을 찾아 활용하는 것은 자기실현에 매우 중요한 일이다. 강점은 어떤 일에서 탁월한 결과와 성취를 이루게 하는 원동력이며 동시에 그 일을 하면서 의욕과 활기를 느끼게 하는 동기를 부여하기 때문이다.

[부록 3]

[행복에 대한 5가지 진실]

우리가 이미 알고 있는 행복의 5가지 진실은 다음과 같다(Eckart von Hirschhausen, 2010; 남승규, 2014 재인용).

① 사람들은 가끔씩 불행을 원한다

사람들은 미지근한 감정보다는 고통을 더 좋아한다. 사람들은 스스로 통제할 수 있다면 밀려왔다가 사라지는 고통을 기꺼이 감수한다. 예컨대, 여자들이 자신의 발 치수보다 조금 작은 구두를 신고 다니다가 저녁에 구두를 벗을 때 썰물처럼 고통이 사라지면서 느끼는 행복의 순간처럼 가끔은 행복뿐만 아니라 불행을 원한다.

② 항상 행복하기 위해 이 땅에 태어나지 않았다

행복의 순간들은 생존기회를 더 높이기 위해 노력하도록 만든다. 그렇기 때문에 우리는 먹는 것이 즐겁다. 그런데 마냥 행복하다면 어떨까? 계속해서 마냥 행복하도록 '저주받은' 사람은 없다. 가끔 불행한 것이 행복의 소중함을 일깨워 주고 행복을 만끽할 수 있게 도와준다.

③ 평생 행복하게 해 줄 것이라고 믿는 천생연분은 없다

누구에게나 천생연분의 짝이 있어서 그 짝만 찾으면 평생토록 행복하게 살 수 있다는 낭만적인 생각을 가지고 있다. 이러한 생각이 인간을 불행하게 만든다. 71억 인구 중에서 자신에게 꼭 맞는 단 한 사람을 찾을 확률은 얼마나 될까? 그것도 평균수명인 81년 안에...

세상에 완벽한 사람은 없다. 완벽하지 않지만, 최상의 삶을 위해 그리고 최선의 삶을 위해서 사랑하는 사람끼리 서로 응원하고 격려하는 것이다.

④ 행복도 불행도 영원하지 않다

우리는 행복이 영원할 것이라고 생각한다. 그러나 행복은 언제나 왔다가 다시 사라진다. 불행도 마찬가지이다. 정신적 외상에 대한 연구결과에 의하면 엄청난 불행을 겪은 사람의 80% 이상이 그것을 잘 극복한다는 것이다. 물론 시간이 필요하지만 적극적인 치료행위 없이도 2년 정도만 지나면 더 이상 지속적인 고통을 겪지 않으며 심지어는 심신이 전보다 더 강해지기도 한다.

⑤ 자신을 위해 진정으로 무언가를 하고 싶다면 남을 위해 무언가를 하라

행복은 자신에게 없을 때도 남에게 전해 줄 수 있다. 행복은 전염된다. 대표강점을 나를 위해 사용하면 열매가 되지만, 남을 위해 사용하면 씨앗이 된다.

4. 행복에 영향을 미치는 요인

행복은 결코 물질적인 가치에 비례하는 것이 아니며, 지극히 상대적이고 주관적인 가치임을 깨달아야 한다. 행복은 마음먹기에 달려 있다. 행복은 일상적이고 사소한데 있는 것이고 크고 멀지 않으며, 누가 만들어 주는 것이 아니고 내가 만들어가는 것이다. 행복에 영향을 미치는 요인은 다양하게 제시될 수 있으나 본 절에서는 크게 인구사회학적 요인, 심리적 요인, 인간관계 요인, 직업적 성취 요인, 사회적 기여 요인, 여가 요인, 목표추구 요인으로 구분하여 제시하고자 한다.

1) 인구사회학적 요인

행복에 영향을 미치는 인구사회학적 요인에서 결혼 상태, 경제수준, 건강, 성별, 연령, 교육수준, 종교 활동 등의 요인들에 대하여 살펴보고자 한다.

(1) 결혼 상태

결혼은 행복에 중요한 영향을 미치는 것으로 알려져 있다. 행복의 주요 요소인 주관적 안녕 연구에서 일관성 있게 기혼자의 행복도가 미혼자보다 높은 것으로 나타나고 있다(Argyle, 1987; Diener et al., 1999; Myers, 2000). 즉, 남성과 여성 모두 결혼한 사람들이 더 행복하고 삶에 만족하는 것으로 나타났다. 이런 점에서 결혼 상태는 주관적 안녕을 예측하는 가장 강력한 요인으로 간주되고 있다.

결혼과 행복의 관계에서 중요한 요인은 결혼생활의 질이다. 부부가 긍정적 관계를 맺을수록 행복에 더 강렬한 영향을 미치는 것으로 나타났다(Sternberg & Hojjat, 1997). 긍정적인 상호작용과 정서적 표현을 많이 하고, 역할분담이 잘 되어 있으며, 자기개방을 통해 솔직하고 친밀한 관계를 맺을수록 결혼만족도가 높아진다. 이 밖에도 성격, 신체적 매력, 가치관과 흥미, 정치적 입장에서 유사성이 높은 부부는 결혼만족도가 높고 갈등과 외도 가능성이 낮으며 좀 더 안정된 가정환경에서 자녀를 양육하는 경향이 있다(Buss, 2000;

Newman & Newman, 1991). 그러나 부부관계에서 갈등과 문제를 지니게 되면 행복수준이 많이 저하될 뿐만 아니라 우울증을 유발하는 중요한 요인이 될 수 있는 것으로 나타났다(Paykel, 1979).

결혼 상태에 따른 행복도 조사에서 만족스러운 부부관계를 지닌 기혼자가 가장 높게 나타났으며, 그 다음이 독신 여성, 독신 남성, 고통스러운 부부관계에 빠져 있는 기혼자 순으로 나타나고 있다.

(2) 경제적 수준

경제적 부는 안락, 안전, 자유, 권력, 애정 등에 대한 욕구를 다양한 방법으로 충족시켜주는 중요한 수단으로 간주되고 있으며, 일상생활의 여러 걱정을 줄여주고 예기치 못한 재난으로부터 보호해 줄 수 있기 때문에 많은 사람들은 돈이 많아야 행복할 것으로 생각하는 듯하다.

경제적 수준이 높을수록 행복도 증가하는지에 대한 비교연구 결과에 따르면, 부유한 국가의 국민은 가난한 국가의 국민보다 훨씬 행복했다.

그러나 연구결과를 좀 더 구체적으로 살펴보면, 한 국가 내에서 소득수준이 높은 사람일수록 더 행복하다는 결과가 나타났다. 개인의 소득이 빈곤수준을 넘어서기까지는 경제적 수준이 행복에 영향을 미쳤으나, 빈곤수준에서 벗어나면 소득수준의 증가액은 행복에 영향을 미치지 않았다. 즉, 낮은 소득수준에서는 소득과 행복 간의 상관이 나타나지만, 더 높은 소득수준에서는 유의미한 관계가 나타나지 않는다(Diener et al., 1985). 매우 부유한 사람들은 다른 사람들보다 단지 약간 더 행복하다고 보고하고 있을 뿐이다.

따라서 경제적 수준은 가난수준을 벗어나서 의식주와 질병치료 같은 기본적 욕구를 충족시킬 때까지만 행복수준에 중요한 영향을 미친다. 그러나 이러한 기본적 욕구가 해결된 상태에서는 수입이나 재산이 행복에 미치는 영향은 미미한 것으로 나타났다.

(3) 건강

건강은 행복과 밀접한 관계가 있다. 질병은 개인이 지향하는 목표달성을 방해하므로 행복에 부정적 영향을 미친다. 특히, 질병이 심각하여 다양한 만성적 문제를 야기할 경우에는 더욱 그러하다.

심각한 질병을 제외하면, 사람들은 건강문제에 빨리 적응한다. 그러나 행복이 면역체계에 영향을 미쳐 건강을 증진한다는 연구결과들이 많이 제시되고 있다. 행복한 사람들은 불행한 사람들보다 면역체계가 더 효과적으로 작동하기(Kamen-Siegel, Rodin, Seligman & Dwyer, 1991; Segerstrom, Taylor, Kemeny & Fahey, 1998; Stone & Shiffman, 1994) 때문에 행복한 사람은 더 오래 사는 경향이 있다.

(4) 성별

행복이나 삶의 만족도에 대한 자기보고 연구에서, 성별에 따른 유의미한 차이가 발견되고 있지 않다. 다만 다양한 연구결과를 종합적으로 분석한 우드, 로드스와 웨란(Wood, Rhodes & Whelan, 1989)의 연구결과에 따르면, 일반적으로 여성이 남성보다 약간 더 높은 수준의 행복을 보고하는 경향이 있지만 그 차이는 매우 작다.

행복의 주요 요소인 주관적 안녕에 있어서는 남성과 여성의 차이가 거의 없거나 오히려 여성이 더 행복하다는 결과들은 여성이 긍정정서와 부정정서를 모두 더 강하게 자주 느끼기 때문이라고 설명하고 있다. 즉, 여성은 남성보다 불행감도 많이 느끼지만 행복감도 더 많이 느낀다는 설명이다.

따라서 성별은 행복도 예측에 매우 미미한 영향을 미치는 것으로 여겨진다.

(5) 연령

연령에 따라서 행복도에 차이가 있는지에 대한 연구 결과에 따르면, 주관적 안녕은 연령이 높아짐에 따라서 다소 증가하는 경향이 있는 것으로 밝혀졌다. 나이든 사람들이 젊은이들보다 삶에 대해 더 만족하며 더 행복하다는 결과들이 보고되고 있다(Argyle,1999).

그 이유는 첫째, 젊은이들은 나이든 사람들보다 더 강렬한 감정을 경험하는 것으로 보인다. 즉, 긍정정서를 더 강하게 느낄 수도 있지만 부정정서 역시 더 강하게 느낄 수 있기 때문이다. 둘째, 나이든 사람들은 인생의 과정에서 자신이 목표하거나 열망하던 것들을 더 많이 성취할 수 있다. 일반적으로 나이든 사람들은 그들이 열망하던 삶의 목표와 실제로 성취한 것의 차이를 작게 인식하는 경우가 많다. 그러한 차이를 수용하는 경향이 상대적으로 높기 때문에 삶의 만족도 높아진다. 그러나 나이든 사람은 젊은이에 비해서 성취감이나 삶의 만족도가 더 높지만, 미래에 대해서는 만족도가 저하되는 경향이 있다(Argyle, 1999).

(6) 교육수준

많은 사람들은 교육수준이 행복에 중요한 영향을 미치는 것으로 생각한다. 교육수준이 높을수록, 좋은 직장을 얻을 수 있고 더 높은 소득을 올릴 수 있을 뿐만 아니라 직업 만족도도 높으며 더 많은 여가시간을 보낼 수 있을 것이라고 생각하기 때문이다. 여러 연구의 결과들을 종합하면, 교육수준이 행복도와 정적인 상관을 보이긴 하지만 그 상관정도가 상당히 미약한 것으로 밝혀졌다(Argyle, 1999). 특히, 소득이 어떤 수준을 넘어서게 되면, 교육수준이 행복에 미치는 영향력은 저하된다. 오히려 실업상태에서는 교육수준이 높은 사람이 낮은 사람보다 더 많은 불행감을 느끼는데, 이는 기대수준이 높기 때문인 것으로 해석되고 있다.

(7) 종교 활동

종교는 행복과 정신건강에 도움이 되는 것으로 알려져 있다. 종교는 개인적으로 삶의 의미를 제공하고 생활 속의 위기대처에 도움이 될 뿐만 아니라 사회적으로는 집단적 정체감을 느끼고 비슷한 가치와 태도를 지닌 사람들과의 사회적 지지체계를 형성하게 해 준다.

일반적으로 종교 활동에 적극적으로 참여하고 종교심이 깊은 사람일수록 육체적으로나 정신적으로 더 건강한 경향성을 보이고, 자신의 생활에 더 만족하며 긍정적인 태도를 가진다. 또한 고난과 역경에 처했을 때 위로와 희망을 얻게 되며, 삶에 대한 감사함과 축복감을 증진하고, 종교적 관점에서 의미를 부여하여 삶의 기쁨을 향유할 수 있다.

그러나 종교가 주관적 안녕에 미치는 영향은 개인적 특성에 따라 달라진다. 예컨대, 외향적인 사람은 종교 활동을 통해서 실제적인 사회적 보상을 많이 받는다. 그러나 종교는 죄책감과 같은 부정적 영향을 미치기도 한다. 종교와 행복의 관계는 주로 기독교와 관련하여 연구가 이루어졌기 때문에 그 결과를 다른 종교에 일반화하기는 어렵다.

2) 심리적 요인

행복은 외부환경으로부터 주어지는 것이 아니라 개인이 스스로 만들어나가고 발견하는 것이기 때문에 심리적 요인은 매우 중요하게 인식되고 있다.

행복에 영향을 미치는 심리적 요인으로 낙관성, 자존감, 외향성, 통제감(원두리 · 김교헌, 2006; Argyle, 1987; Diener et al, 1999; Myers, 1992; Compton, 2005)을 중심으로 살펴보고자 한다.

(1) 낙관성

낙관성(optimism)은 미래에 대한 긍정적인 기대를 가지는 인지적 경향성을 말한다. 낙관성과 행복에 관한 연구결과에 따르면, 낙관성이 높은 사람들은 자신의 행복도와 삶의 만족도가 높은 것으로 보고한다(Diener et al., 1999). 미래의 긍정적 결과를 예상하게 되면, 기분이 고양될 뿐만 아니라 스트레스 상황에서도 적극적으로 대처하게 된다. 또한 낙관성은 자존감, 인생에 대한 통제감, 긍정적인 대인관계와도 밀접한 관계를 지니고 있다.

셀리그만(1991)은 낙관성은 학습될 수 있다고 설명한다. 즉, 사람들에게 자신이 인생의 사건들을 어떻게 설명하는지 주의를 기울이게 하고 그 원인을 좀 더 긍정적인 방향으로 재귀인하는 방법을 가르침으로써 낙관성을 증진시킬 수 있다고 한다. 이를 학습된 낙관주의(learned optimism)라고 불렀다.

아스핀홀과 브룬하트(Aspinwall & Brunhart, 2000)에 따르면, 낙관주의자들은 비관주의자들보다 부정적 정보나 피드백을 더 잘 수용하며 인간관계의 문제들을 더 잘 해결했다. 비현실적인 낙관성은 거짓된 안전감과 잘못된 위험 지각을 하게 하여 불행한 결과를 초래할 수도 있다. 낙관성이 장기적인 행복 증진에 기여하려면 현실적인 근거에 바탕을 두고 있어야만 한다(Schneider, 2001).

(2) 자존감

자존감(self-esteem)은 자기 자신에 대한 긍정적 평가와 우호적 태도를 말한다. 자존감이 높은 사람은 자신을 가치 있고 유능한 존재로 생각하며 자신에 대한 만족감을 지닌다(Campbell, 1981). 이러한 자존감은 삶의 만족도과 매우 높은 상관을 보인다(김빛나, 2008).

자존감은 개인의 다양한 적응적 기능과 밀접하게 관련되어 있다. 긍정적 자존감을 지닌 사람은 인간관계에서의 만족도, 친밀감, 타인을 배려하는 능력, 생산적 수행능력 등이 높을 뿐만 아니라 분노를 잘 조절하며 반사회적 행동을 하지 않는 경향이 있다(Hoyle, Kernis, Leary & Baldwin, 1999). 자존감은 개인의 건강한 성장과 성취에 따른 결과물인 동시에 인간관계와 생산적 활동에 긍정적인 영향을 미침으로써 행복을 증진하게 된다(Ryan & Deci, 2000). 반면에, 만성적으로 낮은 자존감을 지닌 사람은 자신의 삶에 대해서 만족감을 느끼기가 어렵다. 낮은 자존감은 실패와 좌절의 결과로서 우울증을 비롯한 다양한 정서장애의 유발 요인이 될 수 있다.

그러나 자존감과 행복의 관계는 문화에 따라 차이가 있는 듯하다. 중국과 같이 자율성이나 자기주장보다 가족애나 사회의 단합을 중시하는 집단주의 국가에서는 자존감이 주관적 안녕을 예측하는 데에 덜 중요한 변인으로 나타났다(Diener & Suh, 2000).

(3) 외향성

융(Jung)은 성격이 선천적으로 타고나는 기질적 성향이며, 그 유형을 외향성–내향성으로 구분하였다. 외향성(extroversion)은 개인의 심리적 에너지가 외부환경으로 지향되는 성향인 반면, 내향성(introversion)은 관심의 방향이 자신의 내면적 경험으로 향하는 성향을 말한다. 외향적인 사람들은 사교성이 높고 활동적이며 정서적 흥분을 추구하는 경향성을 지닌다.

많은 연구에서 외향성과 행복도는 높은 상관이 있음이 일관되게 보고되고 있다. 연구자들은 외향성의 구성요소인 사교성이 행복에 영향을 미치는 것으로 생각했다. 친구가 많을수록 행복도가 높아진다는 연구결과(Okun, Stock, Haring & Witter, 1984)와 관련하여, 사교적인 사람들은 다른 사람과 긍정적인 관계를 맺을 기회가 많고 그들로부터 긍정적인 피드백을 많이 얻게 되므로 행복도가 높아질 수 있다.

그러나 최근의 연구에 따르면, 외향적인 사람들이 내향적인 사람들보다 더 많은 시간을 다른 사람과 보내는 것은 아니라는 것이 밝혀졌다(Pavot, Diener & Fujita, 1990). 오히려 외향적인 사람들은 혼자 시간을 보낼 때에도 내향적인 사람들보다 행복도를 높게 보고했다(Diener, Larsen & Emmons, 1984).

일부 연구자들(Larsen & Ketelaar, 1991; Lucas, Diener, Grob, Suh & Shao, 2000; Rusting & Latsen, 1998)은 외향적인 사람들이 긍정정서 성향, 즉 긍정적 보상에 대한 민감성을 타고나서 긍정적 사건에 더 강하게 반응하기 때문이라고 주장한다. 따라서 이들은 사건이나 상황들을 긍정적으로 기억하고 나중에 긍정적인 것으로 회상하는 경향이 있다(Seidlitz & Diener, 1993)는 것이다. 또한 외향적인 사람들은 사교적인 상황을 편안하고 즐거운 것으로 느끼고 사회적 상호작용을 통해서 만족스러운 일들이 생겨난다고 여기기 때문에 더 높은 행복감을 보고할 수 있다.

그러나 외향성과 행복도의 상관이 높다고 해서, 내향적인 사람들은 불행감과 우울감에 빠지게 된다는 것이 아니라 상대적으로 행복감을 느끼는 수준이 낮을 뿐이다.

(4) 통제감

통제감(sense of perceived control)은 개인적으로 중요한 삶의 사건들에 대해서 자신이 통제할 수 있다고 믿는 신념을 말한다. 중요한 사건이나 상황에 대한 통제권이 자신에게 있다고 인식하는 것을 내적 통제, 반면에 타인이나 외부 요인에 있다고 인식하는 것을 외적 통제라고 한다.

이러한 통제 소재(locus of control)와 행복과의 관계 연구에서 내적 통제 소재(internal locus of control)를 지닌 사람들이 외적 통제 소재를 지닌 사람들보다 다양한 측면에서 행복수준이 더 높다는 것을 보여주고 있다(Lefcourt, 1981). 자신의 인생을 스스로 통제할 수 있다는 믿음은 자기 유능감, 삶에 대한 자신감, 미래에 대한 긍정적 확신을 심어주어 행복감을 증진시킨 것으로 보인다.

3) 인간관계 요인

카네기 멜론 대학교에서 '목표대로 성공을 거둔 사람'에 대해 수년 동안 연구한 결과, 전문지식이나 기술보다 착실히 쌓은 인간관계가 성공의 열쇠라는 결론이 도출되었다. 즉, 인간은 혼자의 힘으로 성공하거나 행복해지기가 어렵다는 것이다. 인간은 사회적 동물이기에 생존을 위해서 서로 의존해야만 한다. 그래서 행복하기 위해서는 '관계'를 만들어가는 것이 매우 중요하다.

많은 연구결과에서 긍정적인 인간관계는 행복추구와 매우 관련이 깊은 것으로 나타나고 있다. 특히 긍정적 인간관계는 정서적 친밀감과 사회적 지지를 제공한다. 사회적 지지가 행복에 긍정적 영향을 미친다는 연구(Sarason, Sarason & Pierce, 1990) 결과들을 살펴보면, 좋은 사람들과 친밀하고 지지적인 관계 속에서 살고 있다고 느낀다면, 자존감과 자신감이 높아질 뿐만 아니라 어려움에 적극적으로 잘 대처하게 될 것이며, 심리적 장애를 나타낼 가능성이 줄어든다고 한다. 또한 긍정적인 인간관계와 행복은 상호작용적인 것이어서, 행복감을 느낄 때 인간관계가 증진될 뿐만 아니라 타인과의 긍정적 관계 경험을 통해 행복감이 증진된다는 것이다.

이에 긍정적 인간관계 형성과 관련하여 친밀감 이론, 애착 이론, 형평 이론을 살펴보고 긍정적 인간관계 형성에 영향을 미치는 요인과 인간관계 갈등 극복을 위한 방안을 제시하고자 한다.

(1) 친밀감 이론

친밀한 관계(close relationship)는 두 사람이 오랜 기간 빈번한 만남을 통해 유지하는 상호의존적인 상태를 말한다(Kelly, Berscheid, Christensen, Harvey, Huston, Levinger, McClintock, Peplau & Peterson, 1983). 즉, 두 사람이 서로에 대한 행동, 감정, 생각의 측면에서 밀접하게 얽혀 있는 관계를 말한다. 친밀한 관계에서는 상대방으로부터 이해받고 인정받는다는 느낌이 친밀감을 형성하는 데 중요한 요인이 된다(Reis, Sheldon, Gable, Roscoe & Ryan, 2000).

친밀감 이론(Reis & Patrick, 1996; Reis & Shaver, 1988)에 따르면, 친밀감 형성을 위해서 세 가지 조건이 필요하다. 첫째, 자신의 중요한 측면을 상대방에게 내 보이는 것이다. 둘째, 상대방이 자신을 잘 이해하고 있다는 믿음이 필요하다. 셋째, 상대방으로부터 이해, 인정, 보살핌을 받고 있다고 느끼는 것이 필요하다. 이러한 친밀감은 상당히 오랜 시간 동안 교제를 통해 경험되는 것이며, 서로 주고받는 과정 속에서 발달하게 된다.

(2) 애착 이론

① 애착

애착이란 부모나 특별한 사회적 인물과 형성하는 친밀한 정서적 유대를 말한다. 즉, 인생 초기에 가까운 사람에게 강한 감정적 유대를 형성하는 것으로, 어린 시절 주양육자와의 애착 경험이 성장한 이후 인간관계에 중대한 영향을 미친다(Bowlby, 1951)는 것이다.

보울비(1951)는 전쟁고아들의 정신건강에 대한 연구를 통해서 아동의 정상적인 발달을 위해서는 적어도 한 명의 성인 양육자와의 '따뜻하고 지속적인 관계'가 필요하다고 주장하였다. 고아원에서 자란 아이들은, 음식과 안전에 대한 기본적 욕구가 잘 충족되었음에도 불구하고, 지속적인 정서적 유대관계를 형성할 수 없었기 때문에 우울증을 비롯한 다양한 심리적 문제들을 나타내었다. 심지어 상당수의 고아들은 신체적 발육이 저하되었으며 일부는 사망하기도 하였다.

보울비는 원숭이의 애착에 대한 할로우(Harlow, 1958)의 연구에 근거하여 애착 이론을 설명하고자 하였다. 많은 종(種)에서 갓 태어난 새끼들은, 자기 자신을 스스로 돌볼 수 없을 정도로 미숙하므로, 성인 양육자에게 애착하는 경향성을 선천적으로 지니고 태어난다. 보울비는 이러한 애착의 욕구가 충족되지 못한 결과로 영유아들이 심리적 문제를 야기하는 불행한 결과를 겪게 된다고 추론하였다.

할로우(1958)의 연구는 갓 태어난 새끼 원숭이들을 어미에게서 분리시킨 뒤 대리모 역할을 하는 두 개의 장치가 있는 우리에서 따로 길렀다. 하나의 대리모 장치는 철사로 만들어져 있으며 우유를 먹을 수 있는 젖꼭지가 달려 있는 반면, 다른 대리모 장치는 보풀이 있는 직물로 만들어져 있어 부드러운 촉감을 느낄 수 있지만 우유를 제공하는 젖꼭지는 없었다.

만약 어미가 먹을 것을 주기 때문에 애착하는 것이라면, 아기 원숭이는 철사 대리모에게 애착행동을 나타낼 것이다. 그러나 아기 원숭이들은 직물 대리모를 선호했다. 배가 고플 때는 철사 대리모를 찾았지만, 그 외 상황에서는 늘 직물 대리모 곁에 붙어 있었다. 특히, 낯선 물체나 소리에 놀라게 되면, 직물 대리모에게 달려가서 달라붙었다. 이러한 결과에 근거하여 할로우는 영유아들이 포옹하기 좋은 대상과 애착을 형성하는 경향을 지닐 뿐만 아니라 애착 형성에는 생리적 욕구의 충족보다 사회적 관계가 더 중요하다고 결론지었다.

할로우(1965)는 어린 시기의 사회적 격리 경험이 나중에 어떤 영향을 미치는지 알아보기 위하여 갓 태어난 원숭이들을 완전한 격리상태에서 사육했다. 이러한 상태에서 1년 동안 사육된 원숭이들은 다른 원숭이들과 접촉하게 되었을 때 위축되고 두려워하는 모습을 보였을 뿐만 아니라 자신을 물어뜯는 등의 기이한 행동을 보였다.

격리된 원숭이들은 적절한 영양공급을 통해서 신체적으로 정상적인 상태였지만 다른 원숭이들과 정상적으로 상호작용하지는 못했으며, 아기 원숭이들을 보살피지 못하는 등 사회적 발달에 심각한 손상을 보였다. 이렇게 격리된 원숭이들을 정상적으로 성장한 원숭이들과 함께 어울리게 하면, 사회적 문제들이 개선되었다. 그러나 어린 시절의 격리상태가 너무 긴 경우에는 그 후유증이 쉽게 호전되지는 않았다. 이것은 사회적 발달에 결정적 시기(critical periods)가 영유아기에도 존재할 수 있다는 것을 시사한다.

② 애착유형

에인즈워스와 연구진(Ainsworth, Blehar, Waters & Walls, 1978)은 영유아들의 애착반응

을 연구하기 위해서 낯선 상황 검사(Strange Situation Test)를 개발하였다. 이 검사는, 영유아들이 주양육자에게서 분리될 때 나타내는 반응을 관찰할 수 있도록 고안되었고, 반응결과에 따라 애착유형을 구분 짓게 되었다.

영유아는 주양육자와 함께 놀이도구가 갖춰진 놀이방으로 들어온다. 조금 후에 낯선 사람(실험 보조자)이 들어와서 주양육자와 말을 건네며 영유아와 같이 놀려고 시도한다. 주양육자는 낯선 사람과 아이를 남겨두고 놀이방을 떠난다. 몇 분 후에 주양육자가 돌아와서 영유아와 재회한다. 그러고 나서 주양육자와 낯선 사람이 모두 놀이방에서 몇 분간 나가 있다가 낯선 사람이 먼저 돌아와 영유아와 같이 놀려고 시도하고 마지막으로 주양육자가 돌아와서 영유아를 안아준다. 이렇게 미리 계획된 일련의 사건들이 일어나고, 연구자는 일방경을 통해 영유아의 반응을 관찰한다.

만 1세 영유아들이 낯선 상황 검사에서 보이는 일반적인 반응은 다음과 같다.

주양육자가 처음 방을 떠나면, 영유아의 절반가량은 주양육자가 돌아오기 전에 울음을 터뜨린다. 주양육자가 돌아오면, 3/4 이상의 영유아들은 반기며 주양육자에게 다가간다. 주양육자가 다시 방을 떠나면, 영유아들은 다시 불안해하거나 울음을 터뜨린다. 낯선 사람은 영유아를 달래는 데 성공하지 못한다. 주양육자가 다시 돌아오면, 영유아의 절반은 계속 울어대며 주양육자의 품으로 달려든다.

그러나 영유아들은 낯선 상황 검사에서 매우 다양한 방식으로 반응한다. 에인즈워스(1973)는 이런 상황에서 관찰되는 세 가지의 행동패턴을 기술하여 애착유형을 구분하였다.

회피적인 영유아(20%)는 주양육자가 떠나도 울지 않고, 돌아와도 무시하거나 고개를 돌린다. 안정적인 영유아(70%)는 주양육자와의 접촉을 추구하고 유지하는 패턴을 보인다. 양가적인 영유아(10%)는 주양육자가 떠나면 울음을 터뜨리지만 돌아와도 달래지지 않는다.

따라서 영유아의 애착 유형은 주양육자의 양육행동과도 관련이 있다.

유아를 지지적이고 애정적으로 대하는 주양육자들의 아이는 안정적 애착패턴을 보인다. 그들은 주양육자가 떠나는 것을 보고 슬퍼하며, 돌아오는 것을 보고 기뻐한다.

비판적이고 거부적인 주양육자들은 회피적 혹은 양가적인 영유아를 만들어낸다. 우울한 양육자는 영유아에게 정서적 관심과 애정을 잘 기울일 수 없기 때문에 회피적인 영유아를 만들어낼 수 있다.

이렇게 형성된 애착패턴은 영유아의 전 생애에 있어서 타인과 관계 맺는 방식에 지속적인 영향을 미친다(George, Kaplan & Main, 1985).

예컨대, 불안정한 애착을 보이는 아동은, 2세경에 또래들과 사교적으로 어울리지 않고, 4세경에 융통성 없고 고집스러운 모습을 보이며, 6세경에 우울해지거나 위축된 모습을 보이기 쉽다.

영유아기에 안정된 애착을 형성한 아동은 부모에게 적절한 방식으로 자기주장을 표현한다. 그들은 보다 열정적으로 세상을 탐색하며, 문제를 해결하려는 끈기를 보인다. 동시에 좌절 상황에서 남에게 도움을 청하고 위안을 구하는 모습을 보인다.

따라서 안정된 애착을 형성한 아동은 의존성과 자율성 사이의 적절한 균형을 유지하는 것이다.

(3) 형평 이론

형평 이론(equity theory)은 어떤 관계를 맺고 있는 두 사람 간에 있어서 자신들이 관계에 투자하는 양에 비례하여 관계로부터 적절한 이득을 얻는다고 지각할 때 친밀한 관계가 유지된다(Walster, Walster & Berscheid, 1978)고 보는 이론이다. 즉, 투자와 이득이 균형을 이루는 관계는 지속되지만 그렇지 못한 불균형적인 관계는 중단된다.

사람들이 서로 주고받는 대인관계 자원(interpersonal resources)에는 물품, 돈, 정보, 애정, 보살핌, 지위 등이 있다. 다양한 관계 자원들이 인간관계 속에서 교환될 수 있는데, 교환되는 자원이 어떠한 것이든 두 사람이 주고받는 것의 형평성이 유지될 때 그 관계가 지속된다는 것이다.

예컨대, 외모의 형평을 이루는 가장 간단한 방법은 신체적 매력을 갖춘 사람과 연애를 하기 위해서 자신의 외모를 멋지게 가꾸는 것이다. 그 결과, 외모수준이 비슷한 사람들끼리 짝을 이루는 경우가 많다. 흥미롭게도, 동성 친구들 또한 신체적 매력에 따라 짝을 이루는 경향이 있다.

형평 이론에 따르면, 관계를 맺고 있는 사람들이 한 차원(예: 신체적 매력)에서 서로 불일치할 경우에는 그것을 다른 차원(예: 직업적 성공)에서 보상할 수도 있다.

예컨대, 신체적 매력이 출중한 여성은 부유한 남성과 결혼하기 쉽다. 남성의 부가 그의 결점을 보상하는 것이다.

진화심리학자들에 따르면, 이성 파트너의 선호도를 평가하는 방식은 남성과 여성이 서로 다르다. 남성은 여성의 젊음과 신체적 매력을 더 중시하는 반면, 여성은 남성의 근면성과 보유자원을 더 중시하는 경향이 있다(Buss, 1989; Buss et al., 1990). 이러한 차이는 우리 조상들이 배우자 선택에 있어서 직면했던 서로 다른 생존의 문제를 해결하기 위해 발달시킨 심리적 기제가 진화된 결과로 보인다.

(4) 긍정적 인간관계 형성에 미치는 영향요인

인생은 공동운명체이기 때문에 반드시 지켜야 하는 황금률이 있다. 그것은 바로 우리가 잘 되기를 바라는 우리에게 좋은 영향을 미치는 사람들로 우리의 주변을 채워야 한다는 것이다. 리처드 튜니(Richard Tunney)는 영국에 거주하는 사람들 1,760명을 대상으로 친구관계와 인생의 만족도를 묻는 설문조사를 실시하였는데, 오랜 친구가 많은 사람일수록 삶에 더 만족하며 살아가는 것으로 나타났다. 자신이 아주 행복한 삶을 살아가고 있다고 대답한 사람은 아주 불행하다고 대답한 사람들보다 그런 친구가 2배 이상 더 많았다.

이처럼 삶을 살아가면서 긍정적인 인간관계를 형성하는 것은 매우 중요한 일이다. 따라서 긍정적인 인간관계를 형성하는 데 미치는 영향요인을 구체적으로 살펴보고자 한다.

① 좋은 인상

좋은 인상은 인간관계에서 성공확률을 높여준다. 인간관계에서 가장 먼저 일어나는 일은 상대방에 대한 인상을 형성하는 것이다. 우리는 어떤 사람을 처음 만나거나 몇 마디의 말을 나누고 나면 그에 대한 인상을 갖게 된다. 이러한 인상형성은 자기도 모르는 사이에 순식간에 일어난다. 이렇게 형성된 인상은 정확한 것일 수도 있고 그렇지 않을 수도 있다. 이런 첫인상은 상대방과의 지속적인 상호작용을 통해 재확인되기도 하고 수정되기도 한다.

우리가 무의식적으로 처리하는 정보들도 인간관계에 영향을 미칠 수 있다. 나에 대한 정보, 자주 경험하는 정보, 나쁜 행위에 대한 정보, 집단범주에 대한 정보는 우리가 무의식적으로 처리하는 대표적인 정보들이다. 좋은 인상을 심어주고 싶다면 인상형성에 영향을 미치는 세 가지 요인에 대한 이해가 필요하다.

일반적으로 얼굴생김새와 얼굴표정, 옷차림새, 비언어적인 행동단서가 인상형성에 중요한 역할을 한다.

첫째, 얼굴생김새와 얼굴표정이다. 잘생기고 예쁜 얼굴을 갖고 있다는 것은 좋은 인상을 심어주는 데 매우 효과적이다. 그러나 선택의 여지없이 타고난 얼굴을 바꿀 수는 없다. 잘생긴 얼굴생김새 못지않게 밝고 환한 얼굴표정도 좋은 인상을 형성하는 데 큰 도움이 된다.

얼굴표정은 우리의 의도와 상관없이 얼굴에 나타나지만, 지속적인 노력과 훈련에 의하여 의도적으로 조절할 수 있다. 더욱이, 밝게 웃는 명랑한 얼굴표정은 우리의 의지대로 만들 수 있다. 따라서 좋은 인상을 심어주고 싶다면, 밝게 웃는 얼굴표정을 짓는 연습을 해야 한다.

둘째, 옷차림새이다. 옷차림새는 개인의 사회 · 경제적 지위, 교육수준, 직업과 소득수준뿐만 아니라 성격이나 가치관과 같은 정보까지 제공해 준다. 비록 옷차림새를 갖고서 개인의 내면적인 심리적 특성들을 정확하게 판단할 수는 없을지라도, 다른 충분한 단서가 없는 경우에 우리는 가장 눈에 잘 띄는 옷차림새를 통해 인상을 형성한다.

'옷이 날개'라는 말처럼, 깨끗하고 단정하며 상황에 맞는 적절한 옷차림새는 좋은 인상을 심어줄 수 있다. 옷은 마음만 먹으면 쉽게 바꾸어 입을 수 있다. 그래서 좋은 인상을 심어주기 위해서라도 옷차림새에 관심을 가질 필요가 있다.

셋째, 비언어적 행동 단서이다. 비언어적 행동단서에는 눈 맞춤, 몸동작과 제스처, 몸의 자세, 타인과의 거리 등이 포함된다. 우리는 사람들이 행동하는 것을 보고 그 사람에 대한 인상을 형성하게 된다. 특히 행동단서들은 고정된 성격특성보다는 기분이나 일시적인 태도, 의도와 같은 특성을 알아내는 데 효과적이다. 좋은 인상을 심어주려면 가능한 한 우호적이고 긍정적인 태도와 행동거지를 보이는 것이 필요하다.

② 매력 있는 사람

매력적인 사람은 호감을 주는 사람이기 때문에 인간관계에서 유리한 입장에 놓인다. 사람들에게 호감을 주는 대표적인 특성은 인간적 따뜻함과 유능함이다.

따뜻한 느낌을 주는 사람을 냉정한 사람보다 좋아한다. 사람들은 상대방이 지닌 학식, 지능, 자신과의 유사성에 무관하게 상대방이 사물과 사람들에게 수용적이고 긍정적인 태도를 지녔을 때 따뜻한 사람으로 여기는 경향이 있다. 반면에, 태도가 비판적이거나 부정적인 사람은 냉정하거나 차가운 사람으로 여긴다(Folkes & Sears, 1977). 인간관계를 잘하는 사람들은 따뜻하고, 유능하고, 적응을 잘하며, 명석한 사람이다. 그리고 이런 현상은 다양한 문화에서 보편적으로 나타난다.

매력적인 사람이 사교능력까지 지녔다면 이는 금상첨화다. 사교능력이 뛰어난 사람은 인간관계에서도 우위를 차지한다. 낯선 사람을 대할 때 상대방에 대한 사교능력의 평가는 상대방의 매너, 대화능력, 말의 조리성, 화제의 흥미로움에 따라 달라진다(Leary et al., 1986).

우리가 매력적인 사람을 좋아하는 이유는 매력적인 사람과 같이 있으므로 해서 스스로 유능한 사람이라고 인식하기 때문이다. 이것을 방사효과(radiation effect)라고 한다. 예쁜 여자랑 같이 다니는 평범한 남자를 특별한 뭔가가 있는 사람으로 보는 것처럼, 매력적인 사람과 함께 있으므로 해서 사회적 지위나 자긍심이 높아지는 것을 방사효과라 한다. 실제로, 같이 어울리는 사람이 매력적인 경우가 매력 없는 사람과 어울리는 경우보다 제3자에게 더욱 호감을 사는 것으로 나타났다(Kernis & Wheeler, 1981).

③ 배려하기

배려(consideration)는 도와주거나 보살펴주려고 마음을 쓰는 것을 말한다. 관계가 발전되려면 자기노출의 호응과 더불어 상대방에 대한 배려하는 마음이 필요하다.

하비, 파웰과 지크먼드(Harvey, Pauwels & Zickmund, 2002)는 친밀한 관계를 유지하고 발전시키기 위해서 세심한 배려가 중요함을 강조하고 있다. 배려는 두 사람의 관계에서 생각과 행동이 교류되며, 친밀감과 안정성을 촉진시킨다고 한다(Harvey & Omarzu, 1997, 1999).

배려의 세 가지 구성요소는 다음과 같다.

첫째, 서로를 알고 알림으로써 서로를 잘 이해하는 것이다. 이를 위해서는 자기노출과 상대방의 생각, 감정을 아는 것이 중요하다. 빈번한 대화를 통해서 정확하고 원활한 의사소통이 필요하다.

둘째, 상대방의 행동에 대한 귀인이다. 즉, 상대방의 행동에 대한 해석을 어떻게 귀인할 것인가가 중요하다. 상대방의 긍정적 행동은 내부요인에 귀인하고, 부정적 행동은 외부요인에 귀인 하는 것이 관계를 증진시킬 수 있다.

예컨대, 약속시간에 늦게 나타난 남자친구에게 "바쁜 직장일 때문에 늦었구나"하고 외부요인으로 귀인하게 된다면 관계가 발전할 것이지만 "넌 항상 나 만날 때 마다 늦더라. 내가 너한테는 그 정도 가치밖에 안 되는 거지"라고 내부요인으로 귀인한다면 관계는 갈등으로 치닫게 된다. 따라서 잘못된 귀인에 의해서 상대방의 의도를 오해하지 않도록 하는 것이 중요하다.

셋째, 수용과 존중이다. 상대방의 행동과 감정을 있는 그대로 수용하고 존중하는 것이 중요하다. 이를 위해 상대방의 마음을 잘 이해하고 그 입장에서 생각하는 공감적 태도가 필요하다(Ickes, 1996).

④ 감정 상태

좋은 인간관계는 긍정적인 감정을 많이 경험하게 되는 관계이다. 인간관계에서 경험하는 긍정감정은 행복과 기쁨을 비롯하여 즐거움, 신남, 유쾌함, 만족감, 흡족함, 안락감, 안도감, 축복감, 희열, 환희, 자긍심, 자부심, 사랑, 애정, 황홀함 등 다양한 용어로 기술된다.

반면에, 인간관계는 다양한 부정적인 감정을 불러일으키기도 한다. 분노와 울화, 짜증과 성가심, 당황과 황당, 혐오감과 고독감, 시기와 질투, 죄책감과 수치감, 슬픔과 비애 등 다양한 부정적인 감정들을 인간관계 속에서 경험할 수 있다.

중요한 것은 긍정적인 인간관계를 형성하기 위하여 긍정감정을 어떻게 표현하고 전달하는가가 중요하다. 뿐만 아니라 관계에 있어서는 갈등의 문제가 늘 존재한다. 이에 따라 느끼는 부정 감정을 어떻게 처리하는가도 매우 중요한 일이다. 부정 감정은 의사소통방법을 전략적으로 사용할 수 있을 때 해소할 수 있을 것이다.

(5) 인간관계 갈등 극복 방안

인간관계에서 갈등은 있을 수밖에 없다. 어떤 관계에도 문제점이나 마찰은 있기 마련이다. 인간관계에서 나타나는 갈등의 대표적인 이유는 의사소통의 문제와 사회적 통제의 문제 때문이다.

① 의사소통

인간관계는 의사소통(communication)을 매개로 전개된다. 의사소통은 어떤 목적을 위한 기능적 수단으로 취해진다. 기능적 수단에 따라서 5가지 정도로 구분할 수 있다.

첫째, 다양한 정보와 지식을 제공하기 위한 정보적 의사소통(informative communication)이다.

둘째, 학교나 기업에서 교육을 하기 위한 교육적 의사소통(instructive communication)이다.

셋째, 상업광고나 공익광고와 같이 사람들이 지닌 태도변화를 위한 설득적 의사소통(persuasive communication)이다.

넷째, 유머나 농담과 같이 인간관계 속에서 유쾌함과 즐거움을 주기 위한 재미적 의사소통(entertaining communication)이다.

다섯째, 친목을 도모하기 위한 관계적 의사소통(relational communication)이다.

많은 인간관계의 갈등은 사람들 사이에서 이루어지는 의사소통의 문제에서 기인한다. 사람들 간에 오가는 대화는 내용(contents)과 관계(relations)를 포함하고 있는데, 내용도 중요하지만 관계도 그 못지않게 중요하다.

사람들 사이에서 관계에 대한 규정은 자연스럽게 이루어지고 별다른 의식적인 통제를 받지 않는다. 두 사람 사이의 관계가 원만하고 친숙할수록 관계에 대한 정보는 배경에 머물고, 대화의 내용만이 문제가 된다. 그러나 관계에서 문제가 있으면, 내용의 중요성과 의미는 중심에서 벗어나게 된다. 심지어, 내용과 관계의 두 요소가 명확히 구분되지 않을 때 두 사람 간의 갈등은 예상하지 못할 만큼 어렵게 진행될 수 있다. 관계에서 생긴 갈등을 내용적인 면에서 해결하려고 하거나, 내용에서 생긴 갈등을 관계적인 면에서 해결하려고 할 때 인간관계는 힘들고 어렵고 혼란스러워진다.

인간관계에서 갈등을 해결하지 못하고 증폭시키는 의사소통은 다음과 같은 행동특성을 가진다.

첫째, 비판적 행동을 보인다. 상대방의 인격과 성품에 대해 비난하거나 공격하는 것이다. 갈등을 해결하려고 하면, 상대방에 대한 일방적인 비판은 자제해야 한다.

둘째, 경멸적 행동을 보인다. 상대방을 무시하고 모욕감을 주는 것이다. 이러한 행동은 모욕적 언사뿐만 아니라 공격적 농담, 조롱과 비웃음, 혐오적 신체언어를 사용하는 심리적 폭력으로 나타난다.

셋째, 방어적 태도를 보인다. 상대방을 솔직하게 대하지 않으며, 자기방어에 급급한 반응을 보인다. 문제를 해결하기보다는 상처를 입지 않기 위해 노력한다.

넷째, 장벽을 쌓는다. 상대방과의 의사소통을 피하고 신체적으로 거리를 두며 정서적인 무관심을 나타낸다.

행복해지기 위해서는 위와 같은 행동들을 삼가해야 한다. 다양한 인간관계 속에서 비판적인 행동, 경멸적 행동, 방어적 행동 그리고 스스로 장벽을 쌓는 것은 스스로 행복을 포기하는 것과 같다.

② 사회적 통제

인간관계는 상하관계와 친소관계로 나뉜다. 상하관계란 대인관계에서 서로에 대한 통제력을 행사하는 사회적 통제를 의미하고, 친소관계란 사람들 간의 친분과 거리감을 말한다.

갑과 을의 관계를 규명하는 사회적 통제(social control)는 친구관계를 포함한 모든 인간관계에서 나타난다. 그 관계가 지속적이고, 친밀하며, 상호의존도가 높은 경우에는 더 중요해진다. 가정에서 소득과 외부 일은 남편이, 양육과 가사는 아내가 분담하는 것처럼, 서로 간에 영역별로 통제력을 양보하거나 취함으로써 서로의 통제를 인정하기도 한다.

인간관계의 경우에 통제력에 도움이 되는 대화양상은 친밀감에 부정적인 영향을 미칠 수 있다. 통제력을 높이는 공식적인 용어나 표준말의 사용은 서로의 관계에서 거리가 멀게 느껴지게 만드는 경향이 있다(Giles & Powesland, 1975). 친밀한 관계일수록 더 많은 예의와 배려가 필요함에도 불구하고, '친함'을 이유로 상대방을 휘두르고 구속하고 소유하려는 생각과 행동이 인간관계를 망칠 수도 있다. 친할수록 · 좋아할수록 · 사랑할수록 그 사람만의 시간과 세계를 만들어주는 것이 더욱더 발전적인 인간관계를 가능하게 만들 수 있다.

(6) 행복추구에 있어서 중요한 사람들

우리는 평생 동안 수많은 사람들을 만나 인간관계를 맺으며 살아간다. 그러나 모든 사람들이 우리의 행복에 동일한 영향을 미치는 것은 아니다. 우리의 삶에 중요한 영향을 미치는 '의미 있는 타인들(significant others)'이 있다. 이들과의 관계가 행복에 특히 중요하다.

의미 있는 타인은 네 가지 역할을 한다(Larus, 1989; 권석만, 2008 재인용).

첫째, 의미 있는 타인은 나에 대한 사회적 지지자의 역할을 한다. 내가 어려움에 처하거나 도움이 필요할 때, 정서적 또는 재정적 지원과 같이 다양한 형태의 지지를 제공한다. 변함없이 일관성 있게 많고 다양한 지원을 해 주는 사람일수록 나에게 의미 있는 타인이 된다.

둘째, 자기평가에 중요한 영향력을 미친다. 즉, 우리는 나에 대한 타인의 의견과 평가를 통해서 자기평가를 하게 된다. 이처럼 자기평가에서 중요하게 여기는 사람일수록 의미 있는 타인이 된다.

셋째, 서로 유사성이 많아야 한다. 즉, 나와 성격이나 가치관 등에서 서로 유사성을 공유하고 있다고 느끼는 정도에 따라서 의미 있는 타인으로 여겨지게 된다.

넷째, 영향력의 상호성이 커야 한다. 즉, 서로 영향력을 주고받는 상호적 영향력이 큰 사람일수록 더 의미 있는 타인으로 느껴지게 된다. 달리 말하면, 우리의 삶에 있어서 중요한 의미를 지니는 사람은 강하나 상호의존적 관계를 맺고 있는 사람이라고 할 수 있다.

사람마다 타인을 의미 있는 존재로 여기게 되는 기준은 조금씩 다르다. 그러나 일반적으로 개인이 지니는 자기개념과 세계관에 중요한 영향을 주었거나 주고 있는 사람이 의미 있는 타인이 된다.

대부분의 경우, 의미 있는 타인으로는 어머니, 아버지, 친구, 연인이나 배우자, 교사, 직장동료, 선후배가 선택된다. 일반적으로, 긍정적인 의미에서 중요한 타인은 나를 지원하고 인정하며 함께 있으면 편안하고 재미있는 사람이거나 나의 잠재력을 성장시키고 실현하도록 돕는 사람을 뜻한다. 예컨대, 나를 키워주시고 변함없는 애정으로 자식을 사랑해 주신 어머니가 긍정적인 의미에서 가장 중요한 타인이 될 수 있다.

반면에, 부정적인 의미에서 중요한 타인이 있을 수도 있다. 나를 인정해 주지 않으며 심리적 상처를 주어 접촉을 회피하거나 관계의 종결을 원하는 사람이 그러한 타인이다. 예컨대, 가정에서 폭군처럼 행동하여 내가 미워하는 아버지는 부정적인 의미에서 중요한 타인이 된다.

긍정적인 점에서 의미 있는 타인뿐만 아니라 부정적인 점에서 의미 있는 타인 역시 우리의 행복에 중요한 영향을 미치게 된다. 중요한 것은 의미 있는 타인들과의 인간관계에서 친밀하고 효율적인 관계를 형성할 때 우리는 삶의 만족감과 행복을 느끼게 된다는 것이다.

[부록 4]

[의미 있는 타인들이 갖는 특성]

(Kiesher, 1996; 권석만, 2008 재인용)

① 내가 매우 좋아하고 또한 나를 매우 좋아하는 사람

② 내가 닮고 싶어 하는 사람 또는 나의 이상(理想)인 사람

③ 내가 조언과 충고를 얻기 위해 찾는 사람

④ 나의 인생과 관련된 중요한 사안에 대해서 결정을 하는 사람

⑤ 나의 의견과 행동에 중요한 영향을 미치는 사람, 즉 내가 그 사람으로부터 인정받기를 원하며 나에 대한 그 사람의 평가를 중요시하는 사람

⑥ 나의 개인적 성장을 촉진하는 사람, 즉 그 사람과 함께 있으면 내가 한 단계 넓고 깊어지며 인격적으로 향상되는 것이 느껴지는 사람

⑦ 내가 정서적으로나 심리적으로 가장 깊게 신뢰하는 사람

⑧ 나와 함께 같은 가치관을 공유하고 있는 사람

⑨ 내가 실제적 관계이든 상상적 관계이든 많은 시간을 소비하는 사람, 즉 내가 자주 접촉하고 많은 시간을 보내며 함께 많은 일을 하는 사람

⑩ 나에게 가장 적절하고 유용한 평가적 피드백을 제공하는 사람

⑪ 나에게 친밀감과 존중감을 제공하는 실제적 또는 잠재적 원천이 되는 사람

4) 직업적 성취 요인

직업이란 생계를 유지하기 위하여 자신의 적성과 능력에 따라 일정한 기간 동안 계속하여 종사하는 일 또는 휴식, 놀이, 여가 활동을 제외한 모든 생산적인 활동을 의미한다. 이러한 직업은 행복추구에 있어서 매우 중요한 요소이다. 직업을 가진 사람들은 미취업자보다 더 행복하며, 전문직 또는 숙련직 노동자가 비숙련직 노동자보다 행복하다는 연구결과가 있다(Argyle, 2001). 그러나 직업의 유형보다는 직업만족도가 행복에 더 많은 영향력을 가진다(Diener & Lucas, 1999).

직업적 활동은 개인이 즐거움과 보람을 느낄 수 있는 적절한 일거리를 제공할 뿐만 아니라 호기심과 기술 개발의 욕구를 충족시킬 수 있는 기회와 더불어 사회적 연결망과 소속감을 제공하기 때문일 것이다.

직업만족도가 높아지기 위해서는 개인과 직업의 적합도가 중요하다. 개인의 성격과 적성이 직업적 업무나 작업환경과 잘 맞아야 직업에 대한 만족도가 증가한다. 일반적으로 개인의 자율성, 내재적 보장, 지시적 관계 등의 특성을 지닌 직업에서 만족도가 높아진다. 이밖에도 상사의 지지적 후원, 동료와의 우호적 관계, 분명한 역할분담, 사회적으로 인정받는 지위, 신체적 안전과 재정적 안정이 직업만족도에 영향을 미친다(Warr, 1999). 행복한 사람은 업무생산성이 높아지고, 업무생산성이 높아지면 직업만족도가 높아진다. 이처럼 행복과 직업만족도는 상호작용적인 관계를 지닌다.

본 장에서는 직업의 중요성과 직업과 자기실현, 직업만족도를 증진시키는 요인, 몰입과 직업 활동, 행복한 직장생활을 위한 조건에 대하여 살펴보고자 한다.

(1) 직업의 중요성

인간은 누구나 성인이 되면 직업을 갖는다. "일하지 않은 자는 먹지도 말라"는 백장(百丈) 대사의 말이 있듯이, 직업적 활동은 인생의 필수적 영역이다.

직업 활동은 경제적인 보상을 받는 활동이며, 개인이 지닌 잠재능력을 발휘하는 자기실현적 활동이기도 하다. 프로이드(Freud)는 인생에서 직업적 활동은 긍정적 인간관계와 더불어 행복의 주요한 원천이라고 하였다. 인생의 의미에 관한 연구자들(Ebersole, 1998; Emmons, 1999; Wong, 1998)에 따르면, 대다수의 사람들은 공통적으로 '일과 직업적 성취'를 인생의 중요한 의미로 여기고 있다(Emmons, 2003).

Wrzesniewski와 연구진(Wrzesniewski, McCauly, Rozin & Schwartz, 1997)에 따르면, 직업인들은 자신의 일을 크게 세 가지 방식으로 인식한다.

첫째는 자신이 직장에서 하는 일을 단지 생계유지를 위해 소득을 얻는 생업(job)으로 여기는 것이다. 이러한 사람들은 일 자체보다 그로 인한 경제적 소득에 초점을 맞춘다. 이들에 있어서 직업의 의미는 가족을 부양하는 수단 정도가 될 것이다.

둘째는 직업을 사회적 성공과 연결된 경력(career)으로 여기는 것이다. 이러한 사람들은 일을 통해서 성취 동기와 경쟁 욕구를 충족시킬 뿐만 아니라 사회적 지위와 명성을 얻고자 노력한다. 이들에게 있어서 직업의 의미는 자신의 목표를 성취하고 개인적 자긍심을 얻는 것이다.

셋째는 직업을 소명(calling)으로 여기는 것이다. 이러한 사람들은 자신의 직업을 통해서 사회적으로 유용하고 의미 있는 일을 하고 있다고 생각한다. 이들에게 직업적 활동은 자신뿐만 아니라 타인을 위하는 것으로서 공동체에 기반을 둔 개인적 성취감에서 의미를 찾을 것이다.

이처럼 자신의 직업을 바라보는 세 가지 관점에 따라서 직업을 통해 얻게 되는 의미는 달라질 것이다.

행복에 중요한 영향을 미치는 몰입경험도 주로 직업 활동을 할 때 경험할 수 있다. 칙센트미하이(1990)는 자신의 일을 즐기는 사람은 일을 하면서 몰입상태를 경험하며, 대부분 사람들은 높은 수준의 기술을 필요로 하는 도전과제를 수행할 때 몰입경험을 할 수 있다고 하였다. 이처럼 직업 활동은 몰입과 의미를 동시에 경험할 수 있기 때문에 행복의 원천이 될 수 있다.

(2) 직업과 자기실현

앞서 행복에 대한 두 가지의 철학적 입장을 소개한 적이 있다. 하나는 주관적 행복감을 중시하는 쾌락주의적 행복관이며, 다른 하나는 개인의 노력을 통해 의미 있는 일을 이루는 것이 중요하다는 자기실현적 행복관이다.

아리스토텔레스의 유대모니아(eudaimonia)에서 유래한 자기실현적 행복관은 개인이 지닌 잠재능력과 강점을 충분히 계발하고 발현함으로써 개인과 사회에 의미 있는 일을 하는 것이 행복이라는 입장이다. 직업적 활동은 특히 자기실현적 행복관과 밀접한 관련이 있다.

자기실현(self-actualization)이란 자기(自己) 능력(能力)이나 개성(個性)을 발달(發達)시키거나 발휘(發揮)하는 일로 정의된다. 자기실현이라는 용어는 골드스테인(Kurt Goldstein, 1934)에 의해 '개인이 지닌 모든 잠재력을 발휘하려는 동기'로 지칭됨으로써 처음 사용되었다. 골드스테인에 따르면, 자기실현은 삶을 이끌어가는 주된 동력으로써 개인의 능력을 최대화하고 인생의 행로를 결정하게 하는 힘이 된다.

직업은 자기실현을 달성하기 위한 중요한 활동장면이며 행복의 주요한 원천이다. 대다수의 사람들은 '일과 직업적 성취'를 인생의 중요한 의미로 여기고 있고, 직업을 통해 자기실현을 구현하기도 한다.

따라서 직업 활동은 개인이 자신의 잠재능력을 발휘하여 포부와 야망을 성취하고 사회와 국가를 위해 기여할 수 있는 가장 중요한 인생의 장이라고 할 수 있다. 개인의 특성에 잘 부합하는 직업을 선택하고, 그러한 직업 활동에 몰입하며, 자신의 잠재역량을 충분히 발휘하는 것이 중요하다.

직업 활동에서 성취와 업적과의 관계를 살펴보면, 직업 활동은 그 자체를 통해서 즐거움과 의미를 느낄 수 있을 뿐만 아니라 성취와 업적을 남길 수 있는 인생의 주요한 장이 된다.

성취와 업적은 크고 작음에 관계없이 가족, 직장, 공동체, 사회와 국가 그리고 인류를 위한 공헌이 될 수 있다. 위대한 업적을 이루기 위해서는 개인의 능력과 흥미와 더불어 엄청난 노력이 필수적이다(Murray, 2003). 그래서 훌륭한 성취와 업적은 우리에게 경외심과 더불어 존경심을 불러일으킨다.

긍정심리학은 위대한 성취를 통해 자기실현을 이룬 인물들에 대해서 깊은 관심을 지닌다.

머레이(2003)는 각 분야의 '정상'에 있었던 수백 명의 인물들에 대한 자료를 분석한 결과,

다음과 같은 일반적인 결론을 제시하였다.

첫째, 한 개 이상의 전문분야에서 정상에 이르렀던 사람들은 극히 드물다. 즉, 한 분야의 정상에 이르기 위해서는 고도의 지식과 기술을 맞추는 것이 필요하다. 여러 분야에서 업적을 남긴 아리스토텔레스나 레오나르도 다빈치와 같은 경우는 극히 예외적인 경우라고 할 수 있다.

둘째, 어떤 분야이든 정상의 위치에 도달한 사람들은 엄청난 노력을 기울인 사람들이다. 천부적 능력을 타고난 인물들도 그러한 능력을 발현시키기까지 피나는 노력을 기울였던 것이다. 그리고 각 분야에서 탁월하다고 평가된 사람일수록 더 많은 시간의 노력을 기울였으며 더 많은 결과물을 만들어냈다.

셋째, 한 분야의 정상에 이르기 위해서는 멘토나 스승의 역할이 매우 중요하다. 연구에 포함된 인물들은 대부분 자신의 성취와 인생에 도움을 준 멘토들을 지니고 있다. 멘토는 대부분 각 분야의 전문가로서 지식과 기술을 전수해 주는 역할을 할 뿐만 아니라 그 분야의 중요성과 의미를 심어줌으로써 동기를 강화시키는 역할을 수행한다.

넷째, 적절한 시기와 적절한 장소에서 사는 것 역시 중요하다. 즉, 개인의 재능과 역량을 자극하고 개발하며 발휘할 수 있는 환경이 중요하다. 일반적으로 번성하는 사회나 정치적·재정적 중심지가 되는 도시에서 보다 탁월한 인물들을 많이 배출하는 경향이 있다. 뿐만 아니라 개인이 지닌 전문적 지식과 기술을 필요로 하고 소중하게 여기는 시대와의 만남도 중요하다.

다섯째, 탁월한 업적은 문화적 분위기에 의해서 영향을 받는다. 인간의 삶에 있어서 이기적 목적보다 다른 사람과 사회, 나아가서 인류를 위해 기여하는 것이 중요하다는 자기초월적 가치를 강조하는 문화에서 위대한 업적이 성취되는 경향이 있다. 또한 개인의 역량을 존중하고 개인으로 하여금 자기효능감을 지니도록 만드는 문화적 분위기 역시 중요하다.

이러한 결론은 직업분야에서 뛰어난 성취를 이루기 위해서는 우선 자신의 흥미와 능력을 확인하고 그에 적합한 전문영역을 선택하는 것이 중요하다는 것을 시사한다. 아울러 그 분야의 훌륭한 스승을 찾아 신뢰할 수 있는 관계 속에서 배움에 많은 시간을 투자하며 노력해야 한다. 그리고 자신이 하고 있는 전문적 활동이 가치 있고, 그러한 활동에 있어서 자신의 능력과 역할이 중요하다는 것을 확고하게 인식할 필요가 있다(Peterson, 2006).

(3) 직업만족도

직업만족도(job satisfaction)는 직업 자체나 직업경험으로 인해 즐겁거나 만족스러운 상태로 직장생활에서 느끼는 전반적인 만족을 의미한다. 즉, 자신의 직업적 활동이 생산적이며 가치 있는 일이라는 인식에 근거한 정서적 반응을 말한다(Locke, 1976). 이러한 직업만족도는 행복에 매우 중요한 영향을 미친다.

직업마다 업무의 특성과 보상수준이 각기 다르지만 직업만족도를 결정하는 가장 중요한 요인은 개인과 직업의 부합성(person-vocation fit)이다. 소위 '좋은 직업'에 종사한다고 해서 누구나 만족하는 것은 아니며, 우수한 사람이라고 해서 어떤 직업에서나 성공하는 것도 아니다. 자신의 특성을 잘 파악하고 그에 적합한 직업을 선택하는 것이 행복에 있어서 매우 중요하다.

직업만족도에 영향을 미치는 요인들을 흥미, 적성, 가치, 직무요인으로 살펴보고자 한다.

① 흥미

흥미(interest)는 어떤 종류의 활동이나 사물에 대해서 특별한 주의나 관심을 갖게 하는 개인의 일반화된 행동 경향을 의미한다(Renninger, 1990, 2000). 즉, 개인으로 하여금 어떤 일에 즐거움을 느끼고 호기심을 갖게 하는 동기적 성향을 뜻한다.

흥미는 좌절과 실패 앞에서도 끈질긴 인내를 하게 만든다. 흥미는 종사하는 직업에 대한 만족도, 노력의 투여량, 지속적 종사기간을 결정하는 중요한 요인으로 알려져 있다.

흥미는 성장함에 따라 점차 분화되어 구체화되며 지속되는 경향이 있다. 개인적 흥미는 주변 사람들의 지지와 격려를 통해서 발전한다(Fried, 2001). 특정한 영역의 흥미를 유발시키고 고취시킴에 있어서 매우 중요한 것이 교사나 멘토의 역할이다. 멘토는 교육과 정보를 제공할 뿐만 아니라 아낌없이 지지를 해 주고 도전적 과제를 제시해 주어야 한다(Renninger, 2000). 동료와 부모의 지지 역시 흥미 발달에 도움이 된다.

흥미는 도전과 좌절을 잘 견디며 극복하게 만든다(McCombs, 1991). 새로운 것을 배우는 동안 흥미를 많이 느낄수록 스트레스를 덜 경험하며 장기적으로 신체적 · 심리적 안녕이 증대된다(Helson & Srivastava, 2001; Sansone, Wiebe & Morgan, 1999).

진로발달 이론가인 홀랜드(Holland, 1966, 1985)는 직업선택에 있어서 개인과 직업의 부합성을 강조하면서 개인의 흥미와 직업 유형의 관점에서 6가지 기본 유형을 제시한다. 개인의 흥미와 직업특성이 일치할 때 직업만족도가 가장 높으며 수행성 역시 최고 수준으로 높아진다(Smart, 1982)는 것이다.

〈표 3-4〉 홀랜드(Holland)의 흥미와 직업유형

흥미유형	내용	직업군
현실형 (realistic type)	물체, 도구, 기계를 사용하거나 동물을 사육하는 일에 각별한 흥미를 느끼는 반면, 대인관계에 다소 소극적이며 언어적 기술이 부족하다.	엔지니어, 건축업자, 차량운전자나 수리공, 농장경영자 등
탐구형 (investigative type)	물리학, 생물학, 사회과학 등의 분야에서 조직적인 일이나 창의적인 연구에 각별한 흥미를 지니고, 합리적 · 분석적 · 독립적인 성향을 지닌다.	다양한 분야의 과학자나 교수 등
사회형 (social type)	사람들을 보살피고 도우며 가르치는 일에 흥미를 가지고 언어적 기술과 대인관계 기술이 풍부하다.	교사, 상담사, 임상심리학자, 사회복지사 등
예술형 (artistic type)	언어, 음악, 미술 등과 관련된 예술적 활동에 흥미를 느끼며 상상력이 풍부하다.	시인, 소설가, 음악가, 조각가, 극작가, 디자이너 등
사업형 (enterprising type)	경제적 이익창출을 위해서 조직적인 활동을 하거나 다른 사람을 설득하는 일을 좋아하고 자신감, 야심, 활동적인 성향을 지닌다.	사업가, 정치인, 판매업자, 사회자, 관리자 등
관습형 (conventional type)	자료를 정연하게 분류하여 정리하고 보관하는 사무적인 일에 흥미를 느끼며 규범적이며 성실한 성향이 있다.	회계사, 은행가, 도서관 사서 등

② 적성

직업을 선택할 때 중요하게 고려해야 하는 개인적 특성은 적성(aptitude)이다. 자신의 우수한 능력을 발휘할 수 있는 직업을 선택하게 되면 뛰어난 성과를 거둘 수 있을 뿐만 아니라 직업에 대한 만족도가 높아진다.

심리학자들은 다양한 직업적 활동에 필요한 수많은 능력을 몇 가지 기본적 능력으로 범주화하여 이해하려고 한다. 가드너(Gardner, 1983, 1993)가 주장하는 다중지능(multiple intelligence)이다. 가드너에 의하면, 다중지능은 개인이 직면한 곤란을 해결할 수 있는 일종의 문제해결 기술이다. 다중지능은 진화의 과정에서 인간의 생존과 적응을 위해 발달한 것으로서 서로 상당히 독립적인 것으로 가정되고 있다. 개인의 직업선택에는 개인이 다양한 지능의 측면에서 어떤 조합을 나타내는지 살펴보는 것이 중요하다. 또한 적성은 타고난 능력이나 소질이라고 할 만큼 유전적인 성향이 강하지만 학습 경험이나 훈련에 의해서 계발될 수 있기 때문에 직업선택에 중요한 요인이다.

〈표 3-5〉 가드너(Gardner)의 다중지능과 직업유형

지능유형	내용	직업군
언어지능 (linguistic intelligence)	언어를 빠르게 습득할 뿐만 아니라 글과 말을 통해 자신의 생각이나 느낌을 표현하는 능력을 뜻한다.	연설가, 시인, 작사가
논리수학지능 (logical-mathematical intelligence)	논리적으로 추론하여 규칙이나 법칙을 발견하거나 설명체계를 마련할 수 있는 능력을 뜻한다.	수학자, 물리학자, 사회과학자
공간지능 (spatial intelligence)	물체나 공간을 시각적 이미지로 떠올리고 변형시킬 수 있는 능력을 뜻한다.	건축가, 조경사, 비행사, 조각가, 당구선수
음악지능 (musical intelligence)	가락, 리듬, 소리 등의 음악적 상징체계에 민감하며 그러한 음악적 상징을 독창적으로 만들어 내거나 그와 관련된 문제들을 해결하는 능력을 뜻한다.	음악가, 극작가, 작곡가
신체운동지능 (bodily-kinesthetic intelligence)	신체적 움직임을 쉽게 익히고 자신의 몸을 운동감각적으로 잘 제어할 수 있는 능력을 뜻한다.	운동선수, 무용수, 연기자, 외과의사
자기성찰지능 (intrapersonal intelligence)	개인의 내면적 측면을 세심하게 관찰하고 이해하며 조절하는 능력을 뜻한다.	소설가, 심리학자, 종교인
인간친화지능 (interpersonal intelligence)	다른 사람의 기분이나 욕구를 잘 이해하고 적절하게 반응할 수 있는 능력을 뜻한다.	정치가, 종교지도자, 임상가, 영업사원
자연친화지능 (naturalist intelligence)	식물과 동물을 비롯하여 자연환경과 생태에 관심이 많을 뿐만 아니라 자연세계를 예리하게 관찰하고 분류하며 관리하는 능력을 뜻한다.	동 · 식물학자, 환경보호운동가, 동물사육사, 자연생태계 다큐멘터리 제작자

③ 가치

가치(value)란 어떠한 목표가 더 바람직한지에 대해서 개인이 지니는 지속적인 신념을 말한다(Rokeach, 1973, 1979). 이러한 가치는 자신의 행위와 인생을 평가하고 의미를 부여하는 내면적인 기준이 된다.

직업을 선택할 때는 자신이 인생에서 추구하고자 하는 가치를 분명히 인식하여 고려하는 것이 중요하다.

인간이 지향하는 가치는 매우 다양하며 연구자에 따라 그 분류방식도 다양하다. 알포트 등(Allport, 1937; Allport, Vernon & Lindzey, 1960)은 인간이 추구하는 다양한 가치를 6가지로 분류하고 있다.

〈표 3-6〉 알포트(Allport)의 가치관과 직업유형

가치관 유형	내용	직업군
이론형	사물의 진리를 탐구하고 연구하며 가르치는 일에 보람과 긍지를 느낀다.	교육자, 과학자, 연구원 등
경제형	재산형성에 큰 가치를 부여하며 돈 버는 경제활동에 흥미와 관심을 갖는다.	대기업인, 무역가, 유통업 종사자 등
심미형	아름다움의 추구에 가치를 두며 아름다움과 관련한 창조활동을 중요하게 여긴다.	음악가, 화가, 예술평론가 등
사회 사업형	고통 받는 사람의 삶에 관심이 많으며 봉사하는 일에 높은 가치를 둔다.	사회사업가, 의사, 상담교사 등
정치형	국가 및 사회발전에 관심이 많으며 자신의 영향력을 행사하는 일에 가치를 둔다.	정치인, 행정관료, 시 · 도의원 등
종교형	인생의 궁극적 의미를 추구하며 자기초월적 수행에 최고의 가치를 둔다.	목사, 신부, 승려 등 종교관련 종사자

가치관은 성장과정을 통해 살아온 환경과 주위 사람들의 영향을 받아 형성된 것이다. 특히, 어린 시절 좋아하는 사람들의 행동을 내면화함으로써 가치체계가 형성되는데 이렇게 형성된 가치관은 점차 성장하면서 구체화된다.

추구하는 가치와 부합하는 직업을 지닌 사람은 자신의 직업을 소중하고 의미 있는 것으로 여기기 때문에 직업만족도가 높아진다.

④ 직무요인

직업의 만족에는 개인적 요인뿐만 아니라 직무환경의 특성이 중요한 영향을 미친다. 최근 긍정심리학에서 직장인의 효율성과 행복감을 최대화하기 위한 방법이 모색되고 있다(Turner, Barling & Zacharatos, 2002). 일반적으로 직무수행에서 자율성이 주어지고, 흥미와 도전감을 느낄 수 있는 업무를 담당하며, 다른 사람과의 정서적 교류를 나눌 수 있는 기회를 제공하는 것이 바람직하다.

직장인의 효율성과 행복감을 증진하기 위해서 인간의 세 단계 욕구, 즉 생존 욕구, 관계 욕구, 성장 욕구를 고려(Alderfer, 1969, 1972)하여 직무환경을 조성하고자 하는 이론이 ERG(Existence-Relatedness-Growth)이론이다(Alderfer, 1972). ERG 이론에서 제시하는 세 가지 욕구단계는 다음과 같다.

첫째, 생존 욕구(existence needs)는 생존에 필요한 여러 유형의 물질적 · 생리적 욕구를 포함한다. 즉, 굶주림이나 갈증을 해소하고 월급, 상여금, 안전한 작업환경을 원하는 욕구와 관련된다.

둘째, 관계 욕구(relatedness needs)는 자신에게 중요한 타인과 친밀하고 신뢰할 수 있는 인간관계를 형성하고 유지하려는 욕구를 말한다. 이것은 대인관계에서 애정, 친밀감, 소속감, 신뢰감, 자기존중감 등을 얻고자 하는 사회적 동기를 뜻한다.

셋째, 성장 욕구(growth needs)는 개인이 중요하게 생각하는 능력이나 잠재력을 발전시키려는 욕구를 말한다.

이러한 욕구와 그 역동적 관계를 잘 고려하여 직무환경을 조성하는 것이 중요하다.

최근에는 직장인들이 조직과 업무에 적극적으로 관여하도록 격려하기 위한 직무 재설계(job redesign)가 강조되고 있다(Muchinsky, 2003; Turner et al,. 2002). 직무특성 모델(job characteristics model; Hackman & Oldham, 1980; Oldham, 1996)에 따르면, 직무의 일반적인 내용과 구조는 5가지의 특성이 있다. 즉 기술 다양성, 업무 정체성, 업무 중요성, 업무 자율성, 업무 피드백이다. 이러한 요인들이 직업만족도에 영향을 미친다. 즉, 너무 단순하고 기계적인 업무보다는 다양한 기술과 역량을 사용하는 업무, 내용과 범위가 명료한 업무, 중요하고 의미 있는 업무, 자율성과 재량권이 주어지는 업무 그리고 수행에 대한 적절한 피드백이 주어지는 업무를 수행하는 환경에서 직장인들은 열성적으로 업무를 수행하며 만족감을 느끼게 된다. 또한 업무에 대한 통제력(Karasek, 1979; Karasek & Theorell, 1990)과 피드백이 많아야 직무에 대한 동기가 증진되어 개인의 역량이 최대한 발휘될 수 있다.

이러한 직무의 내용과 구조는 직장인들 자신이 하는 일에 대한 중요성과 의미감을 인식하게 할 뿐만 아니라 직업만족과 전반적 행복에 긍정적인 영향을 미치게 된다(오동근, 2004; Hackman & Oldham, 1980; Oldham, 1996).

이 밖에도 직무에 관한 충분한 정보와 분명한 범위가 주어지는 역할 명료성(role clarity), 주어진 업무와 보상에 대한 역할 합의(role agreement), 도전적이지만 감당할 만한 적절한 역할 부담(role loading)이 직무사기와 직업만족에 영향을 미친다. 특히, 명료하게 정의된 업무를 부여하는 것은 직업만족도와 조직헌신도에 긍정적인 영향을 미친다(Jackson & Schuler, 1985). 아울러 상당한 재량권을 지닌 도전적 업무를 부여하는 것이 직장인과 조직 모두를 위해서 바람직하다. 적절한 업무 부담은 신체적 건강과 긍정정서를 증진하는 것으로 알려져 있기(Sparks, Cooper, Fried & Shirom, 1997) 때문이다.

(4) 몰입과 직업 활동

행복에 중요한 영향을 미치는 몰입 경험은 주로 직업적 활동을 할 때 일어나는 것으로 밝혀졌다. 칙센트미하이(Csikszentmihalyi, 1990)에 따르면, 자신의 일을 즐기는 사람들은 일을 하면서 몰입상태를 경험한다. 대부분의 사람들은 높은 수준의 기술을 필요로 하는 도전적 과제를 하게 될 때 몰입 경험을 하는데, 이러한 경험은 주로 직업적인 일을 할 때 일어난다(Haworth & Hill, 1992)는 것이다.

직업에서의 몰입 경험과 직업만족도는 매우 밀접한 관계를 지니고 있다.

① 몰입의 특징

칙센트미하이(1975, 1997)에 따르면, 몰입은 '무언가에 흠뻑 빠져 있는 심리적 상태'를 뜻한다. 즉 일에 심취한 무아지경 상태라고 할 수 있다. 몰입의 상태에서 심리적 특징은 다음과 같이 나타난다.

첫째, 현재 과업에 대한 강렬한 주의집중이 일어난다. 주의집중은 애써 노력하여 일어나는 것이 아니라 과제에 대한 흥미와 즐거움으로 인해 자발적으로 일어난다.

둘째, 행위와 인식의 일치현상이 일어난다. 즉 현재 하는 일에 푹 빠져서 일에 대한 관찰이나 평가에 대한 인식이 이루어지지 않는 상태로 자아의식도 사라지게 되어 '무아지경' 에 이른다.

셋째, 자기와 환경의 구분도 없고, 시간의 흐름도 망각하게 된다. 시간의 흐름에 대한 지각이 변형되어 시간이 빨리 지나가고 많은 일들이 짧은 시간 안에 펼쳐지는 것처럼 느껴진다.

넷째, 현재 하고 있는 활동에 강력한 통제감을 느낀다. 활동의 진행이나 성과에 대한 걱정이 사라지고 주의집중이 일어남에 따라 완전한 통제력을 지니고 있는 것처럼 느끼게 된다.

다섯째, 몰입경험 그 자체가 즐거운 것으로서 자기충족적인 속성을 지닌다. 몰입하고 있는 활동은 다른 목적을 위한 것이 아니라 그 자체를 위한 내재적 동기에 의해서 일어난다.

② 몰입을 촉진하는 요인

몰입 경험은 개인의 성격적 특성보다 과제의 특성에 의해서 유발되는 경향이 더 강하다. 몰입을 촉진하는 과제의 특성이나 조건들이 존재한다(Csikszentmihalyi, 1975, 1977).

첫째, 분명한 목표가 있어야 한다. 너무 거창하고 원대한 목표보다는 그것을 이루기 위한 분명한 단기적 목표들을 위하여 활동할 때 몰입이 쉬워진다. 예를 들어, "성적을 올려야겠다"는 막연한 목표로 공부하는 학생보다는 "이번 중간고사에서 수학점수를 90점 이상으로 올려야겠다"는 목표로 공부하는 학생이 몰입 경험을 할 가능성이 높다.

둘째, 즉각적인 피드백이 주어져야 한다. 스포츠나 전자오락을 할 때 쉽게 몰입하게 되는 이유는 순간순간마다 즉각적인 피드백이 주어지기 때문이다. 즉각적인 피드백은 목표달성을 위해서 현재 자신이 어떤 위치에 있으며 어떤 행위를 해야 하는지를 분명하게 알려주는 기능을 한다.

셋째, 개인의 기술수준과 과제의 난이도가 적절한 균형을 이루어야 한다. 분명한 목표와 즉각적 피드백이 주어지더라도 너무 쉬운 과제는 몰입하기 어렵고 너무 어려운 과제는 흥미를 상실하고 포기하게 될 것이다. 즉, 개인의 기술(skill)과 과제의 도전(challenge) 간 균형이 몰입을 촉발하는 중요한 조건이다(Moneta & Csikszentmihalyi, 1996).

(5) 행복한 직장생활을 위한 조건

삼성경제연구소(2013)에서 진행된 '직장인의 행복에 관한 연구'에서 직장인의 행복 모델로 'Worker happiness-M3 모델'을 제안하였고, 행복한 직장생활을 위한 조건을 다음과 같이 제시하였다(남승규, 2014 재인용).

① 긍정성 높이기

긍정성을 높이기 위해서 긍정정서의 중요성을 인식하는 것이 전제조건이다. 긍정정서가 높아지면 실제로 학습능력과 창의성이 높아지고, 아이디어가 풍부해진다.

어떤 생각과 믿음 그리고 감성을 갖느냐에 따라 실제 결과도 다르게 나타나므로 의식적으로 긍정기대와 긍정정서를 갖도록 노력해야 한다.

첫째, 조금 더 밝은 모습으로 하루를 살아가야 한다.

둘째, 작은 행동과 생각의 전환을 통해서 긍정성을 높이도록 노력한다.

셋째, 긍정정서를 높이는 방법으로 '감사하기'와 '장래 최고의 나의 모습 그려보기' 등의 활동을 제안한다.

넷째, 긍정정서를 지속적으로 유지하기 위해서는 긍정경험을 많이 하도록 노력한다.

② 에너지 충전하기

직장인들은 휴식과 수면으로 신체적 건강을 관리하는 것이 중요하다. 직장인들은 성과주의 압박에 시달리며 시간에 쫓기는 경우가 많으므로 적절한 휴식을 취하는 것이 중요한 자기 관리 역량 중의 하나이다. 틈틈이 '작은 휴식'을 취하는 것이 필요하며, 점심시간에 짧은 산책을 하거나, 친구와 식사를 하거나 독서와 차 마시기 등 잠시 일에서 벗어나 작은 휴식을 즐기면서 재충전을 해야 한다. 전반적인 건강유지를 위해서는 적당한 시간 동안 질 높은 수면을 취하도록 노력해야 한다.

③ 의미 창조하기

자신이 하는 일에 대한 소명의식을 바탕으로 맡은 일을 재창조할 필요가 있다. 일을 바라보는 관점에 따라서 일은 직무(job), 경력(career), 소명(calling)으로 구분할 수 있는데, 주어진 업무를 그대로 받아들이는 대신 일에 의미를 부여하고 새롭게 설계하는 직무 재설계(job crafting)가 필요하다. 일의 의미를 느끼는 사람은 목표에 지나치게 집착하고 조급해하는 태도에서 벗어나 과정이 가져다주는 즐거움을 음미할 수 있다.

회사는 직원들의 직무 재설계를 촉진하기 위해서 자율권과 시간을 부여할 필요가 있다. 직원은 자신의 일과 관련된 의사결정을 능동적으로 할 수 있을 때 결과에 대한 책임감도 높아진다. 또한 개인의 노력과 회사의 성과가 어떻게 사회에 긍정적인 영향을 주고 있는가에 대해 소통함으로써 일에 대한 의미를 고취시킬 수 있다.

④ 사회적 관계 구축하기

직장 내 동료들과 친밀한 관계를 구축하는 것은 직장인의 행복을 높이는 데 중요하다. 직장에 친한 친구가 있는 사람은 친구가 없는 사람에 비해 업무에 몰입할 가능성이 7배 높다는 연구결과도 있다(삼성경제연구소, 2013). 직장에서 동료 간의 격려는 친밀한 관계를 강화시키고, 긍정정서가 조직 전반으로 확산되는 긍정적인 효과가 있다. 때로는 동료에게 도움을 요청함으로써 긍정적인 동료관계를 강화할 수도 있다.

5) 사회적 기여 요인

사회적 기여는 다른 사람을 돕는 이타적 행동으로 기분을 긍정적으로 변화시키는 보상적 기능을 지닌다. 실제 자원봉사활동과 행복과의 관계를 다룬 37개의 연구를 종합하여 메타분석을 실시한 결과, 자원봉사활동이 행복과 매우 밀접한 관계가 있는 것으로 나타났다. 자원봉사는 경제적 가치나 사회적 효과 외에 개인의 신체적 · 정신적 건강에도 기여하며, 기쁨과 행복감을 증진시켜 삶의 만족도와 긍정적인 강점을 증대시키고, 수혜자 측면에서도 정신건강이 향상된다.

행복한 사람들은 남을 돕는 것이 보상이 된다는 것을 알고 있다. 즉, 다른 사람과 더불어 행복한 삶을 지향함으로써 인생의 소중한 의미를 발견하는 동시에 진정한 행복을 누릴 수 있다는 것이다.

(1) 사회적 기여와 공헌

인간은 자신의 개인적 행복뿐만 아니라 다른 사람의 행복을 위해 기여함으로써 인생의 의미와 만족감을 경험하게 된다. 셀리그만(Seligman, 2002b)은 가족과 사회를 위해 기여하는 '의미 있는 삶'을 행복한 삶의 중요한 측면으로 여겼다. 즉, 행복은 긍정적 감정, 자기실현 그리고 사회적 기여로 구성된다는 것이다. 행복한 삶은 긍정적 감정을 많이 느끼는 즐거운 삶인 동시에 개인의 능력과 강점을 충분히 발휘하는 자기실현적 삶일 뿐만 아니라 가족과 사회를 위해 기여를 하는 의미 있는 삶이라는 것이다. 인간은 자신만을 위한 이기적인 삶보다는 자신보다 더 커다란 어떤 것에 소속되어 그것을 위해 봉사하며 공헌하는 삶으로부터 인생의 의미를 도출할 수 있다.

셀리그만은 가족과 사회를 위한 공헌으로 후속세대의 양성을 강조하고 있다.

후속세대의 양성과 후원은 삶의 만족도와 긍정적 감정을 증대시킨다(Ackerman, Zuroff & Moskowitz, 2000). 다양한 연령층, 즉 청년, 중년, 노년을 대상으로 한 연구(Mcadams, de st. Aubin & Logan, 1993)에서는 후속세대의 양성에 깊은 관심을 지닌 사람들이 행복도와 삶의 만족도 모두 높은 수준으로 나타났다.

후속세대 양성에 대한 관심과 노력이 개인의 행복을 증진하는 이유는 다음과 같다.

첫째, 어린 자녀를 키우면서 힘든 일이 많더라도 자신이 가치 있는 일을 하고 있다고 생각하기 때문에 더 많은 의미와 보람을 느끼게 된다. 즉, 자녀양육의 노고와 희생에 대한 심리적 보상을 더 많이 받게 된다.

둘째, 자녀양육을 소중히 여기는 부모는 자녀에게 지지적인 태도를 보임으로써 부모-자녀관계가 더 좋다.

셋째, 그러한 부모들로부터 양육되는 자녀들은 더 밝고 건강하게 성장하여 부모에게 더 많은 기쁨과 즐거움을 선사하게 된다.

넷째, 자녀양육을 통해서 인생에 대한 중요한 의미와 가치를 발견할 수 있다. 자녀양육은 사람들로 하여금 인생의 의미를 느끼게 하는 중요한 원천으로 알려져 있다(Emmons, 2003).

자녀를 키우는 부모의 입장이든, 후배를 양성하는 선배의 입장이든 또는 제자를 교육하는 교사의 입장이든, 후속세대 양성에 소중한 의미를 부여하며 헌신하는 사람은 더 많은 행복을 경험할 수 있다(Ackerman et al., 2000).

(2) 자원봉사

자원봉사(volunteering)는 도움이 필요한 사람들에게 아무런 대가나 영리적 목적 없이 자발적으로 도움을 주는 활동을 의미한다. 자원봉사 활동은 노인이나 장애인을 돕는 일, 아동의 과외지도를 하는 일, 공원이나 공공시설을 청소하는 일, 환경을 보전하는 일, 노숙자에게 음식을 제공하는 일, 청소년이나 재소자들을 위해 상담하는 일, 헌혈을 하는 일 등 매우 다양하다.

자원봉사와 행복과의 관계에서 다른 사람을 돕는 이타적 행동이 긍정감정을 느끼게 하여 보상적 기능을 지니게 한다. 또한 봉사활동을 하면서 긍정적 기분을 경험하게 되면 봉사활동을 계속하는 경향이 있다(Piliavin & Callero, 1991).

그러나 봉사활동이 항상 긍정적 기분을 유발하는 것은 아니다. 우선 다른 사람을 돕고자 하는 동기가 충족되지 못하면 오히려 부정적인 기분을 느끼게 된다. 바슨과 위크(Batson & Weeks, 1996)에 따르면, 다른 사람을 돕고자 했지만 실질적인 도움을 주지 못한 경우에는 기분이 부정적으로 변화했다. 특히, 공감능력이 높은 사람일수록 이러한 경우에 부정적인 기분을 많이 느끼는 경향이 있다.

신들(Snyder, 2000)에 의하면, 자원봉사자의 주요한 동기가 잘 충족될수록 봉사자가 느끼는 긍정적 기분과 만족감도 증대된다. 봉사자의 만족도가 증대되기 위해서는 봉사자의 동기와 봉사활동의 속성 간의 일치도가 중요하다.

자원봉사는 특히 노인들에게 여러 가지 긍정적인 영향을 미친다. 풍부한 사회적 경험과 능력을 지니고 있음에도 불구하고, 은퇴한 노인들은 사회적 역할을 잃게 될 뿐만 아니라 신체기능의 저하와 대인관계의 위축으로 인해 사회적으로 소외될 수 있다. 이로 인해 우울증을 비롯한 정신건강 문제와 더불어 신체건강이 저하될 수 있다. 이러한 노인들에게 있어서, 자원봉사는 사회적 활동을 촉진하고 우울증을 피할 수 있을 뿐만 아니라 신체적 건강과 장수에도 도움을 주게 된다(Moen, Dempster-McClain & Williams, 1989, 1992). 봉사활동이 신체적 · 심리적 건강에 긍정적인 영향을 미치는 주된 이유는 사회적 역할을 맡게 됨으로써 소외감과 무가치감을 저하시키기 때문인 것으로 여겨지고 있다.

일반적으로 청소년의 경우, 자원봉사 활동은 심리사회적 성장과 학습을 촉진하고 비행을 비롯한 반사회적 행동을 예방하는 효과를 지닌다. 성인의 경우에는 봉사단체 가입과 봉사활동이 사회적 효능감과 소속감을 증가시킬 뿐만 아니라 스트레스를 완충하는 효과를 지닌다. 그 결과, 삶의 만족도가 증가하고, 심신건강이 향상되며, 질병률과 사망률을 저하시킨다.

6) 여가 요인

여가(leisure)는 의무적인 일이나 직업적인 업무를 떠나 한가하게 즐기는 여유로운 휴식이나 재미를 찾기 위한 취미활동을 의미한다. 실제로 먹기, 자기, 일하러 가기, 사업하기, 수업에 출석하기, 숙제하기, 집안 일 등과 같은 자유 시간으로 노동과 직무뿐만 아니라 일체의 용무나 책임으로부터 해방되어 개인이 자기 뜻대로 이용할 수 있는 시간이다. 그래서 여가 활동은 자유와 함께 누리는 즐거움이 되어야 한다.

올바른 여가를 체험하려면 다음의 3가지 기준을 만족해야 한다. 첫째, 체험이 마음에 와 닿아야 한다. 둘째, 자발적으로 참여해야 한다. 셋째, 동기부여가 되어야 한다.

(1) 여가 활동의 중요성

여가 활동은 일상에서 생긴 피로와 스트레스를 풀어주고 다양한 인간관계를 활성화시킬 수 있으며, 평소에 자신이 배우고 싶었던 것들을 배워 자기계발도 해나갈 수 있는 등 다양한 기능을 수행한다.

여가 활동을 통해 얻을 수 있는 것은 다음과 같다.

첫째, 건강을 유지할 수 있다. 여가는 다양한 스포츠 활동을 통해 건강을 유지하는 데 도움이 된다.

둘째, 자신의 소질과 재능을 키울 수 있다. 자신의 잠재적 능력을 향상시켜 재능을 키울 수 있는 기회를 가질 수 있다.

셋째, 사회에 봉사하는 활동을 함으로써 보람을 느낄 수 있다. 직업 이외의 다양한 사회적 참여를 통해 봉사할 수 있는 기회를 가질 수 있다.

넷째, 피로를 풀 수 있다. 여가시간을 이용하여 신체적·정신적 긴장과 피로를 풀 수 있다.

다섯째, 즐거움을 얻을 수 있다. 여가를 통해 얻는 즐거움은 생활에 활력소가 되어 학습이나 일의 능률을 오르게 한다.

이와 같은 여가 활동은 건강하고 의미 있는 삶을 위해서 반드시 있어야 할 필수적 요소이다. 여가 활동의 방법으로는 건강한 육체를 유지하기 위한 적절한 운동, 가족과 함께 떠나는 여행, 친구들과 함께하는 취미생활, 세상의 체험을 간접적으로 경험하는 독서나 영화감상, 가볍게 떠날 수 있는 배낭여행, 자전거 하이킹이나 등산 등이 있다.

이러한 여가의 활성화는 삶의 활력을 회복시켜 주고 사기와 삶의 만족도를 증진시키며 자율적 결정능력의 증진과 삶에 대한 통제력 능력을 향상시켜주는 긍정적 기능을 한다.

여가 활동은 다양한 측면에서 긍정적인 효과를 가져온다(Cameron, 2011).

첫째, 긍정적인 기분을 유발하는 직접적인 효과를 지닌다. 휴식과 재미를 줌으로써 특히 생동감을 증대시킨다. 또한 의무와 구속으로부터의 해방시켜주는 여가는 보다 차원 높고 정신적 가치를 추구하며 인간다운 삶을 가능하게 한다.

둘째, 기본적인 내적 욕구를 충족시킬 수 있다(Argyle, 1987). 여가는 개인의 잠재능력을 발견하고 확장하며 발휘하게 하는 성장적인 기능도 지니고 있다. 여가는 자기표현활동으로 자아를 있는 그대로 표현함으로써 만족을 느끼게 되며 개성을 살릴 수 있는 활동이다.

셋째, 대인관계를 촉진한다. 집단적인 여가 활동은 정서적 교감, 협동적 활동, 소속감 등 사회적 욕구를 잘 충족시켜 줄 수 있다.

넷째, 개인의 정체감 형성에도 도움을 준다. 취미와 관련된 특정한 행위에서 각별한 묘미와 의미를 공유하는 사람들만의 세계가 존재하고 정체감을 확립해 준다.

다섯째, 자아실현에 기여할 수 있다. 자발적 선택과 자기 발전적 여가 활동은 만족감과 성취감을 북돋우며 발전적인 미래관과 창조적인 사고력을 키우는 데 도움이 된다.

(2) 여가 문화

여가를 즐기는 것이 생활의 일부분이므로 여가는 문화의 일부이기도 하다. 시대적 흐름에 따라서 여가문화는 그 형식과 내용을 달리한다.

일반적으로 여가문화는 5단계를 거치게 된다.

첫 번째 단계는 낮잠을 자거나 TV 시청을 하는 것처럼 무계획적인 활동과 쾌락이나 소비적 활동에 심취함으로써 이기주의적인 생물학적 활동이 주류를 이룬다.

두 번째 단계는 첫 단계의 여가 활동에 염증을 느낀 나머지 권태감과 회의감에 빠져서 아무것도 하지 않는다.

세 번째 단계는 자신의 취미와 소질을 충분히 살릴 수 있도록 여가 활동을 함으로써 자기를 새롭게 발견한다.

네 번째 단계는 자신을 재발견하기 위해 여가를 적극적으로 활용하면서 자기실현의 방법을 찾는다.

다섯 번째 단계는 단순히 자신만을 위한 여가생활에서 진일보하여 사회와 세계에 공헌하기 위한 봉사를 한다.

오늘날의 여가문화는 대중문화이다.

대중문화(popular culture)는 문화의 소비와 수용과정에서 초점을 맞추어 다수의 사람들이 소비하고 향유하는 문화이다. 대중문화는 음악, 문학, 연극 등의 예술분야와 스포츠 그리고 여가 등을 포함한다.

여가와 함께 우리가 쉽게 누릴 수 있는 대중문화는 음악과 춤이다. 음악에 따라 몸을 움직이는 것은 자연스러운 일이다. 춤을 많이 추는 아이들은 공간적 사고력이 더 뛰어나고 또 다른 여러 가지 사회적 능력에서도 좋은 성과를 보인다.

이렇게 대중문화를 사람들과 공유하며 교제하는 것은 기분을 밝게 해 주고, 춤을 출 때 즐거운 음악을 함께 듣는 것도 우리를 더욱 행복하게 만든다.

따라서 여가 활동이 행복감을 증진시키는 이유는 의무감으로부터 해방된 편안함 속에서 휴식과 재미를 주어 일상생활의 스트레스를 해소할 수 있고, 긍정적인 기분을 유발시켜 주기 때문이다. 그리고 스스로 선택하여 자발적으로 참여하는 즐거운 활동이므로 기본적인 내재적 욕구를 충족시켜 주고 대인관계를 촉진시키며 개인의 정체감 형성에 도움을 주기 때문이다.

7) 목표추구 요인

이 세상에 태어난 모든 이는 가장 소중한 존재이다. 그러므로 자신에게 부여된 단 한 번의 인생을 멋지게 살아야 할 의무가 있다. 성공적인 인생을 위해서는 무엇보다도 먼저 분명한 목표의식을 가지고 살아야 하며 자부심과 긍지를 가지고 지속적으로 성장해 나가야 한다.

삶에 있어서 목표를 세우는 것은 모든 성공의 기초다. 삶에서의 목표는 우리가 가야 할 방향을 명확하게 인식시켜 주어 불필요한 행동이나 열정의 낭비를 사전에 예방해 주는 역할을 한다.

목표를 추구하는 진정한 이유는 스스로가 성장하고 발전하기 위함이다. 뿐만 아니라 목표를 추구하고 달성하는 일은 행복을 가져다준다. 왜냐하면, 추구하는 목표를 하나씩 하나씩 달성해 나가면서 성취감을 느끼기 때문이다. 또한 목표를 향해 장애를 극복하고 이루어 나가는 과정에서 대부분의 사람들은 자신이 누구인지를 인식하게 되고 내면 깊은 곳에서 오랫동안 지속되는 성취감을 느끼게 된다. 이러한 성취감은 내면적인 행복을 가져다준다.

목표성취에 대한 이야기를 하다보면 많은 사람들은 빠른 속도로 목표를 달성해야 한다는 강박이 있는 듯하다. 인생은 빠른 속도로 달리는 속도경쟁이 아니라 자신의 목적지를 향해 똑바로 나아가는 방향이 중요하다.

인기후향(認己嗅香)이란 말이 있다. '자신을 인정하고 자신의 향기를 맡아라' 하는 의미의 고사성어이다. 사회 다변화에 맞춰 다양한 분야가 전문화되고 있고, 정보통신의 발달로 인해 개성화와 특성화에 따른 자신만의 특성을 개발하는 일도 중요해졌다. 자신의 향기를 찾았다면 어떠한 환경이 주어져도 극복해 나가려는 의지가 필요하다. 열악한 환경을 극복하고 자신의 색깔로 자신의 삶을 관리해 나가면서 스스로 책임져야 한다. 다른 사람들의 구속에서 벗어나 자신의 색깔과 향기로 목표를 향해 부단히 걸어간다면 운명을 스스로 개척하고 성공을 향해 나아가게 될 것이다.

우리는 성공한 사람들을 보며 '와! 정말 대단해'라는 말을 많이 한다. 성공하는 사람은 정해져 있는 것이 아니다. 젊든 나이가 많든 도전하고자 하는 마음만 있다면 누구든지 성공한 삶을 살 수 있다는 것을 명심해야 한다.

(1) 위대한 꿈을 이룬 사람들의 실천 방법

① And(~와)는 있어도 End(끝)는 없다

아무리 자신이 처한 상황이 힘들어도 하고자 하는 실천의지가 샘솟는다면 그 어떤 어려움도 극복할 수 있다. 어려울수록, 힘들수록 'And(~와)는 있어도 End(끝)는 없다.'는 말처럼 끊임없이 노력하는 사람은 반드시 그 노력의 결실을 얻게 된다.

② 꿈의 크기를 극대화하라

세상에는 바로 눈앞에 보고도 믿지 못할 만큼 특이한 일들이 펼쳐지기도 한다. 바로 코이라는 일본산 잉어가 그러하다. 코이는 작은 어항에서 키우면 어항의 크기만큼 10cm 정도 자란다. 그러나 커다란 수족관에서 키우면 30cm까지 자란다. 그리고 더 넓은 강물에 방류하면 1m 이상까지 성장한다. 이 코이라는 물고기는 자기가 숨쉬고 활동하는 세계의 크기에 따라 작은 코이가 될 수도 있고, 대어(大魚)가 되기도 하는 것이다.

사람도 마찬가지다. '꿈 크기'가 자신의 미래를 만들어 간다. 누구나 가지고 있는 그 꿈의 크기가 자신을 성장시키게 하는 것이다. 실천의지를 통해 이제부터라도 꿈 크기를 키워나가도록 하자.

③ 가슴 뛰는 꿈에 과감히 결단을 내려라

소리꾼 장사익은 고등학교를 졸업하고 25년 동안 바꾼 직업만 14개이다.

[어느 햇살이 유난히 밝던 5월의 어느 날, 그는 집 앞 화단에 흐드러진 장미를 바라보

며 행복해 했다. 아름다운 외양에 은은한 향기라니, 그는 향기에 취하고 싶었다. 코를 가까이 댔지만 꽃에선 아무 향기도 없었다. 향기는 장미 뒤에 숨은 찔레꽃에서 흘러나왔다. 그는 이렇게 말했다. "아! 이게 내 모습이구나. 화려한 장미에 가려진 볼품없는 외양이라니……." 지난 세월을 생각하니 눈물이 절로 났다. 그는 그 자리에 주저앉아 하염없이 울었다. 그는 집에 들어와 시를 썼다. 그리고 마침내 45세에 소리꾼으로 데뷔하였다. 그리고 지금까지도 소리꾼 장사익은 열정적인 모습으로 대중들에게 멋진 무대를 보여주며 많은 사랑을 받고 있다.]

(이규은, 2015 재인용)

만약 그가 자신의 꿈을 향한 과감한 결단을 내리지 않았다면, 그저 볼품없는 모습으로 살고 있을 것이다. 이처럼 무슨 일이든 하고자 하면 과감하게 실천하는 자세가 필요하다.

④ 내 꿈을 향해 내 삶을 완전 연소시켜라

자신이 가진 모든 것을 아낌없이 바쳐서 후회하지 않을 만큼 열정을 다해 도전하고 실천하게 되면 반드시 그 꿈을 이루게 된다. 아낌없이 주는 나무처럼 마지막에 아무 것도 남지 않은 삶이야말로 후회하지 않거나 아쉬움이 남지 않는 인생이다.

(2) 성공을 위한 전략

인생을 성공적으로 살아가기 위한 전략으로 최소경로의 법칙, SMART 법칙, 일만 시간의 법칙, 씨앗의 법칙, 회복 탄력성 등 다섯 가지 법칙을 제시하고자 한다.

① 최소경로의 법칙

성공을 위한 목표지향적 일의 추진방식에는 두 가지 법칙이 있다. 하나는 최소경로의 법칙이고 다른 하나는 외부경로의 법칙이다.

최소경로의 법칙이란 주어진 목표에 도달하기 위해 가장 쉬운 경로를 택하여 행동하는 것을 말한다. 가장 노력을 덜 들이고, 가장 경제적인 방법으로 목표를 도달할 수 있는 최소경로를 찾아 행동하게 된다는 것이다. 예컨대, '시험을 본다'라고 하는 과업이 주어졌다고 할 때 대부분의 사람들은 시험의 목적을 '실력을 향상시키는 일'이라는 관점에는 관심이 없고, 어떻게 해서든 이번 시험에서는 '좋은 성적을 올리기만 하면 된다'라는 목표에 일관되게 행동하게 된다. 이럴 경우 대부분 사람들의 행동양상은 '점수만 잘 받으면 된다'는 식으로 목표지향적인 행동을 추구하게 된다. 시험성적을 올릴 수 있는 최소한의 일만을 선택적으로 하게 되는데, 이를 최소경로의 법칙이라고 한다.

이와는 달리 외부경로의 법칙은 목표에 도달하는 데 또 다른 경로가 존재한다고 보고 더 쉬운 경로를 택하여 행동화하고자 하는데 이를 외부경로의 법칙이라고 한다. 예컨대, 시험에서 커닝을 할 수 있다고 한다면 아마 커닝을 통해 시험성적을 올리는 것이 가장 쉬운 일일 것이다. 그렇게 되면 외부경로인 커닝이라는 행동을 목표지향으로 삼아 선택하게 된다.

최소경로의 법칙과 외부경로의 법칙은 공통적인 특성이 있다. 두 법칙 모두가 목표지향적인 법칙이라는 점이다. 두 법칙은 모두 결과를 중시하고 있어 과정상에 발생하는 에너지의 소모나 열정의 낭비를 최소화하고자 한다는 점이다.

② SMART 법칙

성공을 위한 전략으로 흔히 사용하는 법칙이 SMART 성공법칙이다. SMART 성공법칙의 용어가 지니고 있는 의미는 다음과 같다.

첫째, S(Specific) : 구체적이고 명확해야 한다. 예컨대, '언젠가는 부자가 될 거야'라는 식의 막연한 목표는 달성 가능성이 희박하다. 목표는 구체적이고 분명할수록 달성 가능성이 높아진다. 예컨대, '나는 서른다섯 살이 되는 해의 마지막 날까지 2천만 원을 저축하겠다'는 식으로 구체적이고 명확한 목표를 설정해야 한다.

둘째, M(Measurable) : 오감을 통해 측정 가능해야 한다. 변화의 정도가 오감을 통해 선명하게 관찰될 수 있어야 한다. 왜냐하면 수치로 확인할 수 있는 목표를 갖고 수치로 피드백을 받으면 그만큼 목표 달성 과정을 정확히 파악할 수 있기 때문이다. 예컨대, '영어실력을 높인다' 보다는 '하루에 단어 10개, 한 달 동안 300개 외우기'가 달성 가능성이 훨씬 높다.

셋째, A(Action-oriented) : 행동 중심적이어야 한다. 예컨대, '지금껏 인사하지 않았던 이웃들에게 날마다 한 번 이상 미소 띤 얼굴로 인사한다'라는 행동 중심적인 목표가 달성이 용이하다.

넷째, R(Realistic) : 실현 가능해야 한다. 세운 목표를 달성하려면 구체적이면서도 실현 가능한 작은 일부터 시작해야 한다. 예컨대, '영원히 금주하기' 보다는 '오늘 하루만 금주하기' 가 실천 가능성이 높다.

다섯째, T(Timely) : 시간 배정을 적절히 하고 즉시 실천해야 한다. 성과를 올리지 못하는 사람들의 특징 중 하나는 목표 달성에 소요되는 시간을 적절하게 배분하지 못한다는 것이다. 성공적으로 목표를 달성하려면 소요시간을 충분히 예상하여 데드라인을 설정해야 하고, 목표가 설정되면 결코 시작을 미뤄서는 안 된다.

③ 일만 시간의 법칙

일만 시간의 법칙은 영국의 저널리스트 출신인 말콤 글래드웰(Malcolm Gladwell)이 쓴 자기계발서 『아웃라이어(Outliers)』에서 모차르트(Leopold Mozart)와 비틀즈(The Beatles)의 사례를 설명하면서 성공한 사람들은 모두 열정과 인고의 시간을 가졌다는 사실을 밝혀내면서 사용한 용어이다. 즉, 무슨 일이든지 하루에 세 시간씩 십 년 동안 일만 시간을 투입하면 달인의 경지에 들 수 있다는 것이다.

일만 시간의 법칙은 부단한 노력이 얼마나 중요한지를 말해 주는 것으로 끊임없는 노력만이 전문가로 이르게 한다는 의미를 지니고 있다. 말콤 글래드웰에 의하면, 모차르트가 세상에서 인정받기까지에는 10년이라는 인고의 시간이 걸렸고, 비틀즈가 스타로 인정받게 되기까지에는 약 1,200회에 이르는 콘서트를 경험한 후에야 가능해졌다고 한다. 이러한 사례에서 알 수 있듯이 일만 시간의 법칙은 사람들이 꿈꾸며 이루고자 하는 목표에 도달하기 위해서는 필수적으로 갖추어 나가야 할 방법으로 인고의 시간을 제시하고 있다.

보편적으로 보았을 때 일만 시간의 법칙은 거의 모든 분야에 있어서 적용이 가능하다고 보인다. 그러나 누구나 일만 시간의 법칙을 따른 무엇인가에 도전한다고 하여도 자신의 재능과 맞지 않는다면 어려움이 있을 것이다. 미국 하버드 대학(Harvard University)의 가드너(Howard Gardner) 교수는 사람마다 각기 다른 특성이 있고 그에 따른 재능이 있으며, 그 재능이 무엇인지를 빨리 찾는 것이 중요하다고 설명한다. 일만 시간의 법칙도 가드너의 이론에 따른다면, 자신의 재능과 합치를 이룰 때 효율성을 높여나갈 수 있고 지속 가능할 것으로 보여진다.

④ 씨앗의 법칙

자연의 섭리에 따라 순환하기까지의 과정이 마치 인간의 삶에서 성공 과정과 일치되는 부분이 많아 이를 적용한 원리를 씨앗의 법칙이라고 한다. 씨앗은 땅에 뿌려지면 초목의 생명으로 태어나 영원히 지속될 수 있으나 씨앗은 홀로 싹을 틔우고 열매를 맺는 것이 아니다.

씨앗의 법칙은 다음과 같이 설명할 수 있다(이민규, 2014).

첫째, 먼저 뿌리고 나중에 거둔다. 거두려면 먼저 씨를 뿌려야 하고 원하는 것을 얻으려면 먼저 주어야 한다. 즉, 모든 일에는 시작이 있어야 끝이 있는 법이다.

둘째, 뿌리기 전에 밭을 갈아야 한다. 씨가 뿌리를 내리려면 준비가 되어 있어야 한다. 성공하기 위해서는 내가 준비되어 있어야 하며, 상대가 필요로 하는 것이 무엇인지 정확하게 파악하고 제공할 수 있어야 한다.

셋째, 시간이 지나야 거둘 수 있다. 어떤 씨앗도 뿌린 후 곧 바로 거둘 수는 없으며 무슨 일이든 시작했다고 해서 즉각 그 결과가 있기를 기대하는 것은 바람직하지 않다.

넷째, 뿌린 씨는 전부 열매가 될 수 없다. 10개를 뿌렸다고 10개 모두에서 수확을 할 수는 없다. 모든 일에 성공만 있기를 기대하는 것은 바람직하지 않다.

다섯째, 뿌린 것보다는 더 많이 거둔다. 모든 씨앗에서 수확을 못해도 결국 뿌린 것보다는 많이 거둔다. 너무 이해타산에 급급하지 말고 인생은 길게, 그리고 크게 보아야 한다.

여섯째, 콩 심은데 콩 나고 팥 심은데 팥 난다. 선을 행하면 상으로 돌아오고(상선), 악을 행하면 벌로 돌아온다(벌악). 이왕에 심으려거든 귀하고 좋은 씨를 가려서 심어야 한다. 더 좋은 것은 세상에 유익한 것으로 돌아오기 때문이다.

일곱째, 종자는 남겨 두어야 한다. 유비무환이요, 고진감래라, 자신의 행복한 삶을 위해 남겨 두어야 할 것이 무엇인지 생각해 보고 노후를 준비하는 삶을 살아야 한다.

⑤ 회복 탄력성

회복 탄력성(resitience)이라는 용어는 마틴 셀리그만(Martin E. P. Seligman)에 의해 처음 사용되었다. 회복 탄력성이란 자신에게 닥치는 온갖 역경과 어려움을 오히려 도약의 발판으로 삼아 역경을 이겨내는 힘을 의미한다. 즉, 인생을 살면서 어려움이 닥쳤을 때 역경을 이겨내고 마치 오뚝이처럼 튀어 오르는 잠재적인 인간의 힘을 회복 탄력성이라고 한다.

회복 탄력성의 구성요소로는 자기조절능력, 대인관계능력, 긍정성이 있다.

첫째, 자기조절능력은 스스로의 감정을 인식하고 조절하는 능력을 말한다.

자기조절능력의 하위요소에는 감정조절력, 충동통제력, 원인분석력 등이 있다. 감정조절력은 일상의 압박과 스트레스 상황에서도 평온을 유지할 수 있는 능력으로 스스로의 부정적 감정을 통제하고 긍정적 감정과 건강한 도전의식을 갖게 해 주는 요인이다. 충동통제력은 기분에 휩쓸리는 충동적 반응을 억제하고 자신의 동기를 스스로 부여하고 조절할 수 있는 능력을 말한다. 원인분석력은 문제를 긍정적으로 바라보고 해결책을 정확히 진단해 내는 능력으로 진단과 함께 정확한 대처방안을 찾아낼 수 있는 능력을 포함한다.

둘째, 대인관계능력은 타인의 감정을 이해하고 공감함으로써 원만한 인간관계를 유지하는 능력을 말한다.

대인관계능력의 하위요소에는 소통능력, 공감능력, 자아확장력 등이 있다. 소통능력은 인간관계를 진지하게 맺고 오래도록 유지하는 능력이다. 공감능력은 다른 사람의 심리나 감정 상태를 잘 읽어낼 수 있는 능력을 말하고, 자아확장력은 자기 자신이 다른 사람과 연결되어 있다고 느끼는 정도를 말하며, 타인과의 관계 속에서 자신을 이해하는 능력을 말한다.

셋째, 긍정성은 긍정적 뇌로 변화시키는 힘을 말한다.

긍정성의 하위요소로는 낙관성, 생활만족도, 감사하기 등이 있다. 자아낙관성은 주어진 상황은 언젠가는 좋아질 것이라는 믿음을 지니는 정도를 말한다. 이러한 자아낙관성은 지금의 상황을 내가 원하는 방향으로 이끌 수 있다는 자신감을 갖게 해 준다. 생활만족도는 자신이 잘 할 수 있는 일을 통해 즐거움과 성취, 보람을 느끼는 정도를 말하는데, 평소에 자신의 강점에 집중하고 꾸준히 수행하여 긍정적 뇌로 단련시킴으로써 얻을 수 있다. 감사하기는 매사에 감사하는 마음을 갖는 정도로 긍정적 정서 향상 훈련에 도움을 준다.

회복 탄력성을 높이는 가장 좋은 방법은 강점에 집중하는 일이다. 실제 자신이 어떤 분야에 강점이 있는지를 정확하게 파악하여 활용할 필요가 있다. 회복 탄력성은 훈련을 통해 얼마든지 학습될 수 있다.

Chapter 04 행복추구를 위한 강점

1. 강점의 정의

2. 강점의 분류

"

- 분노를 해결하라.
- 책임질 일은 책임져라.
- 가까이 있는 행복을 발견하라.
- 사람들에게 친절하라.
- 인간관계에 충실하라.
- 용서할 수 없는 일도 용서하라.
- 자신을 사랑하라.
- 열정을 가지고 일하라.
- 생각만 하지 말고 행동으로 옮겨라.

"

프란스 드발 「행복을 불러오는 50가지 조건」 중에서

1. 강점의 정의

강점이란 가치 있는 성과를 위해 최적의 기능을 할 수 있도록 느끼고 생각하고 행동하는 역량(권석만, 2011)을 말한다.

심리적 강점과 덕목에 대한 분류체계가 최근에 개발되었는데, VIA(Virtues in Action) 분류체계가 그것이다. 이것은 1999년 돈 클리프턴(Don Clifton)에 의해 시작되었고, 메이어슨(Mayerson) 재단의 후원 아래 피터슨(Peterson)과 셀리그만(Seligman)이 확장한 것이다. VIA 분류체계는 6개의 덕목과 24개 강점으로 분류되어 있다. 성격적 강점 연구의 시발점인 VIA 프로젝트는 미시간대학 심리학과 교수인 크리스토퍼 피터슨(Christopher Peterson)과 마틴 셀리그만(Martin Seligman)의 주도하에 진행된 VIA 프로젝트 결과물 중 하나가 2004년에 발간된 '성격적 강점과 덕목(Character Strengths and Virtues)'이다.

VIA 분류체계(VIA Classification of Character Strengths and Virtues)에 포함된 6개의 핵심덕목은 지혜 및 지식(wisdom & knowledge), 인간미(humanity), 용기(courage), 절제(temperance), 정의(justice), 초월(transcendence)이다. 이 덕목 아래 24가지의 강점이 존재한다.

〈표 4-1〉 6개 덕목과 24개 강점

덕목	내용	강점
지혜 및 지식 (wisdom & knowledge)	더 나은 삶을 위해서 지식을 습득하고 활용하는 것과 관련된 인지적인 강점들이다.	창의성, 호기심, 개방성, 학구열, 지혜
인간미 (humanity)	다른 사람을 보살피고 친밀해지는 것과 관련된 대인관계적 강점들이다.	사랑, 이타성, 정서지능
용기 (courage)	내면적이거나 외부적인 난관에 직면하더라도 추구하는 목표를 성취하려는 의지와 관련된 강점들이다.	용감성, 진실성, 끈기, 활력

(계속)

덕목	내용	강점
절제 (temperance)	지나침으로부터 우리를 보호해 주는 긍정적 특질들로서 극단적인 독단에 빠지지 않는 중용적인 강점들이다.	겸손, 신중성, 용서, 자기조절
정의 (justice)	건강한 공동체 생활과 관련된 사회적 강점들이다.	공정성, 시민의식, 리더십
초월 (transcendence)	현상과 행위에 대해 의미를 부여하고 커다란 세계인 우주와의 연결성을 추구하는 초월적 또는 영적 강점을 의미한다.	감사, 낙관성, 심미감, 유머감각, 영성

많은 사람들이 강점과 재능을 같은 뜻으로 받아들인다. 강점과 재능은 모두 긍정심리학의 주제이고 비슷한 점도 많지만, 한 가지 두드러진 차이가 있다. 재능은 선천적으로 타고나는 것이어서 후천적으로 발전시키기가 어려운 반면 강점은 선천적인 특성은 약하더라도 후천적인 노력으로 얼마든지 계발할 수 있다는 점이다.

강점에는 세 가지 기준이 있다.

첫째, 강점은 시간과 환경에 상관없이 계속 나타나는 '심리적 특성'이다. 딱 한 번 어디에선가 친절을 베풀었다고 해서 인간미라는 강점을 발휘하는 게 아니다.

둘째, 강점은 '그 자체로서 가치'가 있다. 강점은 대개 좋은 결과를 낳는다. 예컨대, 조직에서 리더십을 잘 발휘하면 신망을 얻고 승진하게 된다.

셋째, 강점은 우리가 '갖추고 싶은 정신 상태'이다. 한 사람이 강점을 발휘한다고 해서 주위 사람들이 자기 강점을 드러낼 기회가 줄어드는 것도 아니다. 도리어 강점을 발휘하는 것을 보면 감동하고 용기를 얻는다. 즉, 강점을 발휘하는 사람은 참된 긍정정서를 느끼고, 이를 지켜보는 사람들도 자신의 강점을 발휘하고픈 욕구를 불러일으키므로 모두가 발전하고 성공하는 승자가 될 수 있다.

강점과 행복과의 관계연구에서 삶의 만족도는 학구열, 창의성, 개방성과 같은 지성적 강점들 보다 활력, 감사, 낙관성, 사랑과 같은 감성적 강점이 더 밀접한 상관이 나타났으며, 24개 강점 중에서 행복과 가장 밀접한 상관관계를 나타낸 강점은 지혜와 지식과 관련한 강점을 제외한 대부분 강점들이 높은 상관을 보였다(Park & Peterson, 2005; Park, Peterson

& Seligman, 2004, 2005). 이러한 연구결과에 의하면 개인적 성장에 도움이 되는 강점들보다 타인을 배려하며 지향하는 강점들이 행복과 더 밀접한 관련성을 맺고 있음을 알 수 있다.

뿐만 아니라 대표강점을 찾아내어 활용하는 것은 자기실현에 있어서 매우 중요하다. 강점은 어떤 일에서 탁월한 결과와 성취를 이루게 만드는 역량인 동시에 그 일을 하면서 의욕과 활기를 느끼게 만드는 동기를 부여한다. 셀리그만(2002)과 피터슨(2006)은 자신의 강점을 파악하여 일상생활 속에서 활용한다면 행복을 추구하는 방법이 될 것이라고 설명한다.

2. 강점의 분류

1) 지혜 및 지식 관련 강점

지혜 및 지식(wisdom & knowledge)과 관련된 강점들은 더 나은 삶을 위해서 지식을 습득하고 활용하는 것과 관련된 인지적인 강점들이다. VIA분류체계에 의하면, 창의성, 호기심, 개방성, 학구열, 지혜로 구성되어 있다.

(1) 창의성

창의성(creativity)은 새로운 것을 추구하고 만들어내는 지적인 능력을 뜻한다. 주어진 익숙한 것에 만족하며 답습하지 않고 항상 새로움을 추구하는 특성이다.

21세기의 현대사회에서도 창의성은 개인적 성공과 사회적 발전의 가장 중요한 자산이자 원동력으로 여겨지고 있다. 창의성은 인간이 지닌 보편적인 특성인 동시에 사람에 따라 커다란 차이를 나타내는 개인적인 역량이라고 할 수 있다.

① 창의성의 유형

창의성은 발현되는 상황에 따라 다양하게 구분될 수 있다. 언스워스(Unsworth, 2001)는 창의성이 발현되는 양상에 따라 두 가지 차원에 근거하여 네 가지 유형으로 제시한다.

첫째 차원은 창의성 발현의 촉발요인으로서 “사람들이 왜 창의적인 활동에 몰두하게 되는가?”라는 물음에 대한 것이다. 즉, 창의적인 활동이 자발적으로 선택한 것인가 아니면 외부의 요구에 의한 것인가 하는 점이다.

둘째 차원은 창의성이 발현되는 과제의 특성이다. 즉, 창의적 활동을 시작할 때 문제해결의 범위에 아무런 제한이 없는 개방형 문제인가 아니면 문제해결 범위가 어느 정도 제한되어 있는 폐쇄형 과제인가에 관한 점이다.

이러한 두 가지 차원의 네 가지 유형으로 구분된 창의성은 다음과 같다.

첫째, 능동적 창의성(proactive creativity)이다. 이전에 사람들이 생각하지 못한 전혀 새로운 것을 자발적인 동기와 노력에 의해서 발명하거나 창작하는 경우다.

둘째, 기대된 창의성(expected creativity)이다. 문제가 명확하게 주어지지는 않았지만 외부의 요구나 압력에 응하여 창의성을 발휘하는 경우다.

셋째, 기여적 창의성(contributory creativity)이다. 분명하게 규정된 문제에 대해서 자발적으로 아이디어를 제안하는 경우가 해당된다.

넷째, 반응적 창의성(responsive creativity)이다. 명확하게 정해진 문제를 해결해야 하는 외부적 요구와 압박이 있는 상황에서 창의적인 해결책을 제시하는 경우다. 이처럼 창의성은 다양한 상황과 동기에 의해서 발현될 수 있다.

② 창의성의 특성

창의성과 관련된 심리적 특성에 관해서는 수많은 연구가 이루어졌지만 두 가지의 일관된 결과가 나타나고 있다(Simonton, 1999, 2000, 2002). 그 하나는 창의적인 사람들이 반드시 높은 지능을 지니지는 않는다는 점이며, 다른 하나는 창의성이 지능보다 성격특징과 밀접한 관련성을 지닌다는 점이다.

창의적인 사람들은 독립적이고, 비순응적이며, 비인습적일 뿐만 아니라 관심분야가 넓고 새로운 경험에 대한 개방성을 지니며 행동적 · 인지적 유연성과 모험적 성향을 가지고 있다. 이러한 일련의 특성들은 '창의적 성격'이라고 불리기도 한다.

데이비스(Davis, 1999)는 창의적인 사람의 다양한 성격특징을 다음과 같이 제시하고 있다.

- 자신이 창의적인 사람이라고 확신한다.
- 개방적이고 독창적이다.
- 독립적이다.
- 상상력이 뛰어나며 모험을 즐긴다.
- 에너지수준이 높다.
- 호기심이 많다.
- 복잡하고 모호한 것에 끌린다.
- 예술에 대한 관심과 미적 감각이 있다.
- 유머가 있다.

그러나 창의적인 사람들은 이러한 긍정적인 특질뿐 아니라 다양한 부정적인 특성을 지니고 있다. 자기중심적이고, 잘난 척 하며, 냉소적이기도 하며, 충동적이어서 변덕이 심하고, 어린아이처럼 무질서하고 철없이 보이기도 하고, 신경질적이며, 지나치게 자기주장을 함으로써 다른 사람들을 무시하기도 한다.

창의성과 정신병리는 관련성이 있는 것으로 알려져 있다. 특히 매우 높은 수준의 창의성을 지니는 사람들은 보통사람들에 비해서 정신병리(극심한 정서적 변화, 대인관계의 결여, 반사회적 행동 등)를 나타내는 경우가 더 많으며, 정신병리를 많이 보이는 가문에서 뛰어난 창의성을 지닌 사람이 나올 확률이 더 높다(Peterson & Seligman, 2004). 그러나 창의성이 정신병리와 필연적인 관련성을 지니는 것은 아니다.

③ 창의성의 증진방법

창의성은 비교적 안정된 특성이지만 환경적 요인에 의해 촉진되거나 억제될 수 있다. 창의성 증가는 사회의 활기와 생산성을 증대시켜 사회적 발전을 촉진한다.

일반적으로 창의성을 육성하기 위해서는 지지적인 멘토가 필요하며, 해당 분야의 전문적 기술을 가르치고, 창의성 억제 요인을 제거하는 것이 중요하다. 또한 집단적으로 창의성을 고양시켜주는 '브레인스토밍'과 SCAMPER 기법을 활용할 수 있다.

가. 브레인스토밍

브레인스토밍(brainstorming)이란 일정한 테마에 관하여 회의형식을 채택하고, 구성원의 자유발언을 통해 아이디어 제시를 요구하여 발상을 찾아내려는 방법이다.

브레인스토밍의 규칙은 다음과 같다.

첫째, 다른 사람의 아이디어에 대해서 절대 평가하거나 비판하지 않는다.

둘째, 떠오르는 생각이 아무리 이상하거나 조잡하거나 엉뚱해도 표현한다.

셋째, 아이디어는 많으면 많을수록 좋다.

넷째, 다른 사람들이 제안한 것을 개선하고 확장하거나 그것과 결합된 새로운 아이디어를 내놓는 것을 장려한다.

브레인스토밍의 단점도 제시되고 있다.

첫째, 집단적 대화로 인해서 개인은 다른 사람의 의견을 경청하게 되면서 자신의 자유로운 사고가 방해를 받을 수 있다.

둘째, 집단적 대화에서는 평가하지 말라는 규칙에도 불구하고 자신의 의견에 대한 타인의 평가가 염려되어 자유로운 의견을 개진하는 데 어려움을 겪을 수 있다.

셋째, 집단적 대화에서는 적극적으로 집단 활동에 참여하지 않고 다른 사람의 아이디어에 편승하거나 말을 아끼며 무임승차하는 사람들이 나타날 수 있다.

이러한 단점을 개선하기 위한 방법으로 용지에 각자 의견을 써서 돌려가며 개진하는 브레인라이팅(brainwriting)이나 이메일을 통해 의견을 개진하는 일렉트로닉 브레인스토밍(electronic brainstorming)이 사용되기도 한다.

나. SCAMPER 기법

창의성을 촉진하는 다른 개인적인 방식은 창의적인 사람들이 흔히 사용하는 문제해결식 발견법(heuristics)으로서 SCAMPER 기법이 있다.

SCAMPER는 다음과 같은 7개 단계의 물음을 통해서 문제의 창의적 해결책을 발견하도록 돕는 방법이다(Eberle, 1977).

〈표 4-2〉 SCAMPER 기법

기법	내용	질문
대체 (Substitution)	기존의 것을 다른 것으로 대체해 보라	다른 것으로 대체하면 어떻게 될까?
조합 (Combination)	A와 B를 합쳐 보라	두 가지 또는 그 이상의 아이디어를 혼합하면 어떻게 될까?
적용 (Adaptation)	다른 데 적용해 보라	다른 분야의 원리나 방법을 현재의 문제에 적용할 수는 없을까?
수정 (Modification)	변경, 축소, 확대해 보라	아이디어나 제품의 특성을 축소하거나 확대하면 어떻게 될까?
용도변경 (Putting toother uses)	다른 용도로 써 보라	아이디어나 사물을 다른 방법으로 활용할 수는 없을까?

(계속)

기법	내용	질문
제거 (Elimination)	제거해 보라	아이디어나 사물의 일부분을 삭제하면 어떻게 될까?
재배열 Rearrangement)	거꾸로 또는 재배치해 보라	아이디어나 사물의 순서, 형식, 구성을 재배열하거나 거꾸로 하면 어떻게 될까?

그 외 창의성을 증진시킬 수 있는 구체적인 실천방법은 다음과 같다.

- 자신의 관심분야에서 매주 최소한 한 가지 이상의 독창적인 아이디어를 생각해내고 다듬는다.
- 다양하고 창의적인 방식으로 매주 적어도 한 가지의 숙제를 한다.
- 일주일에 한 번은 논문이나 에세이 또는 시를 쓰거나 그림을 그린다.
- 가족이나 친구가 겪고 있는 문제에 대해 창의적인 해결책을 제안한다.
- 자신의 방이나 집을 새롭게 꾸민다.
- 도예, 사진술, 조각, 회화, 서예를 가르치는 교육 프로그램에 등록한다.
- 창의적인 저명인사에 관한 책을 읽어 보고 그들의 독특성을 확인한다.
- 남은 음식과 같은 재료들을 사용하여 새로운 것을 만들어본다.
- 카드나 편지지, 블로그 화면 등을 구입하는 대신 직접 제작해 본다.

〈 대표강점 창의성 검사 〉

NO	내용	1점	2점	3점	4점	5점
		매우다르다	다르다	보통이다	비슷하다	매우비슷하다
1	어떤 일을 하는 데 필요한 새로운 방법을 찾는 걸 좋아한다.					
2	내 친구들은 대부분 나보다 상상력이 뛰어나다.					

(2번 문항은 역산문항)

이것이 당신의 창의성 점수이다.

위 두 문항의 답을 더하여 여기에 적어라. ______________

(2) 호기심

호기심(curiosity)은 어떤 것의 존재나 이유에 대해 궁금해하고, 알려고 하며, 숙고하는 태도나 성향이다. 호기심이 많은 사람은 주변의 현상에 대해서 '왜 그럴까?' 또는 '무슨 일일까?' 하는 질문을 의식적으로 제기하고, 그 질문에 대한 답을 찾으려고 한다. 호기심은 자발적으로 지식을 습득하고, 사고하고, 행동하는 데 많은 영향을 미친다.

① 호기심 유형

호기심은 다양한 양상을 지니고 있으며 두 차원에서 분류될 수 있다(Berlyne, 1954, 1962). 하나는 지각적 호기심(perceptual curiosity)이다. 새로운 자극에 의해서 각성되는 것으로써 이러한 자극에 지속적으로 노출되면 호기심은 감소하는 경향성이 있다. 다른 하나는 인식적 호기심(epistemic curiosity)이다. 지식을 추구하는 것으로써 인간에게만 해당되는 것이다.

호기심을 지닌 사람들은 자신의 삶을 지루해하기보다 항상 도전적이고 탐색적인 즐거움을 느끼게 된다. 이런 점에서 호기심은 새로운 경험과 학습을 촉진하며 내재적인 만족과 성취를 이루게 하는 긍정적인 심리 특성이다.

호기심은 대부분 새로운 발견을 촉발하여 개인과 사회에 기여하게 된다.

호기심이 특히 아동의 성장에 기여하는 연쇄적 과정을 다음과 같이 제시하고 있다(www.ChildTrauma.org). 호기심(curiosity)은 탐색행동(exploration)을 낳고, 탐색행동은 발견(discovery)을 낳으며, 발견은 즐거움(pleasure)을 낳고, 즐거움은 반복행동(repetition)을 낳으며, 반복행동은 새로운 기술을 낳고, 새로운 기술은 유능감(competence)을 낳고, 유능감은 자존감(self-esteem)을 낳으며, 자존감은 안전감(security)을 낳고, 안전감은 새로운 탐색행동(new exploration)을 낳는다.

호기심을 통해서 성취를 이룬 대표적 인물로는 콜럼버스, 마젤란, 에드먼드 힐러리와 같은 탐험가들과 수많은 발명가들이 있다. 또한 헬렌 켈러는 청각과 시각의 장애를 지녔음에도 불구하고 세상에 대한 놀라운 호기심으로 장애를 극복한 대표적 인물이다.

② 호기심 특성

호기심은 다양한 긍정적인 심리적 특성과 밀접한 관계를 지닌 것으로 보고되고 있다. 예컨대, 호기심은 흥분, 즐거움, 주의력을 향상시키고(Kashdan & Roberts, 2002), 복잡한 의사결정을 수월하게 하며 목표를 오랜 기간 유지하도록 하는 데 도움을 주었다(Sansone & Smith, 2000). 호기심은 학업 수행이나 자발적 직업 선택과 같은 행동적 변인과도 정적인 상관을 지닐 뿐만 아니라 대인관계에서 다른 사람과의 친밀한 관계를 유도하며, 특히 낯선 사람과 친밀감을 형성하는 데 큰 도움을 준다. 호기심은 지능, 자존감, 주관적인 안녕감, 독립성, 문제해결능력과 같은 긍정적 요인과도 정적 상관을 보였다(Kashdan et al., 2002).

그러나 호기심이 부정적인 결과를 초래할 수 있다는 점도 보고되고 있다. 호기심은 충동성, 폭력적 행동이나 성적 행동에 대한 선호, 분노 표현, 욕구 지연의 어려움, 비행 행동 등의 부정적 행동이나 성향과 관련이 되는 경우도 있다(Aluja-Fabregat, 2000; Zeckerman, 1994).

장기적인 연구는 드물지만, 호기심은 전 생애를 통해서 상당히 안정적인 것으로 보인다. 그러나 새로운 경험을 추구하는 성향, 즉 쾌락이나 모험을 추구하고 지루함을 잘 견디지 못하는 성향은 나이가 많아짐에 따라 감소한다.

③ 호기심의 증진방법

호기심은 다양한 요인에 의해서 촉진되거나 억제될 수 있다. 일반적으로 호기심은 자극이 새롭고 복잡하며 불확실하고 상충되는 면이 많을수록 증가한다. 그러나 이러한 자극의 강도가 적정수준이어야 하며, 외부적인 처벌, 위협, 보상이 없을 뿐만 아니라 내부적 두려움과 죄책감이 없는 상태에서 개인이 자발적으로 행동할 수 있다고 느낄 때 호기심은 더 잘 유발된다. 그러나 과도하게 높은 강도의 자극은 오히려 호기심을 저하시킨다.

호기심을 증진하기 위해서 첫째, 현재 알고 있는 것과 모르고 있는 것에 대한 자각을 높이고, 둘째, 자율성과 유능감을 느끼는 경험을 하도록 촉진하며, 셋째, 개인적으로 중요한 의미를 느끼는 영역에서 멘토와 지지적인 관계를 맺도록 하는 것이 필요하다.

직접적으로 호기심을 진작시키는 방법은 실패할 가능성이 높다(Kashdan & Fincham, 2004). 호기심이 배양되기에 적합한 조건을 마련하는 것이 호기심 개입의 주요 전략이다. 이 조건은 앞서 언급한 자율성, 유능성, 관계성을 증진시키는 조건에 해당한다.

가시던과 핀참(Kashdan & Fincham, 2004)은 호기심 증진방법을 다음과 같이 제시한다.

- 새로움, 복잡함, 모호함, 다양성, 놀라움 등을 구비한 과제를 제공한다.

- 개인의 이전 경험과는 다른 상황에 처하도록 한다.
- 독립적으로 실행할 수 있는 과제를 제안한다.
- 현재 기술로서 가능하거나 아주 조금 어려운 과제를 하도록 이끈다.
- 즐거운 집단 활동이 가미된 과제를 한다.
- 어떤 행동에 있어 책임이 부여되도록 한다.
- 과제의 전체 구조에 대한 지식이 주어져야 한다.
- 노력에 따른 즉각적인 피드백이 주어지도록 한다.
- 발전하고 증진되는 것에 집중하도록 한다.
- 긍정적인 자기 말을 하도록 장려한다.
- 위협, 판단, 가혹한 평가, 비난 등을 피한다.
- 타인의 감정, 요구, 기대에 대해서 공감한다.
- 사람들에 대한 관심을 보여 주는 모델이 된다.

호기심을 증진시킬 수 있는 구체적인 실천방법은 다음과 같다.

- 매주 세 차례 30분 정도 책, 학술지, 잡지, TV, 라디오 또는 인터넷을 통해 관심 분야의 지식을 확장시킨다.
- 잘 모르는 낯선 주제에 관한 강의, 세미나, 행사 등에 참석한다.
- 자신의 관심사를 공유할 수 있는 사람을 찾아서 그 분야에서 전문 지식을 쌓는 그 사람의 노하우를 배운다.
- 잘 모르는 음식을 하는 음식점에 가 본다.
- 자신이 좋아하는 주제에 관해서 아직 잘 모르고 있는 것들의 목록을 만들어 본다.
- 자신의 지식과 기술에 대해 도전적인 일을 시도해 본다.
- 다른 문화권에 있는 사람과 연락하고 지내면서 그 문화권에 대해 배워 본다.
- 매년 적어도 한 번은 새로운 장소를 방문한다.
- 자신의 호기심을 감소시켰던 요인들을 파악하고, 호기심을 다시 불러일으킬 수 있는 세 가지의 새로운 방법을 찾아본다.
- 숲이나 공원, 개천 등에서 매주 한 시간 정도 거닐면서 자연의 변화를 탐구한다.

〈 대표강점 호기심 검사 〉

NO	내용	1점	2점	3점	4점	5점
		매우다르다	다르다	보통이다	비슷하다	매우비슷하다
1	언제나 세상에 대해 호기심이 많다.					
2	쉽게 짜증을 낸다.					

(2번 문항은 역산문항)

이것이 당신의 호기심 점수이다.
위 두 문항의 답을 더하여 여기에 적어라. ___________

(3) 개방성

개방성(open-mindedness)은 자신이 지지하는 신념, 계획, 목표에 반대되는 증거들을 적극적으로 탐색하며 그것이 적절한 것이라면 기꺼이 수용하려는 열린 마음자세를 뜻한다(Peterson & Seligman, 2004). 이러한 특성은 경직된 편견적 태도와 대비되는 것으로서 사실을 있는 그대로 받아들이고자 하는 객관적이고 냉철한 태도를 의미한다. 개방성은 인간의 편향적 경향과 왜곡을 바로 잡는 중요한 교정적 덕목(corrective virtue)으로 여겨지고 있다.

개방성은 우유부단함이나 신념의 부재와는 구별되어야 한다. 개방성을 지닌 사람들은 다양한 정보를 충분히 수집하여 여러 가지 대안을 고려한 후에 확고한 판단을 하여 일관성 있는 과감한 행동을 할 수 있다.

① 개방성의 특성

개방성은 인지적 발달과 밀접한 관계를 지니고 있다. 여러 연구를 종합하면, 개방성은 나이가 많아지고 교육수준이 높을수록 증가하는 경향이 있다(Kuhn, 1991).

개방성은 지식에 관한 사고방식에 따라 세 가지 유형으로 구분된다(Kuhn, Amsel & O'Loughlin, 1988).

첫째, 자신의 견해에 대해서 가장 강한 확신을 지니고 있는 절대주의자들(absolutists)은 전문가들의 견해가 옳을 가능성이 높으며 자신의 견해가 그와 일치한다고 믿는다. 그런데 역설적이게도 이들 중 대다수는 다른 견해들이 옳을 수 있다는 점에도 동의한다. 대학생을 비롯한 대다수의 응답자가 이러한 절대주의자에 속했다.

둘째, 자신의 견해에 대해서 중간정도의 확신을 나타낸 다중주의자들(multiplists)은 전문가의 견해가 잘못된 것일 수도 있으며 상충되는 견해들이 동시에 옳을 수 있다고 주장한다. 이러한 사람들은 개인적인 경험이나 느낌을 자신의 견해에 대한 근거로 여겼다.

셋째, 평가적인 이론가들(evaluative theorists)은 자신의 견해가 전문가들의 견해보다 잘못된 것일 가능성이 높다고 생각한다. 이들은 비록 절대적 진실은 알 수 없더라도 "견해들은 서로 비교될 수 있고 그 적절성이나 장점에 따라 평가될 수 있다"는 입장을 보였다. 대학생의 14%만이 이 범주에 속했다.

개방적인 사고방식은 긍정적인 결과를 유발하는 것으로 보고되고 있다(Stanovich & West, 1997, 1998). 즉, 토론평가 검사에서 측정된 개방성이 여러 다른 과제에서의 긍정적 결과들과 정적인 상관을 보인다는 점을 발견했다. 이러한 결과들은 개방적인 사고방식이 다양한 과제에서의 긍정적인 결과를 가져올 수 있다는 점을 보여 준다.

개방성은 여러 가지 이득을 제공한다. 복합적으로 사고하는 개방적인 사람들이 다양한 영역에서 효과적인 수행을 나타내는데, 그 이유는 이들이 더 많은 정보, 특히 모순되는 견해에 대해서 주의를 기울이기 때문이다(Winter, 1996). 개방성이 높은 사람은 상대방의 주장이나 입장에 대한 허용적인 태도를 지님으로써 타인에 대한 분노나 적개심을 덜 지닐 뿐만 아니라 좀 더 원만하고 조화로운 대인관계를 나타낼 수 있다.

개방성의 발달은 부모의 양육방식과 밀접한 관계를 지닌다. 가정의 분위기는 아동의 개방성에 영향을 미친다. 다양한 의견이 허용되는 민주적인 가족에서 성장한 자녀는 개방성이 발달하는 반면, 강압적이고 엄격하거나 방임적 또는 비일관적 양육 환경은 편견을 발달시킨다(Allport, 1961). 뿐만 아니라 타인과의 상호작용과 조화로운 관계를 강조하는 양육방식은 통합적 사고능력을 촉진하는 것으로 알려져 있다(Harvey & Felknor, 1970).

② 개방성의 증진방법

개방성은 다양한 상황적 요인이나 사고를 조직화하는 방식에 의해서 촉진될 수도 있고 억제될 수도 있다. 제니스와 만(Janis & Mann, 1977)에 따르면, 중요한 결정을 해야 하고 그러한 결정을 내릴 충분한 시간이 있으며 긍정적인 결과가 예상될 때 사람들은 더 개방적인 사고를 하는 경향이 있다.

개방성 증진을 위한 구체적인 실천방법은 다음과 같다.

- 최근 들어 만족스럽지 못했던 세 가지 행동의 이유를 밝히고 보다 나은 대안을 브레인스토밍해 본다.
- 대화를 하면서 자신의 의견과 반대되는 입장을 취해서 주장을 해 본다.
- 적어도 일주일에 한 번씩 중요한 주제에 대해 연설이나 토론을 한다.
- 중요한 결정을 할 때, 각각의 장점과 단점을 분석하고 기록한다.
- 자신과 다른 문화나 배경을 지닌 사람에게 멘토 역할을 해 준다.
- 자신이 강력하게 믿고 있는 의견을 생각해 보고, 그것이 잘못된 것일 수 있는 가능성을 생각해 본다.
- 자신과 다른 정치적 입장을 선전하는 신문을 읽어보거나 라디오 방송을 들어 본다.
- 위기에 처할 때, 먼저 최선의 시나리오와 최악의 시나리오를 상상한 뒤에 가장 현실적인 대처방식을 결정한다.

〈대표강점 개방성 검사〉

NO	내용	1점	2점	3점	4점	5점
		매우다르다	다르다	보통이다	비슷하다	매우비슷하다
1	판단력이 필요한 주제가 있을 때 매우 이성적으로 사고한다.					
2	성급하게 판단하는 경향이 있다.					

(2번 문항은 역산문항)

이것이 당신의 개방성 점수이다.

위 두 문항의 답을 더하여 여기에 적어라. ________

(4) 학구열

학구열 또는 배움에 대한 사랑(love of learning)은 새로운 지식과 기술을 배우는 것에 대한 갈망과 더불어 그러한 지식과 기술을 숙달하면서 긍정정서를 경험하는 성향을 의미한다. 학구열을 지닌 사람들은 지식을 배우며 호기심을 충족시키고 새로운 기술을 익히면서 즐거움과 기쁨을 느낀다. 무언가를 배우는 과정에서는 긍정정서뿐만 아니라 좌절과 난관에 직면해서도 학습을 지속하도록 돕는다는 점에서 동기적 추진력을 제공한다.

① 학구열의 특성

학구열이 다양한 긍정적 경험을 촉진하며 심리적 · 신체적 안녕에 기여한다는 증거들이 보고되고 있다(Peterson & Seligman, 2004). 즉, 학구열이 높은 사람은 새로운 것을 배우는 것에 대한 긍정적인 감정, 도전과 좌절에도 불구하고 자기 조절을 잘 해나갈 수 있는 능력, 학습한 내용의 의미를 찾아내고 음미하는 노력, 자율감과 도전의식, 유능감과 효능감, 다른 사람으로부터 지원을 받는다고 인식하는 점을 고려한다면, 학구열은 심리적 · 신체적 건강에 긍정적인 영향을 미칠 것으로 예상된다.

학구열이 현저하게 결핍된 상태 중 하나가 학습된 무기력이다. 학업장면에서의 무기력은 다양한 요인과 관련되어 있는 것으로 보고되고 있다.

첫째, 학습자 변인이다. 학교에서 계속 실패하고 지속적으로 부적절한 경험을 맛본 학생들은 부정적인 자아개념을 발전시킨다(Bloom, 1967). 학교에서 학업성취의 성공 또는 실패 경험의 누적은 학습동기에 영향을 미치게 된다. 학업성적이 일관되게 상위권에 속해온 학생 집단이 하위권에 속해온 집단보다 자아개념과 학교에서의 학습태도가 더 긍정적이었다(임한영, 1986).

둘째, 대인관계 변인이다. 학생들이 가정의 분위기, 부모-자녀관계, 부모의 부부관계를 보다 긍정적으로 지각할수록 학습된 무기력이 낮다(임경희, 2004). 반면에, 부모가 자녀에 대해 적절한 관심을 갖고 자녀를 이해하고 사랑하며 자녀와 함께 시간을 많이 보낼수록 학생들이 우울하지 않고 긍정적 인지를 갖게 되며 책임성 있고 통제력이 있으며 자신감이 증가한다(정수자, 1995). 또한 교사의 지지적 도움에 대한 지각이 높을수록 학습된 무기력이 낮은 반면, 교사의 부정적 피드백은 학습된 무기력을 증가시킨다(송창우, 1997).

셋째, 동기적 변인이다. 동기변인에는 실패귀인, 학업적 자기효능감이 있다.

학업에서의 성공을 내부(능력이나 노력)에 귀인하는 것은 후속성취를 위한 동기를 높여주는 반면, 실패를 내부적 원인에 귀인하는 것은 동기를 저하시키며 특히 부정적 정서를 초래할 수 있다(Covington & Omelich, 1979).

학업적 자기효능감은 학습자가 학업적 과제의 수행을 위해 필요한 행위를 조직하고 실행해 나가는 자신의 능력에 대해 내리는 판단을 뜻한다(Bandura, 1986). 학업적 자기효능감이 높은 학습자는 도전적인 과제를 선택하고, 주어진 과제를 성공적으로 수행하기 위해 더 많은 노력을 기울이며, 어려운 일이 닥쳐도 끈기 있게 과제를 지속한다(Schunk, 1990). 또한 학업적 자기효능감이 높을수록 불안을 느끼는 정도가 낮고 보다 효과적인 학습전략을 사용한다(Pintrich & De Groor, 1990). 실패경험 후에 일반적 자기효능감이 높은 학생일수록 실패에 대한 내성이 높다(김아영, 1997).

② 학구열의 증진방법

학구열은 다양한 방법을 통해서 촉진할 수 있다. 학구열을 증진하기 위해서는 현재의 감정, 과거 경험, 잘못된 믿음, 고정관념 등을 잘 극복하는 일이 필요하다.

학구열 증진을 위한 구체적인 실천방법은 다음과 같다.

- 학생이라면, '요구되는 것'이 아니라 '추천되는 것'을 읽어 본다.
- 최소한 일주일에 두 번씩 5개 새로운 어휘를 배우고 활용해 본다.
- 매달 논픽션 책을 읽어 본다.
- 매달 새로운 박물관이나 전시장을 참관하고 그곳에서 배운 새로운 지식에 대해 기록한다.
- 적어도 일주일에 한 번씩 도서관에 가서 관심 주제에 관해 읽고 연구한다.
- 다른 사람과 함께 상호 관심사에 대해 대화한다.
- 신문, TV 또는 인터넷을 통해 전 세계에서 일어나고 있는 소식을 접한다.

- 독서클럽에 참여한다.
- 친구와 함께 각자가 잘 아는 것을 가르치고 서로 배울 수 있는 시간을 갖는다.
- 좋아하는 사람들과 함께 책 등을 소리 내어 읽는다.
- 관심분야의 세미나, 워크숍, 토론회에 참석한다.
- 공장이나 연구소를 방문하여 제품의 생산과정을 이해한다.

〈 대표강점 학구열 검사 〉

NO	내용	1점	2점	3점	4점	5점
		매우다르다	다르다	보통이다	비슷하다	매우비슷하다
1	새로운 것을 배울 때 전율을 느낀다.					
2	박물관이나 다른 교육적 장소에 한 번도 가본 적이 없다.					

(2번 문항은 역산문항)

이것이 당신의 학구열 점수이다.

위 두 문항의 답을 더하여 여기에 적어라. ________

(5) 지혜

지혜(wisdom)는 박학다식함, 올바르게 판단하는 능력 또는 진실하고 중요한 것이 부언인지를 아는 능력으로 정의된다. 직면한 문제를 바람직한 방향으로 해결하거나 조언을 해 줄 수 있는 인격적 덕목이라고 할 수 있다.

현대의 심리학자들은 지혜가 첫째, 지능(intelligence)과는 다른 것이며, 둘째, 뛰어난 수준의 지식과 판단 및 조언 능력을 의미하고, 셋째, 인생의 의미는 무엇이며 어떻게 살아가야 하는가 하는 어렵고도 중요한 물음에 대해서 현명한 대답을 지니게 한다. 넷째, 자신 또는 다른 사람의 행복을 위해 유익하게 활용될 수 있는 덕목이라는 점에서 대부분 동의하고 있다(Peterson & Seligman, 2004).

지혜는 개인과 사회를 위해 유익한 기능을 지니는 것으로서, 특히 복잡하고 혼란스러운 상황에서 현명한 판단과 대응을 하게 해 주는 심리적인 능력이다. 그래서 우리는 어떻게 해야 할지 판단하기 어려운 혼란 상태에 빠지게 되면 지혜로운 사람을 찾아가 조언을 구하게 된다. 이러한 지혜는 시간과 상황에 상관없이 일관성을 지니는 비교적 지속적인 성격특질로 여겨지고 있다.

① 지혜의 특성

심리학에서는 지혜로운 사람의 특성을 제시하였는데, 지혜로운 사람의 긍정적 특성은 상당 기간 일치성을 보여주고 있다(Peterson & Seligman, 2004).

- 자기 이해를 잘 하고 있다.
- 어떤 결정을 할 때 감성과 이성을 모두 잘 활용한다.
- 폭넓은 안목이나 관점을 지닌다.
- 다른 사람과 사회를 위해 기여하려는 강한 욕구를 지닌다.
- 다른 사람들의 욕구를 배려한다. 자신이 알 수 있는 것과 할 수 있는 것의 한계를 잘 알고 있다.
- 중요한 문제들의 핵심을 파악할 수 있다.
- 자신의 강점과 약점에 대한 정확한 식견을 지닌다.
- 자신의 개인적인 규범과 일치하는 행동을 한다.

지혜는 인간의 삶에 긍정적인 영향을 미치는 것으로 나타나고 있다. 특히 지혜는 노년기의 삶을 만족스럽게 영위하는 데 기여하는 것으로 보고되고 있다. 알델트(Ardelt, 1997)와 하르트만(Hartman, 2000)의 연구에 따르면, 노년기 삶의 만족도는 신체적 건강, 사회경제적인 지위, 재정 상태와 그 밖의 사회 환경적 지표들보다 지혜에 의해서 더 큰 영향을 받는 것으로 나타났다.

지혜는 어려움에 처한 사람을 조언하거나 조언을 받는 경험을 통해서 발달하는 것으로 알려져 있다. 슈타우딩거(Staudinger, 1992)은 특정한 직업이거나 사회적 위치가 지혜를 발달시키는 데 기여할 수 있다고 주장한다. 특히 어려운 삶의 문제들을 다루며 그에 관한 이론과 개입방법을 공부하고 체계적 훈련과 실제적 경험을 하게 되는 직업일수록 지혜를 발달시킨다. 그러한 직업의 대표적인 예가 임상심리학이다.

② 지혜의 증진방법

하르트만(Hartman, 2000)은 지혜를 촉진하는 몇 가지 요인을 제시하고 있다.

첫째, 인생의 각 단계에서 겪게 되는 삶의 과업들(life tasks)을 적극적으로 잘 해결하는 경험을 통해서 발달한다. 50대 초반 여성의 지혜수준은 40세 전후에 겪게 되는 삶의 과제에 대한 적극적 관여도에 의해서 가장 잘 예측되었다. 특히 인생의 단계마다 사회에서 일반적으로 기대되는 삶의 과제들을 잘 헤쳐 나가는 것이 중요했다. 아울러 40세 전후의 직업 활동 경험이 40대 중반의 지혜에 의미 있는 영향을 미쳤다.

둘째, 적응수준은 지혜와 무관한 것으로 나타났다. 사회적 관습을 어느 정도 잘 따르는 것은 지혜 발달과 관련이 있었지만, 사회적 기대에 부응하여 잘 적응하는 것은 지혜의 발달에 별 영향을 미치지 않는 것으로 나타났다.

셋째, 인생의 커다란 변화 경험은 지혜를 발달시킨다. 사랑과 직업에 있어서 커다란 변화를 경험한 사람들이 중년기에 더 높은 지혜수준을 나타냈다(Hartman, 2000). 특히 30대에 경험한 주요한 삶의 변화들이 지혜 발달에 긍정적인 영향을 미치는 것으로 나타났다. 또한 인생에서 결정한 중요한 선택을 수용하는 것이 지혜에 많은 영향을 미친다. 하르트만(2000)의 연구에서는 자신의 결정에 후회를 했었지만 50대 초반에 수용하게 된 사람들이 후회를 했지만 수용을 하지 못했거나 후회 경험이 없는 사람들에 비해서 50대 초반에 더 지혜로운 것으로 나타났다.

넷째, 스트레스 경험은 지혜 발달에 도움이 된다. 스트레스가 항상 나쁜 것만은 아니다. 스트레스는 개인을 자극하여 도전에 적응하도록 촉진하고 변화시키는 기능을 할 수 있다. 알델트(1998)에 따르면, 지혜와 심리적 건강이 서로 밀접한 관계를 지닐 뿐만 아니라 위기와 고난을 성공적으로 해결해 나가면서 지혜가 획득된다고 주장한다.

지혜는 사회적 협동이나 대화를 통해 촉진될 수 있다(Staudinger & Baltes, 1996). 나이가 많은 사람들이 젊은 사람들보다 대화를 통해서 더 많은 긍정적 효과를 나타낸다는 연구결과는 지혜를 함양하기 위해서 집단적 또는 대인관계적인 접근이 중요함을 시사한다.

지혜를 증진시키는 구체적인 실천방법은 다음과 같다.

- 내가 알고 있는 가장 지혜로운 사람을 생각해 본다. 그리고 내가 그 사람인 것처럼 하루를 살아보도록 노력한다.
- 요청된 경우에만 조언을 해 준다. 그러나 그 경우에 내가 할 수 있는 한 가장 사려 깊게 조언을 해 준다.
- 친구이든 가족이든 아니면 직장동료이든 두 사람 간의 갈등을 해결하도록 노력한다.
- 가장 최근에 내가 한 5가지 중요한 행동과 결정의 목적을 찾아본다.
- 지혜에 관한 인용문을 읽고 이를 실천하기 위한 세부 단계를 다시 적어본다.
- 자신의 삶에 직접적인 영향을 미치는 과학적 연구들이 갖는 도덕적 함의에 대해 생각해 본다.
- 역사적 · 문화적 · 경제적 관점에서 세계사를 탐구한다.
- 최소한 석 달에 한 번씩 다른 사람들을 자문해 주는 역할을 찾아서 한다.
- 어떤 결정을 할 때 감성과 이성을 모두 활용한다.
- 나보다 어린 사람의 멘토가 되어준다.

〈 대표강점 지혜 검사 〉

NO	내용	1점	2점	3점	4점	5점
		매우다르다	다르다	보통이다	비슷하다	매우비슷하다
1	항상 꼼꼼히 생각하고 더 큰 것을 볼 줄 안다.					
2	내게 조언을 구하러 오는 사람은 거의 없다.					

(2번 문항은 역산문항)

이것이 당신의 지혜 점수이다.

위 두 문항의 답을 더하여 여기에 적어라. ________

2) 인간미 관련 강점

인간미(humanity)와 관련된 강점들은 다른 사람을 보살피고 친밀해지는 것과 관련된 대인관계적 강점들을 의미한다. 이에는 사랑, 이타성, 정서지능이 포함된다.

(1) 사랑

사랑(love)이라는 단어는 흔히 서로를 좋아하고 보살피는 마음이나 행위를 의미한다. 그러나 긍정적 성품으로서의 사랑은 그러한 마음과 행위를 나눌 수 있는 심리적 능력을 말한다. 사랑은 다른 사람과 깊은 애정과 신뢰를 형성하고 심화하며 유지할 수 있는 심리적인 능력을 의미한다.

타인과의 친밀한 유대관계는 만남을 통해서 자동적으로 형성되는 것이 아니다. 사랑은 다른 사람에게 애정을 느끼고 전달할 뿐만 아니라 상대방의 애정을 받아들임으로써 깊이 있는 애착관계를 안정적으로 유지할 수 있는 능력이 뒷받침되어야 한다. 이렇게 사랑을 주고받으며 나누는 능력은 개인의 성격적 강점으로서 연인관계와 부부관계를 비롯하여 다양한 인간관계의 기반이 된다.

① 사랑의 유형

사랑은 인간관계 경험에 뿌리를 두고 크게 세 가지 형태로 구분할 수 있다.

첫째, 부모에 대한 아이의 사랑이다. 어린아이는 부모에게 매달리며 의지하고 보살핌을 받으려 한다. 이는 애정, 보호, 보살핌을 제공하는 사람들에 대해서 애정을 느끼고 접근하는 사랑의 경험이다. 인간은 사랑하는 사람에게 의지할 뿐만 아니라 함께 있을 때 안전감을 느끼기 때문에 그들이 항상 곁에 있어주기를 원한다.

둘째, 자녀에 대한 부모의 사랑이다. 자신이 보살펴야 할 어린아이에 대해서 애정을 느끼며 지극한 정성으로 보살피는 사랑이다. 이처럼 사랑은 호감을 느끼는 사람에게 애정과 보살핌을 제공하려는 마음을 포함한다. 인간은 사랑하는 사람을 보호하고 지원할 뿐만 아니라 그들을 위해 기꺼이 희생하려는 자세를 지닌다. 사랑하는 사람을 행복한 상태로 만드는 것이 자신의 행복이라고 느끼기 때문이다.

셋째, 연인들이 느끼는 낭만적인 사랑이다. 두 남녀가 서로에게 호감과 애정을 느끼며 정서적인 친밀감뿐만 아니라 성적인 열정을 나누는 사랑이다. 이러한 사랑은 두 사람이 대등한 입장에서 서로를 특별한 존재로 여기며 애정과 보살핌을 주고받는 애착관계를 의미한다.

진화심리학의 관점에서 보면, 이러한 세 가지 유형의 사랑은 인간의 생존과 종족보전을 위해서 중요한 적응적 기능을 지닌다.

② 사랑의 특성

사랑을 주고 사랑을 받아들일 수 있는 능력은 상당히 안정된 성격적 특질로 여겨지고 있다. 앞서 애착 이론에서 살펴보았듯이, 유아기에 형성된 부모와의 애착 유형이 성인기의 낭만적인 연인관계에서 유사한 형태로 나타난다는 보고가 있다(George, Kaplan & Main, 1985). 안정된 결혼생활을 유지하지 못하고 결혼과 이혼을 여러 차례 반복하는 사람들이 있다. 사랑의 능력이 부족한 사람들은 친밀하고 안정된 인간관계를 형성하지 못한다. 특히 자기애성, 반사회성, 분열성 성격장애를 지닌 사람들은 상호적인 애착관계를 형성하지 못하는 경향이 있다.

행복의 가장 중요한 원천인 긍정적인 인간관계를 위해서는 사랑의 능력이 필수적이다. 사랑의 능력은 부모-자녀관계, 부부관계, 이성교제, 친구관계, 사제관계, 동료관계와 같은 다양한 인간관계를 원만하게 영위하도록 돕는 긍정적 성품이라고 할 수 있다.

애착하는 대상은 성장함에 따라 변화하는 양상이 나타난다. 유아는 일차적 애착대상인 부모 외에 친척, 보모, 보육원 교사 등과 같은 이차적 · 삼차적 애착대상에게 애착을 형성하게 된다. 일반적으로 청소년기에 애착대상은 부모로부터 또래 친구에게로 이전되는 경향이 나타난다. 하잔과 지프만(Hazan & Zeifman, 1994)에 따르면, 대부분의 아동과 청소년은 부모보다 친구들과 함께 시간 보내기를 선호하는 등 근접성 유지에서 또래지향적인 양상을 보였다. 또한 위로와 확신을 주는 피난처로서의 주요 애착대상은 10~14세 사이에 부모로부터 또래 친구로 옮겨갔다. 그러나 대부분의 경우, 사춘기까지는 부모가 안전기지인 동시에 분리불안의 일차적인 원천으로 남아 있었다. 10대 후반부터 주된 애착대상이 부모로부터 또래친구 또는 애인으로 전환되는 경향이 나타났다. 적어도 2년 이상 교제한 애인이 있는 성인의 경우에는 애인이 분리불안의 원천이자 안전기지라는 반응을 나타낸 반면, 애인이 없거나 교제기간이 짧은 사람들은 여전히 부모를 주요한 애착대상으로 꼽았다.

이러한 연구결과에 따르면, 청소년기 또는 청년기 초기가 부모와의 애착이 약화되고 또래에 대한 애착으로 전환되는 시기로 여겨진다.

③ 사랑의 증진방법

유아기에 형성된 애착 유형은 전 생애에 걸쳐 지속적인 영향을 미치는 것으로 보고되고 있다. 그러나 애착 패턴의 지속성에 대해서 이의를 제기하는 연구자들도 있다. 피니와 노러(Feeney & Noller, 1996)는 유아기의 애착 유형이 이후의 친구, 교사, 연인과의 관계를 통해서 변화될 수 있을 뿐만 아니라 성인기의 노력을 통해서 변화될 수 있다는 연구결과를 보고한 바 있다. 보울비(Bowlby, 1973) 역시 내적 작동 모델이 유아기, 아동기, 청소년기의 경험을 통해서 점진적으로 구축되는 것으로서 쉽게 변화되지 않지만 변화가 불가능한 것은 아니라고 보았다.

사랑의 증진을 위한 구체적인 실천방법은 다음과 같다.

- 누군가가 나를 칭찬하면 어색해하거나 주저하지 말고 '고맙다'고 말하여 칭찬을 받아들인다.
- 사랑하는 사람에게 나의 애정을 표현하는 간단한 메모를 적는다. 그리고 그것을 볼 수 있는 곳에 놓아둔다.
- 가장 친한 친구에게 그가 정말 좋아할 수 있는 어떤 일을 해 본다.
- 사랑하는 사람에게 어떠한 일이든지 언어적 또는 비언어적으로 표현함으로써 무조건적인 사랑을 경험해 보도록 한다.
- 포옹이나 키스와 같은 신체적 동작을 통해 사랑을 표현해 본다.
- 사랑하는 사람의 행동보다는 내재된 동기에 집중한다.
- 사랑하는 사람의 강점을 찾아내어 높이 평가해 준다.
- 선물을 통해 사랑을 표현해 본다. 가능하다면 시나 그림, 사진과 같은 창의적인 방식

으로 사랑을 표현한다.

- 서로에게 중요한 날이나 일이 있으면 항상 축하해 준다.
- 사랑하는 사람의 자기계발 계획(체중감량, 운동, 경력 쌓기)을 돕는다.
- 나에게 중요한 사람들을 초대하여 저녁식사를 대접할 계획을 세운다.
- 하루를 어떻게 지냈는지 서로 이야기한다.
- 사랑하는 사람과 콘서트, 연극, 영화를 보러 가거나 취미 활동을 함께 한다.

〈 대표강점 사랑 능력 검사 〉

NO	내용	1점	2점	3점	4점	5점
		매우다르다	다르다	보통이다	비슷하다	매우비슷하다
1	본인의 기분과 행복 못지않게 내 기분과 행복에 관심을 기울이는 사람이 있다.					
2	다른 사람들이 베푸는 사랑을 제대로 받아들이지 못한다.					

(2번 문항은 역산문항)

이것이 당신의 사랑 점수이다.

위 두 문항의 답을 더하여 여기에 적어라. ___________

(2) 이타성

이타성(altruism)은 다른 사람의 행복을 위해서 호의적인 행동을 하고자 하는 개인의 성향을 뜻한다. 이타성은 타인을 배려하는 친절한 행동으로 나타나기 때문에 긍정심리학자들은 친절성(kindness)이라는 용어를 사용하고 있다.

이타적 행위는 다른 사람의 행복을 증진할 뿐만 아니라 행위자 자신의 행복을 증진하는 것으로 알려지고 있다. 자신의 행위로 인해 다른 사람이 행복해하는 모습을 목격하는 것은 행복의 중요한 원천 중 하나이다. 타인과 사회를 위해 기여하고 있다는 인식은 커다란 보람일 뿐만 아니라 자신의 존재를 가치 있고 의미 있는 것으로 만들기 때문이다. 이런 점에서 이타성은 타인의 행복과 더불어 자신의 행복을 증진하는 소중한 덕목이라고 할 수 있다.

① 이타성의 유형

이타성은 동기적 측면과 행동적 측면으로 나누어 이해될 수 있다. 이타적인 동기를 지닌 사람은 대부분의 경우 이타적인 행동을 나타낸다.

이타적 동기는 다른 사람을 돕고 아무런 보상 없이 선한 행동을 하고자 하는 내면적인 심리상태를 의미한다. 그러나 이타적 행동이 반드시 이타적 동기에 의해서만 유발되는 것은 아니다.

이타적 행동은 다양한 동기에 의해서 유발될 수 있다.

첫째, 자신의 이익과 명성을 증대하기 위한 이기적 동기에 의해서 나타나는 계산적 이타행동이다.

둘째, 사회적 동조나 압력에 의해서 나타내는 상황적 이타행동이다.

셋째, 자신이 속한 종교의 계율이나 조직의 도덕적 규범에 순응하기 위해서 나타내는 의무적 이타행동이다.

넷째, 자신과 타인의 이익을 동시에 고려하는 상호 호혜적 이타행동이다.

이러한 이타행동들은 아무런 이익이나 보상의 고려 없이 곤경에 처한 사람에 대한 연민에 의해 나타내는 순수한 이타행동과 구별되어야 한다. 이타행동은 이처럼 다양한 동기에 의해서 유발될 뿐만 아니라 여러 동기의 혼합에 의해서 나타나는 경우가 흔하다.

이타적으로 불리기 위해서는 타인에게 이득을 주어야 하고, 자발적으로 행해야 하며, 행위 자체가 목적이 되어야 한다. 또한 개인적 이득을 바라지 말아야 하며, 어느 정도 자기희생이 뒤따라야 한다.

② 이타성의 특성

이타행동은 개인의 행복을 증진하며 행복한 사람은 이타행동을 많이 하는 것으로 보고되고 있다(Carlson. Charlin & Miller, 1988). 자원봉사와 같이 다른 사람을 돕는 이타행동은 기분을 긍정적으로 변화시키는 기능을 지닌다(Weiss et al., 1973).

러시턴(Rushton, 1980)은 이타행동에 영향을 미치는 성격요인으로 지속성, 끈기, 자기통제감, 자기효능감 등을 들고 있다. 이타성이 높은 사람은 일관성 있고 독립적이며 지속성과 끈기가 있고 자기통제감이 잘 발달되어 있다. 또한 자기효능감이 높아서 바람직한 결과를 얻기 위해 어떻게 행동해야 하는지를 잘 알고 있다. 이타성이 높은 사람들은 자신을 보다 긍정적으로 생각하며, 주위에서 일어난 일들에 대해서 더 큰 통제감을 느끼며, 미래에 대해 낙관적이다.

③ 이타성의 증진방법

이타성은 크게 세 가지 요인, 즉 공감과 연민, 사회적 책임감, 도덕적 추론과 밀접한 관계를 지니는 것으로 알려지고 있다.

첫째, 공감과 연민은 다른 사람들을 도와주고자 하는 이타적 행동의 주요한 촉진 요인으로 여겨지고 있다. 공감(empathy)은 다른 사람의 정서 상태를 느낄 수 있는 능력을 의미하며, 연민(sympathy)은 다른 사람의 곤경을 공감함으로써 유발되는 관심과 동정의 온화한 정서를 뜻한다. 이러한 공감 능력과 연민 정서는 자기보고로 측정된 이타행동뿐만 아니라 실제로 위급한 상황에서 나타난 이타행동을 잘 예측할 수 있다(Bierhoff, Klein & Kramp, 1991; Unger & Thumuluri, 1997).

둘째, 사회적 책임감은 이타적 행동을 촉진하는 것으로 여겨지고 있다. 강한 사회적 책임감을 지닌 사람은 자신이 이웃과 다른 사람들에 대해서 개인적인 윤리적 책임을 지닌다고 믿는다. 사회적 책임감이 낮은 사람들에 비해서, 이들은 자동차 사고가 났을 때 도움을 제공하는 빈도가 더 높았다(Bierhoff et al., 1991). 또한 다른 사람의 곤경을 목격하게 되었을 때 이를 더 충격적인 것으로 받아들였을 뿐만 아니라 복잡하게 얽힌 갈등상황이라 하더라도 더 적극적으로 도움을 주려고 했다.

셋째, 도덕적 추론능력이 이타적 행동에 영향을 미친다. 즉, 도덕적 추론능력이 정교하게 발달된 사람일수록 다른 사람에 대한 이타행동을 더 많이 나타낸다. 한 연구(Miller et al., 1996)에 따르면, 타인지향적인 도덕적 신념을 지닌 아이들이 그렇지 않은 아이들보다 친구에게 더 많은 도움을 제공했다. 타인의 고통을 덜어주고 그들의 행복을 증진하는 것으로부터 만족과 행복을 추구하는 학생들이 자신의 쾌락과 만족을 추구하는 학생들에 비해서 더 많은 이타행동을 나타냈다. 이러한 결과는 도덕적 신념이 이타행동을 촉진하는 중요한 요인임을 보여 준다.

이타성은 친절한 이타적 행동을 실천하면서 함양될 수 있다. 이타행동은 유능하고 부유한 사람만이 베풀 수 있는 대단한 것이 아니다. 주변 사람들을 위한 작은 배려와 도움은 이타성을 배양하는 바탕이 될 수 있다. 예컨대, 뒤에 오는 사람을 위해서 문을 잠시 잡아주는 일, 버스나 전철에서 노약자를 위해 자리를 양보하는 일, 길을 잃은 사람을 안내해 주는 일 등과 같이 작은 친절행동으로부터 시작할 수 있다.

이타성을 증진시킬 수 있는 구체적인 실천방법은 다음과 같다.

- 병원이나 요양원에 있는 누군가를 방문하여 위로한다.
- 운전을 하면서 보행자에게 양보한다. 보행을 할 때는 운전자에게 양보한다.
- 친구나 가족을 위해 매주 세 가지 다른 친절한 행동을 한다.
- 내가 모르는 사람을 위해 매주 한 가지 친절한 행동을 한다.
- 정기적으로 헌혈을 한다.
- 친구에게 저녁을 사 준다.
- 이메일을 쓰거나 편지를 쓸 때, 또는 전화를 할 때 좀 더 친절하고 부드럽게 말한다.
- 사랑하는 사람을 위해 요리를 한다.
- 내가 가진 물건들을 다른 사람들과 공유한다.
- 소유품 중에서 절대적으로 필요한 것만 남기고 나머지는 기부한다.
- 다른 사람들에게 웃으며 인사한다.
- 운전 중 다른 사람에게 양보하거나 문을 잡아준다.
- 내가 고장을 내지 않았더라도 고장 난 공공물품을 수리한다.

〈 대표강점 이타성 검사 〉

NO	내용	1점	2점	3점	4점	5점
		매우다르다	다르다	보통이다	비슷하다	매우비슷하다
1	자발적으로 이웃을 도와준다.					
2	다른 사람들의 행운을 내 일처럼 좋아한 적이 거의 없다.					

(2번 문항은 역산문항)

이것이 당신의 이타성 점수이다.

위 두 문항의 답을 더하여 여기에 적어라. __________

(3) 정서지능

정서지능(emotional intelligence)은 자신과 타인의 정서를 잘 인식하고 조절함으로써 대인관계를 원활하게 만드는 개인적 능력을 의미한다. 즉, 다른 사람의 속마음을 잘 이해하고 인간관계를 원활하게 만드는 심리적인 능력을 뜻한다. 다른 사람의 생각과 감정을 정확하게 추측하는 마음 읽기 능력은 인간의 삶에 있어서 가장 기본적이고 중요한 대인관계 능력이라고 할 수 있다.

정서지능은 가족관계, 친구관계, 연인관계, 직장의 동료관계를 비롯한 모든 인간관계의 바탕을 이룬다. 이처럼 정서지능은 일상적인 인간관계를 원활하게 만들 뿐만 아니라 직업적 성공을 이루게 하는 긍정적인 성품이라고 할 수 있다.

정서지능은 6가지 영역의 능력으로 제시된다(O'Sullivan, Guilford & deMille, 1965).

- 사람들의 다양한 내면적 심리상태를 파악하는 능력
- 유사성에 근거하여 다양한 심리상태를 유형화하는 능력
- 행동들 간의 관계를 해석하는 능력
- 사회적 행동에 영향을 미치는 요인이나 원리를 이해하는 능력
- 사회적 행동의 변화를 융통성 있게 해석하는 능력
- 대인관계 상황에서 다음에 무슨 일이 일어날지를 예측하는 능력

이러한 능력들로 구성된 정서지능은 대인관계에 관한 지식이 중요한 것으로 여겨지며, 주변 환경에 대해 알고 이를 자신의 행동에 활용하는 것이 중요함을 시사한다.

① 정서지능의 특성

정서지능은 다양한 심리적 특성과 관련된 것으로 보고되고 있다.

정서지능이 높은 사람들은 삶에 대한 판단력이 우수하며 사회적 적응상태도 높은 것으로 보고되고 있다. 높은 정서지능을 가진 사람들은 폭력적인 행동, 음주, 흡연, 불법 약물 사용도 덜 하는 것으로 나타났다(Brackett & Mayer, 2003; Trinidad & Johnson, 2002). 또한 또래에 대한 공격성도 낮았다(Formica, 1998; Rubin, 1999).

또한 정서지능은 리더십의 중요한 요소로 여겨지고 있다.

정서지능이 높은 리더는 조직 구성원의 감정을 잘 인식하고 구성원 간의 갈등에 효과적으로 개입할 뿐만 아니라 자신의 감정을 잘 관리함으로써 부하의 신뢰를 얻으며 조직의 정치 사회적 관행을 잘 이해한다(Goleman, 2001).

최근 연구에서 부모의 정서 지능과 자녀의 사회적 능력 간에 강한 연관성이 있음을 제시하고 있다. 즉, 어머니들의 정서지능은 3년 6개월이 된 유아의 공감능력, 또래관계, 관계의 질과 매우 높은 관련성을 나타냈다. 정서지능이 높은 어머니일수록 자녀와 안정 애착을 형성하는 경향도 나타났다.

② 정서지능의 증진방법

정서지능이 훈련과 교육을 통해서 함양될 수 있는지에 대한 논란은 현재 진행 중이다. 그러나 정서지능이 노력과 훈련에 의해서 향상될 수 있다는 긍정적인 견해를 다음과 같이 제시하고자 한다(Emmerling & Goleman, 2003).

첫째, 정서지능은 상당 부분 유전적 요인에 의해서 영향을 받지만 유전자의 표현에는 후천적인 경험이 중요하다. 성장 초기의 환경적 요인에 의해서 발현되지 못한 유전적 소인들이 교육과 훈련에 의해서 표출되도록 촉진할 수 있다.

둘째, 정서지능을 향상시키는 것이 쉬운 일은 아니지만 불가능한 것도 아니다. 정서지능을 단기간의 훈련에 의해서 육성하려는 단순한 낙관론은 경계해야 한다. 그러나 지속적인 관심과 노력, 그리고 헌신에 의해서 정서지능은 개선될 수 있다. 특히 구체적인 행동으로 나타나는 정서적 또는 사회적 기술은 교육과 훈련에 의해서 향상될 수 있다.

셋째, 장기간의 프로그램에 의해서 정서지능이 향상되었다는 연구결과가 보고되고 있다(Boyatzis, Cowan & Kolb, 1995).

넷째, 정서지능이 유전적 요인과 밀접히 연관되어 있지만 변화가 불가능한 것은 아니다. 특히 정서와 관련된 뇌 부위(편도체나 전전두엽)는 상당한 가소성을 지니고 있어서 변화가 가능하다(Davidson, Jackson & Kalin, 2000).

정서지능을 증진시킬 수 있는 구체적인 실천방법은 다음과 같다.

- 다른 사람이 편안하게 느끼도록 해 준다.
- 친구나 가족이 괴로움을 느끼는 때를 인식하고, 그들을 격려해 준다.
- 어떤 사람이 나를 화나게 할 때, 복수를 하기보다 그 사람의 의도를 이해해 보려고 노력한다.
- 불편한 사회적 상황에 적극적 관찰자로 참관하여 어떠한 판단 없이 관찰한 바를 기술해 보도록 한다.
- 4주간 매일 자신이 느낀 감정 5가지를 기록하고 패턴을 모니터해 본다.
- 좋아하는 TV 프로그램이나 영화를 음소거 상태로 보면서 관찰된 느낌을 적어본다.
- 나와 가까운 사람에게 내가 정서적으로 그들을 이해해 주지 못했던 적이 있는지 물어보고 이해할 수 있는 방법에 대해 요청한다.
- 무조건적인 존경심을 갖고 타인의 말에 경청한다.
- 내 친구들 가운데 가장 공감적인 친구를 찾아보고 가까이에서 관찰해 본다.
- 친밀한 관계에서 나의 필요와 바람에 대해 솔직하고 직접적으로 이야기한다.
- 친구의 세 가지 진심어린 몸짓을 지각하고 인지한다.

〈 대표강점 정서지능 검사 〉

NO	내용	1점	2점	3점	4점	5점
		매우다르다	다르다	보통이다	비슷하다	매우비슷하다
1	어떤 성격의 단체에 가도 잘 적응할 수 있다.					
2	다른 사람들의 감정에 아주 둔하다.					

(2번 문항은 역산문항)

이것이 당신의 정서지능 점수이다.

위 두 문항의 답을 더하여 여기에 적어라. ___________

3) 용기 관련 강점

용기(courage)와 관련된 강점들은 내면적이거나 외부적인 난관에 직면하더라도 추구하는 목표를 성취하려는 의지와 관련된 강점들이다. 이에는 용감성, 끈기, 진실성, 활력이 포함된다.

(1) 용감성

용감성(bravery)은 위험하거나 위협적인 상황에서 두려움을 이겨내고 그 상황을 극복하기 위한 적절한 행동을 자발적으로 나타내는 능력을 의미한다. 용감한 사람은 위협, 도전, 난관, 고통에 쉽게 위축되지 않는다. 또한 다른 사람의 반대가 있더라도 자신이 옳다고 생각하는 것을 주장하거나 다른 사람이 싫어하더라도 신념에 따라 행동한다.

용감성은 외현적 행동에 의해서만 판단될 수 없으며 무모함과 구별되어야 한다. 진정한 용감성의 조건은 다음과 같다.

첫째, 용감한 행동은 반드시 자발적인 것이어야 한다.

둘째, 용감성은 위험과 손상을 인식한 상태에서 나타내는 태도이어야 한다. 위험을 인식하지 못한 채 돌진하는 것은 무모한 행동일 뿐이다.

셋째, 용감성에는 자신이 한 행동의 결과를 감수하겠다는 판단이 포함되어야 한다. 이러한 용감성은 위험에 대한 소극적인 회피 반응을 줄이고 적절한 대처행동을 하도록 만든다는 점에서 적응적이고 가치 있는 것이다.

① 용감성의 유형

다양한 상황에서 직면하게 되는 공포를 극복하기 위한 노력이 바로 용감성이다. 용감성은 극복하고자 하는 공포의 내용과 대응적 행동방식에 따라서 다양하게 구분될 수 있다.

아리스토텔레스 이래로, 용감성은 육체적 용기와 도덕적 용기로 구분되어 왔으며, 페트넘(Putnam, 1997)에 의해 심리적 용감성이 추가로 제시되었다.

육체적 용감성(physical bravery)은 신체적 손상과 죽음의 공포를 이겨내기 위한 것이다. 즉, 신체적 손상이 초래될 수 있는 다양한 상황에서 유발되고, 구체적 행위를 통해서 그 결과가 신속하게 나타난다.

도덕적 용감성(moral bravery)은 사회적 추방에 대한 공포와 관련한 것이다. 즉, 사회적 무시와 비난을 비롯하여 따돌림, 경제적 곤란, 직업 상실, 명예 손상의 두려움에도 불구하고 자신이 옳다고 믿는 것을 행하는 것이다. 도덕적 용감성으로 인한 선택의 결과는 상대적으로 서서히 나타나며 때로는 평생 동안 영향을 미치는 경우도 있다.

심리적 용감성(psychological bravery)은 정신적 안정을 잃는 것에 대한 두려움과 관련되어 있다. 즉, 자신의 부적응적 습관과 비합리적 공포를 이겨내기 위하여 그에 직면하려는 용기를 의미한다.

잘못된 습관과 공포를 직면하고 극복해야 할 때 다음과 같은 용기가 필요하다.

첫째, 자신의 문제를 인정하는 것은 사회적으로 비판받을 수 있는 가능성에 직면하는 것이다. 예컨대, 자신에게 심리적 장애가 있다는 것을 인정하게 되면, 다른 사람들로부터 부정적 평가와 사회적 따돌림을 받을 수 있다. 그래서 많은 사람들은 자신의 문제를 인정하지 않고 외면할 뿐만 아니라 변화시키려는 노력을 기울이지 않는다. 이에 수용과 변화의 용기가 필요하다.

둘째, 불안에 직면하고 습관을 변화시키기 위해서는 상당한 고통을 감수해야 한다. 습관은 부적응적인 것이라 하더라도 자신에게 익숙한 것일 뿐만 아니라 나름대로의 보상적 효과를 지니기 때문에 편안하게 받아들여져 반복되게 한다. 예컨대, 도박중독이나 알코올중독과 같은 심리적 문제들은 쉽게 개선되지 않은 채 지속되는 경우가 흔하다. 이러한 잘못된 습관을 인정하고 변화시키기 위해서는 심리적 불편감과 고통을 감수해야 하며 새로운 습관을 학습하도록 노력해야 한다.

셋째, 심리적 문제에 대처하는 과정에서 자기(self)와 직면하고 받아들일 수 있어야 한다. 즉, 자신의 잘못된 문제를 인정하고 새로운 변화를 추구하기 위해서는 자기존재와 자기상에 대한 위협감, 즉 자책감, 자괴감, 열등감에 직면하고 있는 그대로 수용할 수 있어야 한다.

간혹 학자들은 심리적 용감성과 도덕적 용감성의 구별이 쉽지 않다고 논쟁을 벌인다. 그러나 심리적 용감성은 도덕적 용감성과 여러 측면에서 다르다(Putnam, 1997).

첫째, 도덕적 용감성은 도덕적 신념이나 양심에 근거한 것이라면, 심리적 용감성은 자기반성과 자기성장을 위한 것이다. 예를 들어, 자신의 심리적 장애를 인정하고 치료하기 위해 노력하는 것은 심리적 용감성에 해당한다.

둘째, 도덕적 용감성은 집단적 따돌림이나 기득권의 상실에 대한 공포를 감수하는 것이라면, 심리적 용감성은 내면적으로 불안정해지고 혼란스러운 심리적 고통을 감수하는 것이다.

셋째, 도덕적 용감성이 타인 또는 사회와의 관계에서 발현되는 것이라면, 심리적 용감성은 자신과의 관계에서 나타나는 것이다. 그래서 심리적 용감성에 의한 행동은 다른 사람에게 관찰되지 않을 수 있다. 도덕적 용감성이 자신의 윤리적 신념과 양심을 지키기 위한 것이라면, 심리적 용감성은 자신에 관한 진실을 직면하고 성장과 성숙을 추구하기 위한 것이라고 할 수 있다.

② 용감성의 특성

피터슨과 셀리그만(Peterson & Seligman, 2004)에 따르면, 용감성은 다른 사람의 이익을 위해서 행동하려는 친사회적 태도, 행동의 결과를 자신에게 귀인하는 내적 통제 소재와 자기효능감, 독립성이나 자유를 소중하게 여기는 가치관, 스트레스 상황에서 흥분하지 않는 낮은 각성수준 등과 관련되어 있다. 또한 만족 지연 능력, 행위 지향성, 불확실성에 대한 인내력, 위험을 평가하는 능력, 소중한 사회적 목표에 대한 투신도가 용감성에 영향을 미치는 것으로 알려져 있다.

용감성은 연령에 따라 변화한다. 어린 아이들은 심리적인 것보다는 신체적인 행동을 더 용감한 것으로 인식한다(Szagun, 1992). 청소년은 심리적 복잡성이 발달하게 되므로 용감성에 수반되는 사회적 위험을 이해하게 된다. 성인이 되면, 다양한 감정에 대한 이해가 심화되어 공포가 용감성과 밀접하게 관련된다는 점을 인식하게 된다(Szagun & Schauble, 1997).

따라서 용감성을 발달시키기 위해서는 타인과의 유대, 도덕적 신념의 발달, 또래와의 정보교환, 그리고 자신의 삶에 대한 책임 의식이 필요하다.

③ 용감성의 증진방법

용감성을 촉진하는 것으로 알려진 요인들은 매우 다양하다.

첫째, 용감성을 높이 평가하고 친사회적 가치와 진실을 중시하는 사회적 환경은 용감성을 촉진하게 한다. 또한 유대감이 강하고 구성원에게 강력한 신뢰감과 리더십을 부여하는 공동체에서는 용기 있는 행동이 더 많이 나타나는 경향이 있다(Chaleff, 1996; Way, 1998).

둘째, 자기통제 요인이 용감성을 촉진할 수 있다. 자신의 삶에 대한 통제 성향이 강한 사람들은 그렇지 않은 사람들에 비해서 부당한 일에 더 용감하게 대응한다(Dweck, 1986).

셋째, 도덕적 행위에 대한 훈련을 통해서 증진될 수 있다. 뿐만 아니라 용기 있는 인물의 행동을 모방함으로써 향상될 수도 있다.

용감성 증진을 위한 구체적인 실천방법은 다음과 같다.

- 여러 사람들에게 나의 독특한 생각을 말해 본다.
- 분명히 정당하지 않은 것을 나에게 지키도록 요구하는 기관이나 권위자에게 항의한다.

- 두려워서 내가 평소에 하지 않았던 일들을 해 본다.
- 고결한 가치와 목적을 위해 사회적인 혹은 또래의 압력에 의미 있는 방식(글쓰기, 연설하기, 집회 참석하기)으로 저항한다.
- 건설적인 사회변화를 위해 작지만 실천적인 단계를 밟는다.
- 불의, 권력남용, 비윤리적인 처사 등을 적합한 기관에 보고한다.
- 스스로를 방어할 수 없는 누군가를 보호해 주거나 변호해 준다.
- 자신이 일반적으로 직면하기 어려워하는 부분을 확인한다. 다음번에 효과적으로 그 상황에 직면하는 데 도움이 되는 말투, 어조, 동작을 연습한다.
- 주위의 용감한 이야기들을 모은다.
- 익숙하지 않지만 긍정적인 행동을 해 보는 것을 두려워하지 않는다.

〈 대표강점 용감성 검사 〉

NO	내용	1점	2점	3점	4점	5점
		매우다르다	다르다	보통이다	비슷하다	매우비슷하다
1	강력한 반대도 무릅쓰고 내 주장을 고수할 때가 많다.					
2	고통과 좌절 때문에 내 의지를 굽힐 때가 많다.					

(2번 문항은 역산문항)

이것이 당신의 용감성 점수이다.

위 두 문항의 답을 더하여 여기에 적어라. ________

(2) 진실성

진실성(authenticity)은 자신의 내면적인 생각, 감정, 의도를 사적으로나 공적으로 거짓 없이 드러냄으로써 자신에게 솔직해지려고 노력하는 인격적 특질을 의미한다. 달리 말하면, 자신의 내면적 진실을 정직하게 제시하는 동시에 그로 인한 모든 결과에 대해서 책임을 지려는 자세이다.

진실성의 반대는 사기성, 거짓말을 잘 함, 위선적임, 불성실성 등으로써 모두 부정적인 의미를 담고 있다.

진실성은 신뢰를 바탕으로 친밀한 인간관계의 기반이 된다.

① 진실성의 특성

인간은 내면적인 마음과 외현적인 행동의 이중적 구조를 지닌다. 즉, 내면적인 마음(욕구, 감정, 신념)에 따라 외현적인 행동을 나타내는 경우가 많다. 진실성의 핵심은 내면적 상태와 외현적 행동을 일치시키려는 노력이다.

진실하기 위해서는 자신에 대한 깊고 정확한 이해가 필요하다. 정신분석학자들은 대다수 사람들이 진정한 자기모습이라고 생각하는 것은 자기방어에 의해서 왜곡된 것이라고 여긴다. 뿐만 아니라 사회학자들은 자기란 사회적 규범과 요구에 의해서 형성된 일종의 공허한 가면과 역할일 뿐이라고 주장한다.

따라서 진실성은 진정한 자기가 어떤 존재인가 하는 물음에 대한 자기성찰과 자기수용의 깊이를 반영하는 것이다(Rogers, 1961).

진실성은 행복한 삶과 밀접한 관계를 지니고 있는 것으로 나타났다. 우드(Wood, 2008)의 연구에서는 진실성이 높은 사람일수록 자존감, 주관적 안녕, 심리적 안녕의 수준이 높은 것으로 나타났다. 진실성은 자기존중감과 삶의 만족도와 정적인 상관을 나타냈으며, 긍정적인 인간관계와도 연관되어 있다(Henderson & Hoy, 1983).

진실성의 핵심적 요소는 개인의 내면적 심리상태와 그것의 언어적 표현이 일치하는 것이다. 이런 점에서 진실성의 발달은 언어의 생성과 밀접한 관계를 지니고 있다(Harter, 2002). 진실성의 기초는 언어발달이 이루어지는 초기 아동기에 형성된다.

진실성이 아동기에는 꾸준히 증가하지만 청소년기에는 저하되는 경향이 있다. 이러한 현상은 청소년들이 겪게 되는 자기정체감의 혼란과 더불어 권위에 대한 저항감에 의한 일시적인 것으로 여겨진다.

그러나 청소년기에 진실성에 대한 관심이 증가한다는 주장도 있다(Harter, 2002). 그 이유는 청소년들이 다양한 사회적 역할이나 맥락과 관련된 다중 자기(multiple selves)를 생성하기 때문이다. 사회화 압력은 청소년들로 하여금 상황과 맥락에 따라 달리 행동하도록 요구한다. 아동기와 달리, 청소년기에는 다양한 역할과 자기를 변별할 수 있는 능력이 발달한다.

② 진실성의 증진방법

진실성을 함양하는 것은 개인의 행복과 더불어 정신건강을 증진한다. 심리치료자들은 진실성을 정신건강과 심리적 성숙의 중요한 조건으로 여기고 있다. 진실성의 결여는 거짓된 자기모습에 매달리도록 함으로써 정신건강을 훼손한다. 훼손된 정신건강을 회복하는 길은 진실성을 함양함으로써 자신의 진정한 모습을 바라보고 수용하는 것이다.

진실성의 발달은 부모의 양육태도와 밀접한 관계를 지닌 것으로 여겨지고 있다. 모든 부모는 자녀의 정직성을 장려한다. 이를 위해서 부모들은 자녀의 부정직한 행동을 처벌함으로써 정직성을 함양하려고 한다. 아이들은 부정직한 행동으로 인해서 받게 될 것으로 예상되는 처벌의 강도가 높을수록 그러한 행동을 억제하는 경향이 있기 때문이다. 특히 규범위반 행동보다 그에 대한 거짓말을 하게 되면 더 강한 처벌을 받게 된다는 점을 강조하는 것이 거짓말 예방에는 효과적인 것으로 보고되고 있다(Quinn, 1988).

진실성 증진을 위한 구체적인 실천방법은 다음과 같다.

- 친구에게 하는 거짓말을 삼간다.
- 비록 사소할지라도 거짓말하는 순간을 모니터하고, 매일 조금씩 거짓말을 줄이도록 노력한다.
- 정직하게 충분한 정보를 제공해 주지 않는 경우(거스름돈을 더 받았음에도 불구하고

이야기 하지 않는 것)를 모니터 해 보고, 다른 사람이 나에게 이렇게 한다면 기분이 어떨지 생각해 본다.

- 내가 가장 중요하게 여기는 가치들에 대해서 생각해 보고 그것과 일치하는 행동이나 일들을 매일 실행해 본다.
- 어떤 사람에게 나의 동기나 의도를 설명할 때 진솔하고 정직하게 말한다.
- 위기에 직면할 때, 자신의 지위나 명성에 상관없이 진실하게 생각하고 행동한다.
- 내가 하는 일의 윤리적 기준에 대해 익히고 실천한다.
- 다른 사람들과 관계를 맺는 창의적이면서도 정직한 방식에 대해 생각해 본다.
- 진실하고 정직하며 진솔한 행동과 정직하지 못하고 위선적인 행동에 대한 만족감을 각각 평가해 본다.
- 정직하고 진실하게 행동할 수 있는 역할을 찾아본다.

〈 대표강점 진실성 검사 〉

NO	내용	1점	2점	3점	4점	5점
		매우다르다	다르다	보통이다	비슷하다	매우비슷하다
1	약속을 반드시 지킨다.					
2	친구들은 내게 솔직하게 말하는 법이 없다.					

(2번 문항은 역산문항)

이것이 당신의 진실성 점수이다.

위 두 문항의 답을 더하여 여기에 적어라. __________

(3) 끈기

끈기(persistence)는 여러 가지 난관과 좌절에도 불구하고 목적지향적인 행동을 자발적으로 지속하는 태도를 말한다. 시작한 일을 마무리하여 완성하는 능력으로서 장애물에도 불구하고 일련의 계획된 행동을 지속해 나가면서 과제를 완수할 뿐만 아니라 그로부터 만족감을 느끼는 자세를 말한다.

끈기는 목표의 성취를 위해서 지속적인 노력을 기울이는 심리적 특성이다. 끈기는 성취의 필수적 조건으로서 목표를 향해서 꾸준히 노력하는 근면성과 더불어 난관과 좌절을 이겨내는 인내력을 포함한다. 골턴(Galton)은 어떤 분야에서든 능력만으로는 성공할 수 없으며, 탁월한 성취는 지적 능력과 더불어 열정, 그리고 끈기 있는 노력이 결합되어야 가능하다고 하였다.

① 끈기의 특성

끈기는 개인의 삶에 있어서 다양한 이익과 혜택을 제공한다.

첫째, 성취하기 어려운 목표를 달성할 가능성을 높여줌으로써 성공적인 삶에 기여하게 한다. 목표성취는 자기평가, 심리적 안녕, 건강, 그리고 삶의 만족도에 긍정적인 영향을 미치는 것으로 보고되고 있다(Holahan, 1988; Shrauger & Sorman, 1977).

둘째, 성공적 결과를 즐길 수 있게 된다. 끈기로 인한 성공적인 결과는 보상적 효과가 있기 때문에 다른 목표를 추구하는 경우에도 끈기 있는 행동을 하게 된다(Eisenberger, 1992).

셋째, 기술과 역량이 향상될 수 있다. 목표에 도달하기 위해서는 과제를 해결하는 새로운 방법과 기술을 발전시켜야 하기 때문에 끈기는 정교한 고난도의 기술을 학습하는 데에 필요하다.

넷째, 자기효능감을 향상시키게 된다. 역경을 견뎌내며 무언가를 완수한 경험은 무엇이든 성취해 낼 수 있다는 자신감을 키워준다. 특히 어렵게 일구어낸 성취일수록 자신감이 향상된다. 이렇게 향상된 자기효능감과 자신감은 다시 끈기를 증가시키는 상호 촉진적 관계를 지닌다(Locke, 1997).

이처럼 끈기는 목표성취를 도울 뿐만 아니라 기술과 역량을 촉진하며 자기존중감을 향상시킴으로써 개인의 삶에 긍정적인 영향을 미치게 된다.

다양한 요인이 끈기를 억제하는 것으로 확인되고 있다.

첫째, 여러 유형의 정신병리가 끈기 있는 행동을 억제할 수 있다. 예컨대, 주의력 결핍 및 과잉행동장애, 정신지체, 학습장애, 우울증 등의 장애를 지닌 사람들은 한 과제에 끈기 있게 주의를 집중하기 어렵다.

둘째, 자기조절과 끈기는 밀접한 관계를 지닌다. 자기조절이 낮은 사람들은 끈기도 낮은 경향이 있다. 예컨대, 흡연자나 습관적 약물사용자들은 실험실 상황의 과제 수행에서 낮은 인내력을 보였다(Quinn, Brandon & Copeland, 1996).

셋째, 과제가 자기와의 관련성이 낮다고 인식하면 끈기가 저하된다. 아동들의 끈기에 대한 연구(Masters & Santrock, 1976)에 의하면, 아동들은 스스로 재미있고 쉽다고 명명한 과제를 재미없고 어렵다고 명명한 것에 비해서 끈기 있게 계속했다. 또한 자긍심을 느끼게 되거나 즐거운 기억을 떠올릴 수 있을 때, 인내를 잘하는 경향이 있다.

② 끈기의 증진방법

끈기는 다양한 요인에 의해서 촉진될 수 있다. 첫째, 노력에 대한 보상 경험이다. 학습된 근면성 이론(learned industriousness theory; Eisenberger, 1992)에 따르면, 노력에 대해서 보상을 받은 경험이 있는 아이들이 그렇지 않은 아이들에 비해 더 많은 노력을 나타냈다. 노력이 필요한 끈기 행동은 보상에 의해서 증가된다(Eisenberger & Selbst, 1994).

둘째, 긍정적 피드백은 끈기와 인내를 촉진한다.

셋째, 긍정적 피드백의 강도나 방식이 끈기에 더 중요한 영향을 미친다. 밀러와 홈(Miller & Hom, 1990)에 의하면, 보상을 제공하는 것은 개인의 정체성과 깊은 관련성을 지니는 과제에서는 끈기를 증가시키지만, 자신과의 관련성이 낮은 과제에서는 끈기를 감소시킨다. 특히 과도한 물질적 보상은 내재적 동기를 감소시켜서 그러한 보상이 더 이상 주어지지 않으면 지속적인 끈기 있는 행동을 급격히 감소시킬 수 있다는 것이다.

따라서 보상을 개인의 능력에 대한 긍정적 피드백으로 전달함으로써 과제가 자기유능감의 상징적 가치를 지니는 것으로 인식되면, 내재적 동기와 더불어 끈기가 향상될 수 있다.

넷째, 사회적 지지는 끈기를 촉진한다. 잘레스키(Zaleski, 1988)에 따르면, 친밀하고 지지적인 인간관계를 지닌 사람들이 더 끈기 있게 노력을 기울였다. 사회적 지지는 개인의 자기결정감을 증가시켜 끈기를 촉진하는 것으로 여겨지고 있다.

끈기를 증진시키는 구체적인 실천방법은 다음과 같다.

- 해야 할 일들의 목록을 만들어보고, 매일 그 목록에 있는 일들을 하나씩 해 본다.
- 중요한 일들을 계획한 것보다 일찍 완성해 본다.
- 쉬지 않고 계속 여러 시간 동안 일(공부)을 해 본다. 예컨대, TV를 보지 않거나 전화를 받지 않거나 간식을 먹지 않거나 또는 이메일을 확인하지 않으면서 한 가지 일을 계속 해 본다.
- 몰입과 의미를 경험한 두 가지 활동을 선택하여 그것에 100%를 투자한다.
- 매주 5가지 작은 목표를 정한다. 이를 실천적인 단계로 나누어 정해진 시간에 끝마치고 매주 그 과정을 모니터한다.
- 가장 중요한 목표의 경우 평소보다 더 열심히 일(공부)한다.
- 끈기의 모범이 되는 역할 모델을 정해서 어떻게 하면 그 사람을 닮아갈 수 있을지 생각해 본다.
- 목표 완수를 고취시키는 인용문이나 시구를 읽는다.
- 이른 봄에 꽃을 심어 여름 내내 돌본다.
- 해야 할 일의 목록을 체크하고 정기적으로 업데이트한다.
- 시간 관리에 관한 세미나나 워크숍에 참석한다.
- 사랑하는 사람과 자신의 목표를 공유하고 주기적으로 나를 고무시키도록 한다.
- 5년 내 이루고 싶은 것에 대해 생각해 본다. 로드맵을 발전시키고 현재 내가 지닌 기술과 지식이 앞으로의 목표에 어떻게 합치될 수 있는지 검토한다.

〈 대표강점 끈기 검사 〉

NO	내용	1점	2점	3점	4점	5점
		매우다르다	다르다	보통이다	비슷하다	매우비슷하다
1	한 번 시작한 일을 끝까지 해낸다.					
2	일을 할 때면 딴전을 피운다.					

(2번 문항은 역산문항)

이것이 당신의 끈기 점수이다.

위 두 문항의 답을 더하여 여기에 적어라. ________

(4) 활력

활력(vitality)은 활기차게 적극적으로 살아가는 동시에 자신이 하는 일에 강한 흥미를 느끼며 열정적으로 추진하는 성격적 특성이다. 활력을 지닌 사람들은 생동감과 에너지가 넘칠 뿐만 아니라 목표를 추구하는 행동적 추진력을 지닌다.

활력은 일반적인 삶의 태도를 반영할 수도 있지만 특정한 목표를 강렬하게 추구하는 목표 지향성을 지닌다. 즉, 목표를 달성하게 만드는 강렬한 동기와 행동력을 제공함으로써 성취를 촉진한다. 이러한 활력은 신체적으로 건강한 상태에서 나타날 수도 있지만 자기통합이 잘 이루어진 상태에서 인생의 분명한 목적과 방향을 지니고 살아갈 때 발현되는 것이다. 따라서 활력은 행복한 삶을 위해서 필요한 긍정적 성품이라고 할 수 있다.

① 활력의 특성

활력은 주관적 행복감과 신체적 건강에 긍정적인 영향을 미친다. 여러 척도로 측정된 활력은 삶의 만족도, 긍정정서, 신체적 효능감 등과 정적 상관을 보인 반면, 우울, 걱정, 분노, 피로감 등의 증상과는 부적 상관을 나타냈다(McNair et al., 1971; Ryan & Fredrick, 1997).

활력은 기본적인 욕구의 충족과 밀접히 관련되어 있다. 리얀과 프레드릭슨(Ryan &

Frederick, 1997)에 따르면, 자율성, 유능성, 관계성의 욕구가 잘 만족될수록 활력수준이 증대된다. 예컨대, 체중조절 프로그램에 참여한 사람 중에서 자발적으로 참여한 사람이 그렇지 않은 사람보다 활력수준이 높았다. 또한 자신의 유능성을 높이 평가하는 사람들이 높은 활력수준을 나타냈으며, 양로원 거주자 중에서 다른 사람들과 교류가 많은 사람이 그렇지 않는 사람에 비해서 활력수준이 높았다(Kasser & Ryan, 1999).

② 활력의 증진방법

활력은 다양한 신체적 · 심리적 요인에 의해서 촉진된다. 데시와 리얀(Deci & Ryan, 1985, 2000)이 주장하듯이, 자율성, 유능성, 관계성의 기본적 욕구를 잘 충족시키는 것이 활력을 증가시키는 데 중요하다. 내재적 욕구를 충족시킬 수 있는 다양한 활동과 경험은 활력을 촉진한다. 반면에, 우울증을 비롯한 다양한 정신병리는 활력을 저하시키는 주요한 요인으로 알려져 있다.

이러한 심리적 갈등과 장애를 극복하는 동시에 자기존중감과 자기통제감을 향상시키면서 미래에 대한 낙관성과 희망을 강화하는 것은 활력을 증가시키는데 커다란 도움이 될 것이다.

활력을 촉진하는 대표적인 방법 중의 하나는 자연과 접촉하는 것이다(Bernstein & Ryan, 2001). 등산, 암벽등반, 스키, 수영 등과 같이 자연과 만날 수 있는 다양한 야외활동은 활력을 증진시킬 수 있다.

또한 추구하는 분명한 목표가 존재할 때 활력은 증가한다. 목표는 일상생활의 방향을 제시할 뿐만 아니라 삶의 의욕과 생동감을 제공하기 때문이다. 추구하는 목표가 자발적으로 선택한 것일 뿐만 아니라 자신의 내재적 동기와 잘 부합할 때 활력과 열정이 증가한다(Kasser & Ryan, 1993; Cantor & Sanderson, 1999). 활력은 목표의 달성에 대한 희망과 밀접하게 연결되어 있다. 첫째, 목표를 달성하는 방법을 찾을 수 있다는 믿음이 있을 때 활력은 증가한다. 둘째, 목표를 달성할 만큼 충분히 동기와 의지를 지니고 있다고 믿을 때 활력은 증가한다.

활력을 증진시키는 구체적인 실천방법은 다음과 같다.

- 일주일 동안 매일 자명종이 필요하지 않도록 일찍 잠자리에 들고 평소의 기상시간보다 일찍 일어나서 영양가 있는 아침식사를 한다.
- "왜 해야 되지?"라고 말하기보다 "왜 하지 말아야 되지?"라고 말해 본다.
- 의무적으로 해야 하는 일이 아니라 진정으로 원하는 일을 매일 해 본다.
- 이미 하고 있는 일을 지금까지와는 다른 창의적인 방식을 사용해서 보다 열정적으로 해 본다.
- 매주 최소한 2~3번 운동을 하고, 운동이 자신의 에너지수준에 어떠한 영향을 미치는지 인식한다.
- 꼭 할 필요는 없지만 한 가지 신체적 활동을 선택해서 해 본다.
- 수면 위생을 점검하고 이것이 에너지수준에 미치는 영향을 인식한다.
- 어떤 일을 하기 전에 그것을 신나게 몰입해서 할 수 있는 방법을 생각해 본다.
- 항상 하고 싶었지만 아직 하지 못했던 신체적으로 고된 활동에 도전해 본다.
- 합창을 하거나 악기를 연주한다.
- 댄스 클럽이나 콘서트에 참석한다.
- 매주 시트콤이나 코미디 영화를 시청한다.
- 기분 좋게 잘 웃는 친구들과 교제한다.
- 매주 한 시간 정도 야외 활동을 한다.

〈 대표강점 활력 검사 〉

NO	내용	1점	2점	3점	4점	5점
		매우다르다	다르다	보통이다	비슷하다	매우비슷하다
1	나는 어떤 일을 할 때 온 힘을 다한다.					
2	나는 에너지가 많지 않다.					

(2번 문항은 역산문항)

이것이 당신의 활력 점수이다.

위 두 문항의 답을 더하여 여기에 적어라. ________

4) 절제관련 강점

절제(temperance)와 관련된 강점들은 지나침으로부터 우리를 보호해 주는 긍정적 특질들로서 극단적인 독단에 빠지지 않는 중용적인 강점들이다. 이에는 겸손, 신중성, 용서, 자기조절이 포함된다.

(1) 겸손

겸손(humility)은 남을 높이고 제 몸을 낮추는 태도이다. 즉, 자신을 낮추는 것을 핵심으로 하여 양보하거나 삼가는 것, 남을 높이는 것, 순종하는 것이라는 의미를 포함한다.

긍정심리학에서 겸손(humility or modesty)은 자신의 장점이나 성취에 대해서 절제된 평가를 하는 일반적 태도를 의미하며, 교만으로부터 보호하는 절제의 덕목이다(Peterson & Seligman, 2004).

에몬스(Emmons, 1997)는 겸손이 자존감 부족이나 자기비하와는 다른 것임을 강조하면서 겸손의 핵심적 요소를 제시한다.

첫째, 겸손하다는 것은 자신에 대한 정확한 인식을 지니는 것이다.

둘째, 겸손하다는 것은 자신의 재능과 성취에 대해 객관적 시각에서 바라볼 수 있는 능력이며, 자신을 있는 그대로 수용하는 태도이다.

셋째, 겸손하다는 것은 자신의 불완전성에 대한 이해이며 열등감과 오만함에 빠지지 않는 것이다.

탱그니(Tangney, 2000, 2002)는 겸손의 핵심적 특성을 다음과 같이 제시한다.

- 자신의 능력과 성취에 대해 평가절하가 아닌 정확한 이해가 있다.
- 자신의 실수, 불완전함, 한계를 인정할 수 있다.
- 새로운 생각, 상보되는 정보, 충고에 대한 개방적 자세를 가진다.
- 자신의 능력과 성취를 균형 있는 관점에서 바라볼 수 있다.
- 사람이나 사물이 세상에 기여할 수 있는 다양한 방법뿐만 아니라 세상 모든 것의 소중함을 인정한다.

① 겸손의 특성

겸손은 원만한 대인관계를 증진시킬 뿐만 아니라 정서적 안녕감을 향상시키는 것으로 알려져 있다. 자신을 겸손한 자세로 생각하는 것은 상대방에 대한 배려를 증진하여 대인관계의 갈등을 감소시킨다. 즉, 겸손한 태도를 지니는 사람들이 자신의 행동으로 인해서 타인에게 미칠 수 있는 영향을 더욱 신중하게 고려한다는 것이다(Exline, 2000).

겸손은 장기적인 대인관계에서 다른 사람들로부터 긍정적인 평가를 받는 특성으로 여겨지고 있다. 겸손한 사람은 자신의 긍정적 측면을 잘 드러내지 않을 뿐만 아니라 자신감이 부족한 듯이 보이기 때문에 단기적인 대인관계에서는 호감을 불러일으키지 못할 수도 있다. 그러나 초기에는 매력적이지 못할 수도 있지만 지속적인 관계 속에서 호감을 얻게 되는 경향이 있다(Paulus, 1998).

겸손은 대인관계뿐만 아니라 개인적인 삶에도 긍정적인 영향을 미친다. 정서적 안녕감과 자기조절능력을 향상시키기 때문이다. 겸손한 사람은 자신의 장단점을 잘 인식하고 있기 때문에 정서적 안정감을 유지할 수 있을 뿐만 아니라 긍정적인 결과에 대해서 축복감과 감사와 같은 긍정정서를 더 잘 느끼게 된다.

② 겸손의 증진방법

겸손은 자신의 장점과 단점을 편안한 마음으로 바라볼 수 있는 수용적인 분위기에서 발달할 수 있다. 이런 점에서 어린 시절의 안정애착은 겸손을 촉진하는 기반을 이룬다. 겸손의 덕목을 발달시키기 위해서는 아이들에게 긍정적인 피드백과 더불어 부정적인 피드백을 모두 제공하는 것이 중요하다. 기본적으로 애정과 존중을 바탕으로 객관적인 피드백을 주는 것이 바람직하다. 아울러 겸손을 함양하기 위해서 인간의 한계와 양면성을 강조하는 교육이 필요하다.

반면에, 다음과 같은 양육 및 교육 방식은 겸손의 발달을 저해할 수 있다(Peterson & Seligman, 2004).

첫째, 외모, 성취, 인기와 같은 자기 평가의 외적 요소를 지나치게 강조하는 것이다.

둘째, 부정확하면서 지나친 칭찬이나 비난을 하는 것이다.

셋째, 아동을 형제나 또래와 과도하게 비교하는 것이다.

넷째, 아동이 다른 사람들보다 우수하다거나 열등하다고 자주 이야기하는 것이다. 인간은 누구나 나름대로의 가치를 지닌 평등한 존재라는 인식이 바탕 될 때 진정한 겸손을 함양할 수 있다.

겸손을 증진시킬 수 있는 구체적인 실천방법은 다음과 같다.

- 하루 동안 자신을 주장하거나 내세우는 말을 전혀 하지 않는다.
- 아무도 나에게 주의를 주지 않을 평범한 옷차림새를 하고 지내본다.
- 친구가 나보다 훨씬 더 잘하는 것들에 대해서 생각해 본다. 그리고 그것과 관련하여 친구를 칭찬해 준다.
- 일주일 동안 내가 이룬 성취를 자랑하지 않는다. 그렇게 했을 때 대인관계에서 나타나는 변화를 살펴본다.
- 매일 저녁 사람들의 주목을 끌려고 했거나 좋은 인상을 주려고 했던 적이 있는지 돌아보고, 앞으로 그렇게 행동하지 않도록 노력한다.
- 모임에서 다른 사람들보다 말을 더 많이 하지 않도록 유의한다.
- 신뢰하는 친구에게 나의 약점에 대해 솔직한 피드백을 부탁한다.
- 나의 실수를 인정하고 상대가 나보다 어린 사람이라 하더라도 정중히 사과한다.

〈 대표강점 겸손 검사 〉

NO	내용	1점	2점	3점	4점	5점
		매우다르다	다르다	보통이다	비슷하다	매우비슷하다
1	다른 사람들이 나를 칭찬할 때면 슬그머니 화제를 돌린다.					
2	스스로 한 일을 치켜세우는 편이다.					

(2번 문항은 역산문항)

이것이 당신의 겸손 점수이다.
위 두 문항의 답을 더하여 여기에 적어라. ___________

(2) 신중성

신중성(prudence)은 선택을 조심스럽게 함으로써 불필요한 위험에 처하지 않으며 나중에 후회할 말이나 행동을 하지 않는 능력을 말한다. 즉, 반사적 충동과 경솔한 행동을 억제하는 조심스러운 태도인 동시에 장기적인 목표실현을 위해 심사숙고하여 행동하는 자세이다.

신중성의 핵심적 요소는 다음과 같다.

첫째, 거시적인 안목으로 미래의 계획까지 고려한 '선행적이고 목표지향적인' 태도를 가진다.

둘째, 유연한 자기관리가 필요하다. 유연한 접근방식을 통해서 여러 개의 다른 목표와 결과들이 잘 조화되도록 한다.

셋째, 실천적 이성 혹은 지혜의 한 형태라고 인식한다.

신중성의 근본적 속성은 극단적인 것들 가운데서 중용을 찾는 것이다. 극단적 상태는 분별력이 결여된 성급함이나 충동성으로 충분한 고려 없이 계획을 세움으로써 자기파멸적인 결과를 초래하는 것이다. 또 다른 극단적 상태는 완고함이나 고집스러움으로 유연성이 지나치게 떨어지고 원칙에 얽매여 다양한 상황에 적응하지 못하는 것을 뜻한다. 이러한 양극단에서 신중성은 유연함을 지니는 중용적 태도를 가지게 한다.

① 신중성의 특성

피터슨과 셀리그만(Peterson & Seligman, 2004)에 따르면, 신중성을 지닌 사람들은 다음과 같은 특성을 지닌다.

- 자신이 처하게 될 미래의 상황에 대해 선견지명을 갖고, 계획을 세우고, 장기적 목표와 열망을 유지한다.
- 자기파멸적인 충동에 저항하는 능력을 지닌다.
- 장기적으로 이득이 되는 행동을 지속하는 능력을 지닌다.
- 자기 성찰적이고, 일상생활의 현실적인 선택들에 대해서 깊이 생각하는 경향을 보인다.

- 자신에게 동기를 부여하는 다양한 목표와 관심사를 조화롭게 유지하면서 인생을 일관성 있고 안정되며 통합된 형태로 이끌어간다.

신중성이 높은 사람들은 신체적으로 건강하고 장수하는 경향성이 있으며, 자기보호적인 성향이 있어서 건강을 위협하는 행동을 피하고 스트레스에 잘 대처한다(Friedman, 1995).

반면, 신중성이 결여된 사람들의 주된 특징은 충동성이다. 충동성은 반사회적 행동, 비행, 사회적 적응 실패, 범죄행동과 같은 부적응적인 문제들과 밀접한 관련성을 갖고 있다(Cooper et al., 2003). 특히 충동성은 젊은이의 경우 건강위협, 위험한 행동, 알코올 남용, 약물 남용, 위험한 성행위, 섭식장애, 신체 손상 행위 등을 유발하는 데 기여한다(Dawe & Loxton, 2004; Zuckerman & Kuhlman, 2000).

충동성의 문제를 가장 두드러지게 나타내는 부적응 현상은 주의력 결핍 및 과잉행동장애(Attention-Deficit/Hyperactivity Disorder, ADHD)이다. 아동기나 청소년기에 흔히 나타나는 이 장애의 주된 특징은 부주의, 충동성, 과잉행동이다. 주의집중이 어려워서 매우 산만하고 부주의한 행동을 나타낼 뿐만 아니라 자신의 행동을 적절히 통제하지 못하고 충동적인 과잉행동을 나타낸다.

주의력 결핍 및 과잉행동장애는 청소년기에 호전되는 경향이 있으나 성인기까지 지속되는 경우도 있다. 대부분의 경우 과잉행동은 개선되지만 부주의와 충동성은 오래 지속되는 경우가 흔하다. 이 장애가 청소년기까지 지속되는 경우, 다양한 비행을 나타내는 품행장애로 발전될 위험성이 높으며 이러한 품행장애를 나타내는 청소년의 약 50%는 성인이 되어 반사회적 성격장애를 나타낸다는 보고가 있다.

② 신중성의 증진방법

많은 연구자들이 신중성 수양방법을 제시하고 있다. 신중성은 자기조절과 밀접한 관계를 가지므로, 자기조절을 향상시키고 충동성을 감소시키는 방법들이 필요하다. 즉, 인지적 측면에서 단기적 보상보다 장기적 보상에 관심을 지니며 이를 예측하고 중시하는 사고방식을 함양함으로써 신중성이 향상될 수 있다. 아울러 문제 상황에서 선택할 수 있는 다양한 대처방안을 생각해내고 이들의 장단점을 장기적 목표와의 관련성에 비추어 고려할 수 있는 역량을 키우는 것도 신중성 향상에 도움이 된다.

충동성의 억제를 통해 신중성을 증진시킬 수도 있는데, 충동성의 5가지 특성을 통해 살펴보고자 한다.

첫째, 긍정 긴급성(positive urgency)으로서 긍정정서를 느낄 때 조급하게 행동하려는 경향이다.

둘째, 부정 긴급성(negative urgency)으로서 부정정서를 경험할 때 조급하게 행동하려는 경향이다.

셋째, 사전 숙고의 부족(lack of premeditation)으로서 자신의 행동이 미래에 어떤 결과를 초래할지 잘 예상하지 못하는 것이다.

넷째, 인내의 부족(lack of perseverance)으로 한 과제를 지속적으로 집중하지 못하는 것이다.

다섯째, 감각추구(sensation-seeking)로서 위험한 행동에 대해서 긍정정서를 경험하는 것이다. 이러한 특성에 비추어 보면, 충동성을 억제하기 위해서 정서 조절, 사전 숙고, 만족 지연 능력을 증진시킬 필요가 있다.

신중성을 증진시킬 수 있는 구체적인 실천방법은 다음과 같다.

- 말하기 전에 한 번 더 생각해 보는 연습을 일주일에 최소한 열 번씩 해 보고 그것의 효과를 기록한다.
- 조심스럽게 천천히 운전한다. 조심스럽게 운전하는 것도 생각했던 것보다는 시간에 쫓기지 않는다는 것을 인지한다.
- 세 가지 중요한 결정을 내리기 전에 모든 무관한 자극들을 제거한다.
- 최종 결정을 내리기 전 중요한 사람들에게 자문을 구한다.
- 내가 내릴 결정이 1년, 5년, 10년 뒤에 초래할 결과들을 상상해 본다.
- 최종 결정을 내리기 전에 위험-이익 분석을 해 본다.
- 불안하거나 우울할 때가 아니라 충분히 이완되어 있을 때 중요한 결정을 내리도록 한다.
- 사소한 거짓말하기 이전에, 처음 한 거짓말을 숨기기 위해 열 배의 거짓말이 필요할지

도 모른다는 사실을 기억한다.

- 승—패 또는 패—패로 끝날 수 있는 경쟁 상황을 피한다.
- 중요한 일과 관련된 모든 세부 사항들을 확실히 하기 위해 필요한 점검을 주저하지 않는다.

〈 대표강점 신중성 검사 〉

NO	내용	1점	2점	3점	4점	5점
		매우다르다	다르다	보통이다	비슷하다	매우비슷하다
1	다칠 위험이 있는 일은 하지 않는다.					
2	나쁜 친구를 사귀거나 나쁜 사람들을 만나는 경우가 있다.					

(2번 문항은 역산문항)

이것이 당신의 신중성 점수이다.

위 두 문항의 답을 더하여 여기에 적어라. __________

(3) 용서

용서(forgiveness)는 피해자와 가해자가 사랑과 신뢰를 회복하려는 노력(Hargrave & Sells, 1997)이다. 즉, 공격이나 상처를 받은 피해자가 가해자에게 나타내는 긍정적인 심리적 변화를 의미한다. 용서는 분노 감정과 보복 충동에 대한 절제가 필요한 긍정적 행위이자 개인의 행복과 사회의 안녕에 기여하는 긍정적 성품이다.

용서의 속성은 다음과 같다(Worthington, 2007).

첫째, '용서하지 않음(unforgiveness)'의 상태가 감소하는 것이다. 즉, 적대적이고 보복하려는 반복적 생각과 여전히 부당하다고 느끼는 고통스러운 감정 상태가 감소하는 것이다.

둘째, 용서는 하나의 사건이라기보다 일련의 과정이다. 개인과 피해사건에 따라 차이가 있지만, 용서는 나름대로의 단계와 절차에 따라 심리적 작동기제를 통해서 나타나는 일련의 과정이라는 점이다.

셋째, 용서는 대인관계의 맥락에서 일어나지만 기본적으로 개인 내적인 경험이다. 사람들은 마음속으로 가해자를 용서하면서도 그것을 표현하지 않을 수 있는 반면, 실제로는 용서하지 않으면서 용서행동을 나타낼 수도 있다(Baumeister, Exline & Sommer, 1998). 진정한 용서는 외적인 행동보다 개인 내적인 변화가 더 핵심적인 것이다.

① 용서의 특성

용서는 개인과 사회의 안녕에 긍정적인 역할을 한다. 용서를 잘하는 사람들은 다양한 부정적 감정들, 즉 분노, 걱정, 우울, 적개심, 만성 스트레스의 정도가 낮다(Berry et al., 2001, 2005; Lawler-Row & Piferi, 2006; Maltby, Macaskill & Day, 2001). 또한 이들은 적대적이거나 수동공격적 행동을 덜 나타내는 반면, 사회적으로 긍정적인 태도와 행동을 나타내는 경향이 있다(Rye et al., 2001). 이는 용서가 상처 받은 것에 대하여 악의 대신에 선의로 대응하려는 경향을 의미한다.

용서 성향은 나이가 많아짐에 따라 증가하는 경향이 보고되고 있다. 어린 아이일수록 용서할 의도가 낮으며, 나이가 많은 성인일수록 용서하려는 관대함을 보인다(Enright et al., 1989; Girard & Mullet, 1997). 용서하기 위해서는 상대방의 관점에서 사건을 이해하거나 그들을 불쌍하게 여기는 마음이 필요하며 어떤 수준 이상의 인지적·정서적 능력을 요하기 때문에 아동은 성인에 비해서 불가피하게 용서의 능력이 떨어지는 것으로 추정되고 있다.

여러 실증적 연구에 따르면, 용서에 있어서 문화적 요인은 용서에 영향을 미치는 것으로 나타났다. 문화의 유형에 따라서 용서하려는 동기에 차이가 있다. 개인주의 문화에서는 우호적인 자기정체성을 유지하거나 추상적인 도덕원리를 실천하기 위해서 용서를 하려는 반면, 집단주의 문화에서는 다른 사람과 긍정적 관계를 유지하거나 피해자로서 해야 하는 사회적 행동규범에 따르기 위해서 용서를 하려는 경향이 있다(Takaku, Weiner & Ohbuchi, 2001).

② 용서의 증진방법

용서는 다양한 요인에 의해서 촉진되는 것으로 밝혀지고 있다.

가해행위와 가해자에 대한 피해자의 평가가 용서에 중요한 역할을 한다. 가해행위의 결과를 덜 심각한 것으로 평가하거나 가해자의 의도성을 낮게 인식할수록 용서를 잘하는 경향이 있다(Girard & Mullet, 1997).

또한 다른 사람의 입장을 고려하는 공감과 조망 능력이 용서를 촉진하는 것으로 알려져 있다. 가해자에 대해서 공감적 감정을 느끼거나 인지적으로 가해자의 입장을 이해할 수 있는 사람들은 더 쉽게 용서하는 경향을 보였다(McCullough, Fincham & Tsang, 2003).

가해자의 사죄 행위는 용서를 촉진한다(Darby & Schlenker, 1982). 용서를 구하며 사죄하는 가해자에 대하여 피해자가 동정심을 갖게 됨으로써 가해자에 대한 분노와 보복 욕구가 감소하게 된다. 또한 사죄하는 사람이 저지른 가해행위에 대하여 피해자는 좀 더 관대하게 생각하는 경향이 있다(Ohbuchi, Kameda & Agarie, 1989). 이는 용서가 피해자와 가해자의 관계에 의하여 영향을 받는 것을 알 수 있다.

용서를 증진시킬 수 있는 구체적인 실천방법은 다음과 같다.

- 매일 경험한 불쾌한 분노 감정은 그 날에 풀어버리고 오래도록 마음속에 담아두지 않는다.
- 분노를 느끼게 되면, 정당한 분노라 할지라도 그것을 상대방에게 직설적으로 표현하기보다 서로의 관계를 해치지 않는 방법을 찾아본다.
- 용서 편지를 쓴다. 나에게 불쾌한 일을 한 사람을 용서하는 편지를 써 보고, 그것을 보내지는 않지만 일주일 동안 매일 읽어 본다.
- 내가 누군가에게 잘못을 했지만 용서를 받았던 때를 기억해 본다.
- 누군가를 용서하기 전과 용서한 후의 내 감정을 평가해 본다.
- 가해자의 관점에서 그 사람이 나에게 왜 잘못을 저질렀는지를 이해해 본다. 그런 후 나의 반응이 가해자보다 오히려 나 자신에게 상처를 주지 않았는지 검토한다.
- 과거에 내게 잘못을 저지른 사람을 만나 그 사람을 내가 용서했다고 말해 주거나 그것이 어렵다면 친절하게 대하려고 노력한다.
- 원한이 나 자신을 감정적으로 얼마나 고통스럽게 하는지 확인한다. 원한으로 인한 분

노, 증오, 공포, 걱정, 슬픔, 불안, 질투 등과 같은 파괴적인 감정이 나의 삶에 미치는 영향에 대해 적어 본다.

- 앞으로 누군가가 나에게 잘못을 할 경우 어떻게 반응할지를 계획해 본다. 계획을 주기적으로 상기하고 확인함으로써 그 사람이 어떠한 잘못을 저지르더라도 내가 계획한 대로 반응할 것이라고 결심한다.

〈 대표강점 용서 검사 〉

NO	내용	1점	2점	3점	4점	5점
		매우다르다	다르다	보통이다	비슷하다	매우비슷하다
1	과거의 것을 문제 삼지 않는다.					
2	기어코 복수하려고 애쓴다.					

(2번 문항은 역산문항)

이것이 당신의 용서 점수이다.

위 두 문항의 답을 더하여 여기에 적어라. ___________

(4) 자기조절

자기조절(self-regulation)은 지향하는 목표나 기준에 도달하기 위해서 자신의 생각, 감정, 충동, 행동을 조절하고 통제할 수 있는 능력을 의미한다. 즉, 내면적인 충동을 억제하는 능력일 뿐만 아니라 적절한 행동을 하도록 추진하는 능력이기도 하다.

자기조절의 핵심적 요소는 첫째, 원하지 않는 자신의 행동경향성을 억제하여 행동화하지 않는다. 둘째, 자신의 내면적 반응(충동, 감정)을 제어하여 변화시킬 수 있다(Tangney, 2004).

① 자기조절의 특성

자기조절은 학업과 직업 활동에 긍정적인 영향을 미친다. 자기통제를 잘하는 학생들의 학업성적이 우수하고(Wolfe & Johnson, 1995), 자기조절을 잘하는 상사는 그렇지 못한 상사에 비해서 부하와 동료들로부터 더 긍정적인 평가를 받았다(Cox, 2000; Tangney, 2004).

또한 자기조절능력이 우수할수록 개인적인 적응수준도 높다. 높은 자기조절능력을 지닌 사람들은 그렇지 못한 사람들에 비해서 더 양심적이고 정서적으로 안정되어 있으며 자존감이 높다. 이들은 더 원만한 대인관계를 나타냈으며 자신의 분노를 더 잘 조절하고 공격행동을 덜 나타냈다. 자기조절을 잘하는 사람들은 배우자와 보다 좋은 관계를 맺고 다른 사람들과도 잘 어울렸다. 그들은 더 나은 가족 응집력, 더 적은 대인관계 갈등, 뛰어난 공감 그리고 더 안전한 대인관계 애착을 보였다(Tangney, 2004).

② 자기조절의 증진방법

자기조절의 부족은 다양한 부적응 문제를 나타내게 된다. 과식 및 폭식, 충동적 구매행동, 알코올 중독, 약물 중독, 게임 중독, 충동적 성행위, 폭력행동 등과 같은 부적응 문제들은 자기조절의 결여에서 비롯한다. 이러한 부적응 문제를 개선하거나 치료하는 방법들은 자기조절에 초점을 맞추고 있다.

문제의 유형에 따라 구체적인 개입방법이 다르지만, 자기조절의 증진방법들은 다음과 같은 공통점을 지니고 있다.

첫째, 자기감찰(self-monitoring)이다. 의식적으로 주의를 기울여 자신의 행동을 지속적으로 관찰하는 것이다. 효과적인 자기감찰방법은 조절하고자 하는 문제행동의 빈도와 발생상황을 구체적으로 기록하는 것이다. 문제행동이 얼마나 자주 그리고 어떤 상황이나 조건에서 나타나는지를 관찰하여 기록함으로써 문제행동의 부정적 결과가 좀 더 분명해질 뿐만 아니라 그 발생패턴과 촉발요인을 이해할 수 있게 된다.

둘째, 대안적 행동의 계획과 실천이다. 변화를 위한 강력한 의지를 가지고 적응적이고 대안적 행동을 찾아 실행에 옮기는 것이 중요하다(Miller & Brown, 1991).

셋째, 목표를 향한 진전과 행동변화의 효과를 점검하는 것이다. 즉, 현재 상태와 목표 간의 차이를 평가한다. 목표를 향한 진전 속도가 긍정적일 경우에는 노력에 대한 심리적 보상을 얻는 동시에 변화 의지를 강화할 수 있다. 만약 진전 정도가 부정적으로 평가될 경우에는 좀 더 효과적인 실행 방법을 모색할 수 있다.

넷째, 심리적 자원을 잘 관리하는 것이 중요하다. 심리적 자원을 고갈시킬 수 있는 스트레스나 과도한 활동을 관리하는 노력이 필요하다. 예컨대, 절식, 금연, 금주 등과 같은 자기조절 노력을 성공적으로 지속해오던 사람들도 과중한 업무로 시간에 쫓기거나 강한 심리적 스트레스를 받게 되면서 자기조절이 무너지는 경우가 흔하다(Muraven & Baumeister, 2000).

자기조절은 훈련을 통해서 향상될 수 있다(Muraven, Baumeister & Tice, 1999). 매일 운동을 하면서 정기적으로 자기조절 연습을 한 사람들은 그렇지 않은 사람들에 비해서 자기조절 정도를 측정하는 실험실 과제에서 더 우수한 결과를 나타냈다.

자기조절 증진을 위한 구체적인 실천방법은 다음과 같다.

- 운동 프로그램을 시작하고 일주일 동안 매일 운동을 해 본다.
- 다른 사람에 대한 험담이나 비난을 하지 않도록 노력한다.
- 짜증이나 화가 날 때 10까지 숫자를 세어 본다. 필요하면 한 번 더 반복한다.
- 일상생활을 향상시키기 위한 목표(방청소, 설거지, 빨래)를 설정하고 이를 완수한다.
- 특정한 일에 집중할 때 주의를 흩뜨리는 자극(전화, 컴퓨터, TV)을 찾아 제거한다.
- 유혹의 대상을 제거한다(금연하고자 할 때는 담배를 껌으로 바꾸기).
- 규칙적인 생활을 시작하고 이를 고수한다.
- 성공적으로 자기조절을 했을 때 이를 자축한다.
- 철저히 체계적으로 따를 수 있는 일상적인 틀을 구축하고 핵심적인 요소는 늘 지키도록 한다.
- 주요 활동을 할 수 있는 규칙적인 시간과 장소를 정한다.
- 역할 모델을 정하고 배울 점을 찾아 자신의 목표를 조절하는 데 적용한다.
- 생체 리듬을 파악해서 가장 민첩할 때 가장 중요한 일을 하도록 한다.
- 편안한 자극을 잠시 중지한 뒤, 중요한 일을 성취한 다음에 이를 보상으로 주도록 한다(과제를 마치고 나서 TV보기).

〈 대표강점 자기조절 검사 〉

NO	내용	1점	2점	3점	4점	5점
		매우다르다	다르다	보통이다	비슷하다	매우비슷하다
1	과거의 것을 문제 삼지 않는다.					
2	기어코 복수하려고 애쓴다.					

(2번 문항은 역산문항)

이것이 당신의 자기조절 점수이다.

위 두 문항의 답을 더하여 여기에 적어라. ___________

5) 정의관련 강점

정의(justice)와 관련된 강점들은 건강한 공동체 생활과 관련된 사회적 강점을 말한다. 이에는 공정성, 시민의식, 리더십이 포함된다.

정의의 두 가지 원칙은 다음과 같다.

첫째, 모든 사람은 기본적 자유를 누릴 평등한 권리를 가진다.

둘째, 사회적 · 경제적 불평등으로 인해 가장 기회를 적게 지녔던 사람들에게는 혜택이 최대화되도록 조정되어야 하며, 동시에 동등한 기회를 지녔던 사람들에게는 노력과 능력에 따라 혜택이 주어져야 한다.

(1) 공정성

공정성(fairness)은 모든 사람을 동등하게 대하는 태도를 의미한다. 즉, 사적인 감정이나 편견으로 인한 치우침 없이 모든 사람에게 공평한 기회를 주고 동일한 규칙에 따라 대하는 태도를 뜻한다.

사회에는 다양한 차별이 존재한다. 성차별, 학력차별, 지역차별, 종족차별 등과 같이 대다수 사회에는 개인의 특성에 따라 우대를 하거나 부당한 대우를 하는 차별 현상이 존재하고 있다. 공정하지 못한 차별 행위는 사회의 정의를 훼손하는 주요한 장애물인 동시에 사회적 갈등의 주된 원인이다. 이런 현실에 비추어 보면, 모든 사람을 평등하게 대하는 공정성은 정의로운 사회를 위해서 매우 중요한 덕목이라고 할 수 있다.

공정성은 도덕성 발달의 산물로 여겨지고 있다. 도덕 발달은 추론능력의 발달에 기인한다. 도덕적 추론은 어떤 행동이 옳은가에 대한 판단과정을 의미한다. 콜버그(Kohlberg, 1984)에 따르면 도덕 발달은 전 인습단계(타율적 도덕/개인주의 도덕), 인습단계(대인간 기대/ 법과 질서), 후 인습단계(사회적 계약/보편적 윤리) 등 일정한 과정을 거쳐 일어난다. 어린 아동은 옳고 그름을 판단할 때 자신의 이득에 초점을 맞추는 자기중심성을 나타내지만 좀 더 나이를 먹게 되면 사회적 규범과 관습을 고려하게 된다. 가장 난해한 수준의 도덕적 추론은 옳고 그름을 결정하는 데 공정성이라는 추상적 가치를 활용하게 된다.

① 공정성의 유형

공정성에 대한 구분은 분배적 공정성과 처벌적 공정성으로 구분된다.

분배적 공정성(distributive fairness)은 혜택을 배분하는 문제에 해당하는 것으로 재화, 권력, 명예와 같은 혜택을 어떻게 배분하는 것이 공정한 것인가 하는 문제에 관한 것이다. 분배적 공정성은 평등주의와 공리주의 입장에서 설명할 수 있는데 평등주의(egalitarianism) 입장은 모든 사람에게 어떤 행위를 할 수 있는 기회가 평등하게 주어져야 할 뿐만 아니라 결과물 역시 평등하게 배분되어야 한다는 것이다. 또한 공리주의(utilitarianism) 입장은 구성원 전체의 행복이 최대화되도록 배분해야 한다는 것이다.

처벌적 공정성(retributive fairness)은 악행을 처벌하는 문제에 대한 것으로 잘못한 행위에 대한 처벌을 어떻게 하는 것이 공정한 것이냐는 문제에 관한 것이다. 처벌적 공정성에 대한 공리주의 입장은 모든 개인의 행복을 최대화하는 것이 중요하기 때문에 개인의 행복을 저하시키는 처벌은 바람직하지 않다고 보는 것이다.

처벌이 가능한 세 가지 경우는 다음과 같다.

첫째, 처벌의 위협이 악행을 억제하고 예방하는 효과를 지니는 경우에 가능하다.

둘째, 처벌이 더 나은 사람으로 변화시키는 효과를 지니는 경우에 가능하다.

셋째, 처벌은 개선의 여지가 없는 사람이 구금을 통해 악행의 기회가 소거되고 사회 안전을 확보할 수 있는 경우에 가능하다.

② 공정성의 특성

공정성은 도덕성 발달과 밀접한 관계를 지닌 것으로 여겨지고 있다. 심리학자들은 도덕 발달이 추론능력의 발달에 기인한다고 본다. 도덕적인 갈등상황에서 사람들이 공정성 판단을 하는 주요한 기준은 정의(justice)와 배려(care)이다.

무엇이 옳은가에 대한 공정성 판단은 크게 정의 추론과 배려 추론으로 나누어 연구되어 왔다.

정의 추론은 공정성을 도덕적인 옳고 그름에 따라 내리는 판단인 반면, 배려 추론은 다른 사람에 대한 돌봄과 자비로움을 중요한 가치로 여기는 판단이다. 이러한 정의 추론과 배려 추론이 발달하게 되면 다양한 심리적 강점이 나타나게 된다. 도덕적 추론과 행위는 자기정체성 형성에 영향을 미친다. 특히 스스로 선택한 도덕적 행위는 아동들의 자기개념 형성을 촉진한다(Blasi, 1993; Colby & Damon, 1992). 즉, 자신을 '착한 소녀' '멋진 사람' '진정한 친구'로 여기게 되고 이를 기준으로 자신의 도덕성을 판단하게 된다.

인간은 선천적으로 공정한 것을 좋아하는 경향성을 지니고 있는 듯하다. 타비니아(Tabibnia, 2008)는 물질적 이익이 공정하게 배분되는 경우와 불공정하게 배분되는 경우를 피험자에게 제시하면서 행복감 정도를 측정하는 동시에 뇌영상술을 통해서 뇌활동을 측정하였다. 그 결과, 공정한 배분이 이루어질 때 더 높은 행복감을 보고했을 뿐만 아니라 뇌의 보상영역이 활성화되었다. 또한 불공정한 배분을 수용하며 받아들이는 경우에는 정서조절과 관련된 뇌 영역이 높은 활성도를 나타내는 동시에 부정정서를 경험할 때 활성화되는 뇌 영역의 활성도는 낮게 나타났다.

이러한 연구결과는 공정함이 인간에게 쾌락을 제공하는 가치라는 점을 보여 준다. 또한 불공정함을 감내하는 것은 부정정서의 억제와 관련되어 있음을 보여 준다.

공정성의 덕목을 지닌 사람들은 인생에서 다양한 긍정적 결과를 나타낸다. 정의 추론의 성숙도가 높은 사람들은 친사회적 행동을 많이 나타내고 비도덕적인 행동을 덜 하며 자유

주의적인 태도를 지니는 경향이 있다(Kohlberg, 1984; Eisenberg, 1986). 정의 추론의 발달수준이 낮은 사람들은 범죄율이 높을 뿐만 아니라 부정직하거나 거짓된 언어행동, 위험한 성행위, 마약과 알코올 사용을 많이 하는 것으로 나타났다(Blasi, 1980; Berkowitz, Kahn, Mulry & Piette, 1995). 반면에, 높은 수준의 정의 추론 능력은 협동성, 고발행동, 리더십, 이타주의 등과 정적인 상관을 나타냈다(Brabeck, 1984).

캔디, 그라함과 콜버그(Candee, Graham & Kohlberg, 1978)에 따르면, 공정성을 반영하는 정의 추론 능력이 높은 사람들은 더 중요하고 높은 지위를 지녔으며 법과 규칙, 복종, 예의와 같은 인습적 가치보다 자율성과 책임을 증진하는 가치와 타인에 대한 존중을 더 중시했다. 아울러 가족 간의 갈등을 타인의 관점에서 고려하는 경향이 있었으며 대화와 토론에 근거한 자녀의 훈육 방법을 선호했다.

이러한 연구결과들은 정의 추론 능력이 성숙할수록 친사회적 행동이 증가하고 반사회적 행동은 감소한다는 것을 알 수 있다.

③ 공정성의 증진방법

공정성을 촉진하는 요인에 대한 연구결과는 부족한 상태다. 다만, 정의 추론의 발달을 촉진하는 요인들로는 전반적인 인지발달, 부모의 양육방식, 사회적 환경이 중요한 것으로 알려지고 있다. 일반적으로 정의 추론은 인지발달에 따라 함께 발달한다. 특히 논리적 사고능력과 사회적 조망 능력이 발달해야 그에 따라 정의 추론 능력도 발달하게 된다(Walker & Richards, 1979).

부모의 양육방식은 아동의 정의 추론 능력을 발달시키는 데 중요한 역할을 한다. 정의 추론에 대한 부모의 발달수준이 높고 자녀와의 대화에서 증거에 근거한 귀납적 추론방법을 많이 사용할수록 자녀의 정의 추론 능력이 촉진된다(Berkowitz & Grych,1998).

정의 추론 능력은 학교장면에서 교육을 통해 함양될 수 있다.

첫째, 학생들에게 사회에서 쟁점이 되고 있는 도덕적 주제를 제시하고 토론하도록 함으로써 정의 추론의 발달을 촉진할 수 있다. 도덕적 문제나 딜레마에 대해서 또래들 간의 토론을 장려하는 것이 중요하다(Montford, 1999).

둘째, 학교의 사회적 환경을 조성하는 방법이다. 교사와 학생의 관계를 권위주의적 관계에서 좀 더 자유로운 관계로 변화시키고 학교의 운영방식을 좀 더 민주적인 방식으로 바꾸는 것이다. 이러한 교육환경은 자연스럽게 학생들로 하여금 정의 추론 능력을 발달시키도록 촉진할 수 있다.

공정성을 증진시킬 수 있는 구체적인 실천방법은 다음과 같다.

- 적어도 하루에 한 번씩 실수를 인정하고 그것에 대한 책임의식을 느껴 본다.
- 다른 사람이 주장하는 것을 간섭하지 않은 채로 끝까지 경청한다.
- 모든 사람의 동등한 참여를 격려한다. 특히 모임에서 소외된 사람을 격려한다.
- 인간평등을 가르치고 홍보하는 단체에 지원한다.
- 내가 내린 판단이 개인적인 선호에 영향 받은 것인지 아니면 정의와 공정이라는 원칙에 입각한 것인지 검토한다.
- 공정하지 못했던 경우를 기억하고 기록한다. 다음번에 공정한 행동을 할 수 있는 방법을 모색한다.
- 나와는 다른 사회문화적 배경을 지닌 사람들을 편견 없이 대하고 있는지 검토한다.
- 사회적 정의와 관련된 중요한 이슈에 대해 연설하거나 원고를 작성해 본다.
- 사회적인 편견을 지닌 친구와 공정성에 대해 정중한 대화를 시도한다.
- 현재 전 세계에서 인권이 침해되고 있는 사건을 찾아보고, 이와 관련해서 사회적 정의를 실현할 수 있는 방법을 제안해 본다.
- 공정성, 사회적 정의, 공평의 예를 보여 주는 다큐멘터리나 영화를 관람한다.
- 간디, 넬슨 만델라와 같이 몸소 사회적 정의를 위해 노력한 저명인사들에 관한 전기를 읽는다.

〈 대표강점 공정성 검사 〉

NO	내용	1점	2점	3점	4점	5점
		매우다르다	다르다	보통이다	비슷하다	매우비슷하다
1	어떤 사람에게든 똑같이 대한다.					
2	내가 싫어하는 사람을 공정하게 대하기가 어렵다.					

(2번 문항은 역산문항)

이것이 당신의 공정성 점수이다.

위 두 문항의 답을 더하여 여기에 적어라. ________

(2) 시민의식

시민의식(citizenship)은 자신이 소속한 집단의 공동 이익을 위해서 자신에게 주어진 역할과 의무를 충실히 이행하려는 책임의식을 말한다. 즉, 자신이 속한 집단의 공익을 위한 사명감과 책임감이다.

시민의식이 강한 사람들의 공통적 특징은 개인적 이익보다 공공의 이익을 소중한 가치로 여긴다는 점이다. 즉, 사익보다 공익을 우선시하는 선공후사(先公後私)의 태도를 지닌다.

시민의식의 반대말은 이기성, 자기중심성, 무책임성으로 부정적인 의미를 담고 있다. 때때로 자신이 속한 집단에 대한 과도한 충성심이 맹목적인 교조주의로 발전하거나 다른 집단에 대한 공격성과 적개심으로 표출되는 경우가 있다. 그러나 건강한 시민의식은 조직의 공동 이익을 위해 자신의 임무와 책임을 다하려는 자세로 조직의 부당한 방침과 운영에 대한 비판과 저항을 포함하고 있다.

① 시민의식의 유형

시민의식은 집단을 위한 긍정적 행동의 이행과 부정적 행동의 불이행에 따라 적극적 시민의식과 소극적 시민의식으로 구분된다.

적극적 시민의식(active citizenship)은 자신의 의무를 능동적으로 이행하거나 집단의 공동적 이익을 위해서 자발적으로 어떤 행동을 하려는 태도이다. 즉, 특정한 행동을 하지 않아도 아무런 비판이나 제재를 받지 않는 상황에서도 자발적으로 조직에 도움이 되는 행동을 하려는 자세를 말한다. 예컨대, 국가의 위기상황에서 자원하여 징병에 참여하는 행동이다.

소극적 시민의식(passive citizenship)은 조직에 도움이 되는 행동을 자발적이거나 능동적으로 하지는 않지만 구성원에게 기대되는 최소한의 의무를 기피하지 않고 수행하려는 태도이다. 예컨대, 사회를 위해 자발적으로 기부금을 내지는 않지만 납세의 의무를 성실히 준수하는 경우이다.

② 시민의식의 특성

시민의식은 조직생활의 만족도에 긍정적인 영향을 미친다. 자신이 소속한 직장에 대한 동일시 정도와 헌신도가 높은 사람일수록 직업 만족도가 높다는 연구(Organ & Konovsky, 1989; Pond, Nacoste, Mohr & Rodriguez, 1997)가 일관성 있게 보고되고 있다.

시민의식과 사회적 책임감이 강한 사람들은 인간의 본성에 대해서 긍정적인 견해를 지니며 사회에 대한 신뢰감이 높았다(Staub, 1978). 학교의 과외 활동이나 공동체 활동에 적극적으로 참여하는 청소년들은 사회적으로 고립된 청소년들에 비해서 경찰을 위시한 사회 구성원들에게 긍정적인 견해를 지니고 있었다(Flanagan, Gill & Galler, 2005). 이러한 시민활동 참여와 사회적 신뢰감 간에는 상호 촉진적인 관계가 있는 것으로 나타났다(Brehm & Rahn, 1997; Putnam, 2000).

시민의식은 아동기부터 가족의 가치관에 영향을 받는다. 가족이 구성원의 욕구를 중요시하는 만큼 청소년들의 시민의식에 영향을 미쳤다(Flanagan, Bowes, Jonsson, Csapo & Sheblanova, 1998). 따라서 자녀양육에서도 공익을 위한 노력을 중시할 필요가 있다(Jennings, 1991).

③ 시민의식의 증진방법

시민의식은 아동기나 청소년기에 다양한 집단 활동에 참여하는 경험을 통해서 함양되는 것으로 알려져 있다(Billig, 2000). 청소년을 위한 대부분의 집단 활동 프로그램은 사회의 규범과 질서를 익히게 함으로써 다음 세대의 시민을 육성하는 역할을 한다. 이러한 집단 활동 프로그램은 여가시간 선용의 방법을 가르치고 친사회적인 또래집단을 구성하여 서로 간의 건강한 관계를 촉진하며, 성인 멘토가 자원봉사자로 참여하여 청소년들의 생활을 지원한다.

봉사를 통해서 시민의식을 함양하기 위해서는 다음과 같은 조건을 갖추어야 한다.

첫째, 봉사는 의미 있는 것으로 느껴지는 활동이어야 한다.

둘째, 봉사는 집단적 가치를 중시하는 집단적 활동이어야 한다. 친구들과 함께 협동적인 관계 속에서 의미 있는 활동을 하도록 장려하는 것이 유익하다.

셋째, 봉사는 봉사하는 기관의 역사와 이념을 이해하고 그에 동참함으로써 동질감과 유대감을 느낄 수 있도록 하는 것이 중요하다.

시민의식을 증진시킬 수 있는 구체적인 실천방법은 다음과 같다.

- 공동의 일에서 내가 할 수 있는 한 최선의 협력자가 되려고 노력한다.
- 매일 5분을 할애하여 길거리의 쓰레기를 주워 휴지통에 넣는다.
- 자선단체나 봉사단체에 자원하여 돕는다.
- 매달 한 번은 사회적 집회에 참석한다.
- 매주 30분 정도 공공장소를 청소하는 시간을 갖는다.
- 공공장소를 꾸미고 장식해 본다.
- 내가 살고 있는 동네나 학교를 대표해 운동경기에 참석한다.
- 정기적으로 누군가를 차 태워 주거나 카풀을 한다.
- 헌혈을 하거나 장기 기증을 서약해 본다.
- 이웃에 사는 어르신들에게 필요한 것이 없는지 여쭙고 돕는다.
- 이웃을 위해 쓰레기나 눈을 치워 준다.

〈 대표강점 시민의식 검사 〉

NO	내용	1점	2점	3점	4점	5점
		매우다르다	다르다	보통이다	비슷하다	매우비슷하다
1	어떤 단체에 가입하면 최선을 다한다.					
2	소속 집단의 이익을 위해 개인적인 이익을 희생시킬 생각은 없다.					

(2번 문항은 역산문항)

이것이 당신의 시민의식 점수이다.

위 두 문항의 답을 더하여 여기에 적어라. __________

(3) 리더십

리더십(leadership)은 집단을 원활하게 이끌어갈 수 있는 역량이다. 즉, 공유된 목표달성을 위해서 구성원의 개인적 또는 집단적 노력을 촉진하는 과정으로 구성원에게 목표를 어떻게 효과적으로 수행할 수 있는지 이해시키고 동의하도록 영향력을 행사하는 것(Yukl, 2002)이다.

모든 집단은 공동의 목표를 성취하기 위한 위계적인 조직구조를 지닌다. 조직의 상부 구조에서 활동하는 리더들은 구성원의 역량을 효율적으로 집결함으로써 조직의 발전과 더불어 구성원 전체의 행복을 위해 노력해야 한다. 조직의 발전과 번영을 위해서 리더의 역할은 매우 중요하다. 역사를 통해 보면 지도자의 역량과 성품이 조직의 성쇠에 결정적인 영향을 미치며, 구성원의 행복에도 커다란 영향을 미친다.

① 리더십의 유형

리더십은 모든 사회에서 가치 있는 것으로 여겨진다. 훌륭한 리더는 선도적인 역할을 하면서 구성원의 사기를 북돋우고 긍지를 심어줄 뿐만 아니라 위기와 난국을 지혜롭게 대처하면서 긍정적인 변화를 이끌어낸다.

리더십의 부족은 리더의 책임을 맡으려 하지 않거나 집단을 갈등과 위기로 몰아가는 것 등 부정적인 의미이다. 예컨대, 기업을 부도상태로 이끌고 국가를 난국에 빠뜨리며 구성원의 사기를 저하시키는 지도자들이 리더십이 결여된 대표적인 경우라고 할 수 있다.

리더십은 리더와 구성원 간의 상호작용을 통해 나타나는 사회적 현상으로서 리더의 특성, 구성원의 특성, 상황적 특성에 의해서 영향을 받게 된다.

긍정적 성품으로 리더십은 리더의 개인적 자질에 초점을 맞추고 있다. 개인적 자질로서의 리더십은 집단 속에서 리더의 역할을 추구하고 유지하며 성공적으로 수행하려는 동기와 능력을 말한다.

리더십은 크게 두 가지 기능을 지닌다.

첫째, 집단 구성원들이 각자의 역할을 잘 해내도록 하는 것이다.

둘째, 구성원들을 고무시켜 좋은 관계를 창출해내고 유지하여 사기를 진작시키는 것이다.

리더십을 갖춘 사람들은 미래의 비전을 제시하고 인격적 감화력으로 다른 사람들을 감동시키고 그들의 역량을 강화하여 놀라운 성과를 이루도록 만든다. 그 대표적인 20세기 인물로는 윈스턴 처칠, 프랭클린 루스벨트, 마하트마 간디, 마틴 루터 킹 등이 있다.

② 리더십의 특성

리더십은 조직의 성과에 중요한 영향을 미친다. 리더십의 결과에 대한 실증적인 연구들은 조직의 수행 결과에 있어서 리더의 역할이 매우 중요하다는 점을 밝히고 있다(Weiner & Mahoney, 1981).

팀 단위의 수준에서도 통제 소재, 위험 부담, 혁신성과 같은 리더의 특성이 팀의 목표 성취도에 영향을 미친다(Avolio & Howell, 1992). 리더와 부하직원이 나타내는 상호작용의 질에 따라서 업무 만족, 조직에의 헌신, 업무 수행이 달라진다(Gerstner& Day, 1997).

효과적인 리더는 다양한 개인적 특성과 밀접한 관계를 지니는 것으로 보고되고 있다. 개인적 특성 중 신체적인 특성은 에너지수준과 신체적 활력이 리더십과 관련이 있으며, 지적인 특성은 지능과 인지적 능력, 지식, 판단력, 과단성이 관련이 있다. 성격적 특성은 자신감, 정직성, 진실성, 열정, 주도성, 독립성이 리더십과 관련이 있고, 사회적 특성에는 사회성, 대인관계 기술, 협동성, 협동 유도 능력, 재치, 외교술이 관련 있다. 업무관련 특성으로 성취동기, 탁월성의 욕구, 목표 추구의 책임감, 끈기, 불굴의 정신 등이 리더십과 관련이 있는 것으로 나타났다.

그 외에 리더십은 지능, 적응능력, 외향성, 성실성, 경험에 대한 개방성, 전반적인 자기 효능감과 밀접한 관계를 지니는 것으로 여겨진다(Lord et al., 1986; Judge, Bono, Ilies & Gerhardt, 2002; Foti & Hauenstein, 2007).

③ 리더십의 증진방법

리더십은 어린 시절부터 발달되며 성인기까지 지속적으로 향상될 수 있는 것으로 알려져 있다. 어린 시절에 경험하는 부모와의 상호작용은 리더십을 향상시키는 중요한 바탕이 된다. 특히 부모가 어린 자녀에게 사교적이고 믿음직한 행동의 본보기를 보이고, 실제 생활에서 리더의 행동과 역할을 보여 주며, 수행 목표를 높게 설정하여 넓은 안목을 갖도록 하는 양육방식은 자녀의 리더십 함양에 중요한 역할을 하게 된다(Jennings, 1943; Avolio & Gibbons, 1988).

리더십은 성장과정에서 리더의 역할을 수행하면서 증진될 수 있다. 학교나 직업 장면에서 리더의 역할을 맡게 되면서 리더십에 대한 이해와 안목이 발달할 뿐만 아니라 효과적인 리더의 행동을 습득함으로써 리더로서의 역량이 성장될 수 있다.

리더십을 발달시키는 세 가지의 요인은 다음과 같다(Dubrin, 2004).

첫째, 교육으로 탁월한 리더로 성장하는 바탕을 이룬다. 탁월한 리더는 자신의 전문분야에서 경력을 쌓으며 전문적 지식을 잘 갖추고 있는 지적인 인물이다. 이러한 전공분야의 지식뿐만 아니라 리더십과 관련된 지식과 기술을 습득하는 것은 리더십을 발휘하는 기반이 된다.

둘째, 경험이다. 자신의 활동분야에서 직접적으로 겪은 다양한 경험은 효과적인 리더십을 발휘하는 데 기여한다. 맥콜(McCall, 1998)에 따르면, 리더십을 향상시키는 가장 중요한 경험은 리더의 역량을 최대한 발현하도록 만드는 현실적인 도전적 경험이다. 이러한 경험의 주요한 요소는 동료들과의 관계 경험과 과업수행 경험이다.

셋째, 멘토링이다. 멘토(mentor)는 경험이 많고 지혜로운 리더로부터 코칭을 받은 경험이 리더십 발달에 기여한다. 멘토는 자문, 코칭, 지도, 정서적 지지 등의 다양한 방법을 통해서 멘티가 과업을 효과적으로 수행하도록 돕는 동시에 멘티의 리더 역량을 함양하도록 지원한다.

리더십을 증진시킬 수 있는 구체적인 실천방법은 다음과 같다.

- 친구들을 위해서 사교적인 모임을 주선해 본다.
- 내가 속한 팀이 잘 해내고 있지 못한 과제에 대해서 책임을 지고 그것이 잘 해결되도록 노력해 본다.
- 새로운 사람이 환영받는다는 느낌을 갖도록 행동해 본다.
- 활동이나 임무 또는 프로젝트를 이끌고 집단 구성원들의 의견을 적극적으로 유도한다.
- 어린이부터 조부모까지 전 세대를 아우르는 가족 모임을 만든다.
- 일하는 곳에서 동료들이 참여할 수 있는 이벤트를 조직한다.
- 불평등한 대우를 받는 사람을 변호해 준다.
- 어떤 활동이나 조직의 리더십을 교대해 봄으로써, 다른 사람들에게 리더의 기회를 제공한다.
- 내가 좋아하는 리더에 관한 전기나 영화를 보고, 적용 방법을 모색한다.
- 두 사람이 논쟁을 벌일 때, 그들로 하여금 생각을 공유하고 문제를 해결할 수 있도록 중재한다.
- 자신의 리더십 스타일을 개선할 수 있는 방법들을 목록화해 본다.

〈 대표강점 리더십 검사 〉

NO	내용	1점	2점	3점	4점	5점
		매우다르다	다르다	보통이다	비슷하다	매우비슷하다
1	일일이 참견하지 않고도 사람들이 단합해 일하도록 이끌어준다.					
2	단체 활동을 조직하는 데는 소질이 없다.					

(2번 문항은 역산문항)

이것이 당신의 리더십 점수이다.

위 두 문항의 답을 더하여 여기에 적어라. ________

6) 초월 관련 강점

초월(transcendence)과 관련된 강점들은 현상과 행위에 대해 의미를 부여하고 커다란 세계인 우주와의 연결성을 추구하는 초월적 또는 영적 강점을 의미한다. 이에는 감사, 낙관성, 심미감, 유머감각, 영성이 포함된다.

(1) 감사

감사(gratitude)는 자신에게 베풀어진 다른 사람의 수고와 배려를 인식하고 고마움을 느낄 뿐만 아니라 그에 보답하려는 개인적 성향이다. 감사의 감정은 수혜를 베푼 사람에 대한 긍정적 감정과 호의적 행동을 유발할 뿐만 아니라 그 사람과의 긍정적인 연결감을 제공한다.

감사는 세 가지의 구성요소(Ortony, Clore & Collins, 1987)로 이루어진다.

첫째, 수혜를 받은 사실에 대한 기쁨과 축복감이다.

둘째, 수혜를 베푼 사람에 대한 고마움과 우호적인 감정이다.

셋째, 수혜를 베푼 사람에게 고마움과 우호적 감정을 표현하려는 행동적 성향이다.

감사는 개인의 행복을 증진할 뿐만 아니라 타인과의 긍정적 관계를 촉진하고 타인과 연결감과 유대감을 통해서 개인의 존재감을 확대하는 기능을 지닌다.

① 감사의 유형

감사는 표현과 보답에 따라 구분할 수 있다(Baumgarten-Tramer, 1938).

첫째, 언어적 감사(verbal gratefulness)이다. '고맙습니다', '감사합니다' 등과 같이 말로 고마움을 표현하는 반응이다.

둘째, 보상적 감사(concrete gratefulness)이다. 자신의 책을 빌려주거나 초콜릿을 주는 등의 방식으로 보답하겠다는 반응이다.

셋째, 관계적 감사(connective gratefulness)이다. "그 사람이 어려움에 처하면 도와주겠다"는 반응과 같이 수혜자와 긍정적인 관계를 형성하려는 반응이다.

넷째, 목표적 감사(finalistic gratefulness)이다. 축구선수가 되겠다는 소원을 지닌 아동은 축구훈련을 열심히 하고 코치의 지시에 잘 따르는 것과 같이 자신이 추구하는 일을 열심히 하겠다는 반응이다.

② 감사의 특성

감사는 주관적 행복과 정신건강과 밀접한 관계를 지닌다. 감사의 특질이 높을수록 삶의 만족도, 주관적 안녕, 긍정정서의 수준이 높았을 뿐만 아니라 이타성, 낙관성, 용서, 신뢰감, 영성도 높은 것으로 나타났다(Adler & Fagley, 2005; Friedman & Toussaint, 2006; Kashdan & Breen, 2007; McCullough et al., 2002).

감사는 부정정서를 줄이는 효과보다 긍정정서를 증진하는 효과가 더 큰 것으로 나타났다. 감사 일기를 쓰게 한 실험 연구(Emmons & Crumpler, 2000)의 결과, 감사할 만한 것들에 대해서 삶을 되돌아봄으로써 유쾌한 기분과 친사회적 행동이 증가한다는 것을 확인할 수 있었다.

감사는 성격적 특징과도 밀접히 관련이 있다.

감사 성향이 높은 사람들은 성격의 5요인 중 개방성, 성실성, 외향성, 우호성이 높은 반면에 신경증 성향은 낮은 것으로 나타났다(Emmons & McCullough, 2004). 이들은 주위 사람들에 의해서 친사회적 행동과 지지적 행동을 많이 하는 것으로 평정되었다(McCullough et al., 2002).

감사는 영성 또는 종교성과도 상관이 있는 것으로 나타났다(Friedman & Toussaint, 2006). 감사 성향이 높은 사람들은 정기적으로 영적인 활동(명상, 기도, 종교의식 등)에 참여하고 모든 생명의 상호연결성과 다른 생명체에 대한 책임감을 느끼는 경향이 있었다. 또한 물질적 소유물을 기준으로 자신의 성공을 판단하는 경향이나 부유한 사람들에 대한 시기심이 적었으며 다른 사람들과 자신의 소유물을 공유하는 경향이 높았다.

감사에는 성차가 있는 것으로 보고되고 있다. 일반적으로 여자가 남자보다 감사를 더 많이 경험하고 표현하는 것으로 나타났다(Kashdan, Mishra, Breen & Froh, 2009).

③ 감사의 증진방법

감사를 촉진하는 요인은 삶에 대한 낙관적이고 관대한 시각, 영적인 자각, 반성하고 관조하는 능력, 긍정적 경험을 음미하는 능력, 자신의 삶이 다른 사람과 밀접히 연결되어 있다는 상호의존성의 의식이 감사경험을 촉진하는 것으로 여겨진다. 그밖에도 도움을 준 사람의 노고와 희생을 감지하는 공감 능력, 타인의 관점에서 바라보는 조망 능력, 자신의 성공에 대한 다른 사람의 도움을 인정하는 겸손한 태도 등이 감사를 촉진하는 요인이 될 수 있다.

감사는 훈련을 통해 증진될 수 있다.

밀러(Miller, 1995)는 감사 증진을 위한 4단계의 인지행동 훈련방법을 다음과 같이 제안한다.

- 감사를 느끼지 못하게 하는 생각을 포착한다.
- 감사를 유발하는 생각들을 고안한다.
- 감사를 느끼지 못하게 하는 생각을 감사하는 생각으로 대체한다.
- 감사의 마음을 외적인 행동으로 옮긴다.

감사를 증진시킬 수 있는 구체적인 실천방법은 다음과 같다.

- 내가 하루 동안 '고마워요'라는 말을 얼마나 많이 하는지 되새겨본다. 그리고 일주일 동안 매일 그 수를 증가시킨다.
- 매일 저녁 하루 동안 잘 이루어진 일들을 세 가지씩 적어 본다.
- 과거에 은혜를 입었던 일을 떠올리고 감사의 편지를 써서 보낸다.
- 매일 내가 당연히 여겼던 작지만 중요한 것 하나를 선택해서 그것의 소중함을 잊지 않도록 유념한다.
- 단순히 '고맙다'고 말하지 않고 좀 더 구체적이고 상세하게 고마움을 표현한다.
- 매일 아침 일어날 때 느끼는 걱정 세 가지를 적어둔다. 그 날 자기 전에, 하루 동안 있었던 좋았던 일 세 가지와 이유를 쓴다. 그리고 나서 좋았던 일에 비추어서 자신의 걱정을 평가해 본다.
- 매일 적어도 10분은 즐거운 경험을 향유하는 시간을 갖는다.

- 경찰관, 소방관, 우편배달부와 같은 공직자에게 감사를 표한다.
- 식사하기 전 내가 먹고 있는 것에 기여한 사람들에 대해 생각한다.
- 저녁 식사를 하는 동안 사랑하는 사람에게 그 날 하루 좋았던 일 두 가지를 나눈다.
- 과거에 힘들었던 일 세 가지를 생각해 보고 이 일들로 인해 나타난 좋은 결과들을 확인해 본다.

〈 대표강점 감사 검사 〉

NO	내용	1점	2점	3점	4점	5점
		매우다르다	다르다	보통이다	비슷하다	매우비슷하다
1	아무리 하찮은 일이라도 항상 고맙다고 말한다.					
2	내가 받은 은혜에 대해 거의 생각하지 않는다.					

(2번 문항은 역산문항)

이것이 당신의 감사 점수이다.
위 두 문항의 답을 더하여 여기에 적어라. ___________

(2) 낙관성

낙관성(optimism)은 미래에 대해서 긍정적인 기대와 희망을 지니고 삶을 영위하는 태도를 의미하며 낙관주의라고 불리기도 한다.

낙관성을 지닌 사람들은 자신이 소망하는 일들이 미래에 잘 실현될 수 있다는 희망적인 기대를 지니고 살아간다. 따라서 이들은 긍정정서와 자신감을 지닐 뿐만 아니라 목표 달성을 위해서 활기차고 적극적인 행동을 하게 된다.

긍정심리학자들은 행복과 가장 밀접한 관련성을 지니는 요인을 낙관성이라고 한다. 낙관성은 미래에 대해서 긍정적인 기대와 예상을 하게 하기 때문에 긍정정서와 희망을 갖게 한다. 즉, 미래의 긍정적인 결과를 예상하면서 적극적이고 활기찬 활동을 하게 되며, 그 결과 긍정적인 결과를 만들어낸다. 이처럼 낙관성은 주관적 행복을 증진할 뿐만 아니라 성공적인 결과를 도출하는 긍정적인 성품으로 여겨지고 있다.

낙관성을 지닌 사람들은 다음과 같은 경험을 보고하는 경향이 있다(Peterson & Seligman, 2004).

- 나는 어려움이 닥쳐와도 미래에 대해서 항상 희망적이다.
- 나는 항상 밝은 면을 보려고 노력한다.
- 내 삶의 방식은 최상의 결과를 가져올 것으로 자신한다.
- 내가 세운 목표는 이루어질 것이다.
- 희망은 항상 좌절을 이긴다.
- 게임이나 시합을 할 때 질 것이라고 생각하지 않는다.
- 시험성적이 좋지 않더라도 다음에 더 잘할 수 있도록 계획을 세운다.

① 낙관성의 유형

슈나이어와 카버(Scheier & Carver, 1985)는 낙관성을 성향적 낙관성(dispositional optimism)과 상황적 낙관성(situational optimism)으로 구분한다.

성향적 낙관성은 현재와 미래에 대한 전반적인 낙관적 견해를 뜻한다. 반면, 상황적 낙관성은 특정한 사건에 대한 낙관적 견해를 의미한다.

타일러(Taylor, 1989; Taylor & Brown, 1988, 1994)는 낙관성을 환상적 낙관성(illusory optimism)과 망상적 낙관성(delusional optimism)으로 구분하고 있다.

환상적 낙관성은 현실에 근거하되 긍정적인 측면을 강조한다. 즉, 자신에 대한 약간의 긍정적 왜곡을 포함하지만, 자기존중감을 향상시키고 희망과 자신감을 고취함으로써 주관적 행복과 사회적 성공에 기여한다.

망상적 낙관성은 현실을 무시하거나 왜곡한 긍정적 태도를 강조한다. 조증 환자나 심각한 증상을 부인하는 환자의 경우처럼 부적응적인 결과를 초래한다.

낙관성과 희망은 미래에 대한 긍정적인 생각과 감정을 반영하는 것으로서 만족감과 쾌활함을 주는 반면, 불안감과 우울감을 감소시킨다. 낙관성을 지닌 사람들은 인생의 밝은 면을 보게 되고, 어려움 속에서도 용기와 희망을 잃지 않으며, 목표를 위해 적극적으로 노력한다.

낙관성의 반대는 비관주의, 절망감, 무력감 등 부정적인 의미를 지닌다. 그러나 비현실적인 낙관주의로 인해서 실패를 초래하는 경우도 드물지 않다. 훌륭한 판단은 공평하고 개방적인 것이어서 부정적 가능성과 긍정적 가능성 모두를 인정하는 것이다. 낙관성은 부정적 가능성을 외면하는 것이 아니다. 그러나 사실적인 정보들을 충분히 검토했음에도 불구하고 미래를 예측할 수 없는 불확실한 상황에서 긍정적 측면을 더 중시하는 경향성이라고 할 수 있다.

② 낙관성의 특성

낙관성은 행복과 정신건강에 긍정적 영향을 미치는 강력한 특질이다. 낙관성은 VIA 분류체계에서 제시하고 있는 24개 성격강점 중에서 행복과 삶의 만족도에 가장 높은 상관(r = .61)을 나타내고 있다(Park & Peterson, 2005; Park, Peterson & Seligman, 2005). 이외에도 낙관성은 다양한 영역에서의 성취, 낮은 수준의 불안과 우울, 긍정적인 인간관계, 신체적 건강 등에 긍정적 영향을 미친다(Seligman et al., 1995).

낙관성의 부적응 측면은 위험을 경시하는 경향이다(Weinstein, 1989). 예컨대, 낙관적 귀인 양식을 지닌 사람들은 암이나 심장마비와 같은 심각한 신체적 질병이 자신에게 발생할 가능성을 평균 이하로 과소평가한다(Peterson & Vaidya, 2001). 이러한 편향성은 예방적 또는 치료적 대응을 소홀하게 함으로써 문제를 야기할 수도 있다.

③ 낙관성의 증진방법

낙관성을 촉진하는 요인은 유전적 요인과 부모와의 상호작용을 통한 모델링이 낙관성 형성에 중요한 영향을 미치는 것으로 추정되고 있다.

셀리그만(Seligman, 1995)은 청소년을 대상으로 낙관주의 훈련을 통해서 정신장애를 예방하는 Penn Prevention Program을 시행하였다. 이 프로그램은 청소년들에게 생활사건의 원인을 좀 더 긍정적이고 낙관적으로 생각하게 하는 인지행동 전략들(예: 탈파국화, 부정적 사고에 대한 논박)을 가르치고 실생활에 적용하도록 격려한다. 그 결과, 청소년들의 귀인양식이 낙관적으로 변화했으며 우울증이나 불안장애를 예방하는 효과가 있었다.

피터슨과 스틴(Peterson & Steen, 2002)은 낙관적 귀인양식이 모델링에 의해 학습될 수 있으며, 이러한 학습은 부모뿐만 아니라 교사, 코치, 동료, 매스컴을 통해서 이루어질 수 있다고 제안한다.

낙관성을 증진시킬 수 있는 구체적인 실천방법은 다음과 같다.

- 과거에 실패했던 일들을 생각해 보고 그것으로 인해 오히려 도움을 받게 된 경우를 생각해 본다.
- 다음 주, 다음 달 그리고 내년에 해야 할 목표를 적어본다. 그다음 그러한 목표를 실현할 수 있는 구체적인 계획을 세워 본다.
- 나의 비관주의적인 생각들을 반하며 그것에 저항한다.
- 곤경과 좌절을 딛고 성공한 사람들에 대한 책을 읽는다.
- 내가 잘못 결정한 일들을 떠올려보고 나 자신을 용서한다. 다음에는 더 나은 결정을 할 수 있는 방법을 찾는다.
- 역경에 처할 때, 과거에 비슷한 역경을 어떻게 극복했었는지에 집중한다.
- 매주 두 번씩 최소한 15분간 낙관적인 사고를 하는 시간을 갖는다. 그 생각들을 기록하고 이를 실현시키기 위해 필요한 행동들을 작성한다. 그 생각을 친구들과 공유하고 친구들로 하여금 조력자가 되도록 한다.
- 특히 곤경에 처할 때 주위에 낙관적이고 미래지향적인 친구들과 함께 한다.
- 과거에 성취했던 세 가지 일을 상세히 기록함으로써 이로부터 영감을 얻는다.

〈 대표강점 낙관성 검사 〉

NO	내용	1점	2점	3점	4점	5점
		매우다르다	다르다	보통이다	비슷하다	매우비슷하다
1	항상 긍정적인 면만 보려고 한다.					
2	내가 하고 싶은 일을 하기 위해 철저하게 계획한 적이 거의 없다.					

(2번 문항은 역산문항)

이것이 당신의 낙관성 점수이다.
위 두 문항의 답을 더하여 여기에 적어라. ________

(3) 심미감

심미감(asthetic sensibility)은 아름다움과 탁월함에 대한 인식 능력을 의미한다. 아름답고 탁월한 것을 민감하게 포착하고 그러한 것들로부터 즐거움과 의미를 감지할 수 있는 심미적 능력을 말한다. 피터슨과 셀리그만(Peterson & Seligman, 2004)은 심미감을 아름다움과 탁월한 감상력이라고 지칭하면서 경외감(awe), 경이로움(wonder), 고양감(elevation)과 유사한 개념으로 제시하였다.

심미감은 자연물, 생명체, 인간의 행위나 작품으로부터 쾌감과 의미, 그리고 만족감을 느끼는 심리적인 경험을 뜻한다. 아름다움의 경험은 대상의 속성에 의해 유발되기도 하지만 개인의 특성에 의해서 더 많은 영향을 받는다.

심미감은 인생에서 접하는 다양한 아름다움을 충분히 음미하고 만끽하며 향유하게 함으로써 삶을 행복하고 풍요롭게 만드는 긍정적 성품이다.

① 심미감의 유형

심미감은 대상에 따라 네 가지로 구분된다.

첫째, 자연세계의 물리적인 아름다움이다. 산, 바다, 하늘, 노을, 나무, 꽃, 새소리, 꽃향기 등과 같은 자연의 다양한 모습과 속성에 대해서 느끼는 아름다움과 즐거움이다. 계절의 변화에 따라 모습을 달리하는 자연으로부터 다양한 아름다움을 느낄 수 있다. 때로는 자연의 아기자기한 모습에 섬세한 기쁨을 맛볼 수 있고 때로는 거대하고 웅장한 모습에 감동과 경외감을 느끼게 된다. 이런 심미감을 지닌 사람은 자연을 접하면서 다양한 아름다움과 감동을 경험하게 된다.

둘째, 예술적인 작품이나 행위로부터 느끼는 아름다움이다. 미술, 음악, 무용, 문학과 같은 다양한 장르의 예술작품과 예술행위를 감상하면서 느끼는 심미적 아름다움이다. 미적 감각이 뛰어난 사람은 미술작품이나 음악연주를 접하며 섬세하고도 깊은 감동을 경험하게 된다.

셋째, 지식이나 기술의 탁월성에 대한 감동적 경험이다. 이해하기 힘든 복잡한 현상을 명료하게 설명하는 학술적 이론이나 발표를 접하게 되면 감동을 느끼며 경탄하게 된다. 예컨대, 운동선수의 출중한 기량이나 여러 분야의 달인들이 보이는 숙달된 행동을 보게 되면, 그 탁월함과 절묘함에 대한 아름다움을 느끼며 감동하는 것이다. 이런 심미감을 지닌 사람은 뛰어난 기량과 수행의 미적 요소를 예리하게 포착하며 남다른 미적 감흥을 느낀다.

넷째, 인간의 선한 행위나 미덕에 대해서 느끼는 도덕적 아름다움이다. 매우 친절하고 이타적인 행동을 접하면서 감동과 도덕적 고양감을 느끼게 된다. 예컨대, 자신의 몸을 던져 위험에 처한 사람을 구한 행위는 우리에게 감동을 느끼게 해 준다. 인간의 도덕적 행위나 고결한 인격은 아름다움의 원천이 될 수 있다.

심미감은 다양한 삶의 장면에서 접할 수 있는 미적 요소를 민감하게 포착하고 그로부터 긍정정서를 경험하도록 돕는다.

② 심미감의 특성

심미적 경험은 긍정정서를 유발함으로써 주관적 행복을 증진하는 것으로 보인다(Fredrickson, 2001). 심미적 판단과 긍정정서는 서로에게 영향을 미친다. 미적 대상에 대한 긍정적 판단은 쾌감을 증가시키며, 긍정적인 기분 상태에서는 미적 대상에 대한 긍정적 판단이 높아지는 경향이 있다(Konecni & Sargent-Pollok, 1977).

심미감이 높은 사람은 다양한 미적 대상으로부터 긍정정서를 경험할 가능성이 높고 삶의 만족도와 행복도가 높으며 낙관적이고 덜 우울한 것으로 나타났다(Bryant, 2003).

심미감은 성격특성과도 밀접하게 관련되어 있다. 심미감은 성격요인 중 경험에 대한 개방성과 밀접한 관계가 있다(McCrae, 1996).

심미적 선호는 다양한 예술 작품에 대한 친밀성(familiarity)에 의해서 영향을 받는다(Kruglanski, Freund & Bar, 1986; Cutting, 2003). 예술작품에 대한 반복적 노출은 미적 판별력과 더불어 예술에 대한 지식을 증가시킴으로써 심미적 경험을 증진할 수 있다(Spilka, Hood & Gorsuch, 1985).

③ 심미감의 증진방법

심미감의 촉진요인은 아직 잘 알려져 있지 않다. 그러나 아름다움이나 탁월함에 대한 심미적 감각을 자유롭게 표현하고 활용할 수 있는 환경을 조성하는 것은 심미감을 촉진할 수 있다. 가정을 비롯하여 학교, 직장, 공공장소에서 심미적인 자극이나 예술작품을 전시함으로써 심미적 경험을 증진할 뿐만 아니라 심미적 식별력을 함양할 수 있다. 심미적 경험은 안전하고 여유를 느낄 수 있는 환경에서 더 잘 일어난다(Frijda, 1989).

심미감을 증진시킬 수 있는 구체적인 실천방법은 다음과 같다.

- 나에게 익숙하지 않은 미술관이나 박물관을 찾아간다.
- 매일 내가 본 아름다운 것들을 기록하는 '아름다움 일지'를 만들어 작성해 본다.
- 적어도 하루에 한 번씩 잠시 멈추어 자연의 아름다움(예: 일출, 일몰, 식물이나 꽃, 노래하는 새)을 느껴 본다.
- 주위 환경을 미적으로 아름답게 꾸민다.
- 주위 사람이 지닌 성격강점의 탁월함을 알아차리고 존경해 준다.
- 음악을 듣거나 영화를 본 뒤 미적 감동을 평가한다.
- 다른 사람의 예술적 표현에 대해 감상평을 작성해 본다.
- 건축물, 의상, 조각, 공예, 시 등을 감상하고 음미한다.
- 자연풍광이나 사랑하는 사람의 사진을 찍고 이를 컴퓨터 바탕화면에 깔아둔다.
- 매주 다른 사람들의 선한 행동이 내 삶에 어떠한 영향을 미쳤는지 돌아본다.
- 하루에 한 번 색상, 소리, 향, 이미지, 관념, 풍미, 감각 또는 단어를 통해 표현된 탁월함, 아름다움, 그리고 기쁨을 경험해 본다.
- 다른 사람의 성격강점을 찾아보고 이에 대해 경외감을 갖는다.
- 계절의 민감한 변화를 알아차린다.

〈 대표강점 심미감 검사 〉

NO	내용	1점	2점	3점	4점	5점
		매우다르다	다르다	보통이다	비슷하다	매우비슷하다
1	음악, 미술, 연극, 영화, 스포츠, 과학, 수학의 아름다움과 경이로움을 보고 전율한 적이 있다.					

(계속)

NO	내용	1점	2점	3점	4점	5점
		매우다르다	다르다	보통이다	비슷하다	매우비슷하다
2	평소에 아름다움과는 전혀 무관하게 지낸다.					

(2번 문항은 역산문항)

이것이 당신의 심미감 점수이다.

위 두 문항의 답을 더하여 여기에 적어라. __________

(4) 유머감각

유머감각(sense of humor)은 웃음을 유발하거나 즐거움을 제공하는 능력이다.

유머감각은 자신의 인생을 즐겁고 유쾌하게 만들 뿐만 아니라 주변 사람들을 즐겁게 만듦으로써 친화적인 인간관계를 촉진한다. 또한 인생의 고난과 역경을 좀 더 의연하고 즐거운 태도로 극복하도록 돕는다.

유머는 기분 좋은 긍정정서를 증진할 뿐만 아니라 부정정서를 해소하는 기능을 지니고 있다. 또한 인간관계를 원활하게 하는 동시에 협동적인 행동을 유발한다.

이러한 유머를 구사할 수 있는 능력은 즐거움을 발견하고 웃음을 짓게 만들며 사회적 관계를 촉진하는 긍정적 성품이라고 할 수 있다.

유머감각은 유머의 생성과 이해라는 두 가지 측면을 지닌다.

다른 사람을 즐겁게 하는 유머를 만들어내는 능력과 다른 사람의 유머를 유쾌한 것으로 잘 이해하는 능력은 유머감각의 중요한 요소다.

유머감각은 일곱 가지의 구성요소를 포함한다(Hehl & Ruch, 1985).

- 농담이나 유머 자극을 이해하는 능력
- 재미있는 생각이나 이야기를 만들어내는 능력
- 유머나 즐거운 일을 효과적으로 표현하고 전달하는 능력

- 다양한 유형의 농담이나 유머를 즐겁고 유쾌한 것으로 감상하는 능력
- 유머를 적극적으로 찾아나서는 성향
- 자신의 삶에서 경험한 재미있는 사건이나 농담을 기억하는 성향
- 부정적인 상황에서 유머를 대처기제로 사용하는 경향성

① 유머의 특성

유머는 긍정적 기분을 유발할 뿐만 아니라 생활 스트레스로 인해 불쾌한 기분이 초래되는 것을 완충하는 역할을 한다(Martin & Lefcourt, 1983). 또한 유머감각을 지닌 사람들은 돈이 많거나 외모가 뛰어난 사람들보다 친교대상으로 더 선호되는 경향이 있다(Goodwin & Tang, 1991; Sprecher & Regan, 2002).

유머는 심리적 건강과 밀접한 관계를 지닌다(Martin, 2007). 즉 긍정정서, 정신건강, 삶에 대한 열망과 유머감각은 밀접한 관계를 나타내고 있다(Celso, Ebener & Burkhead, 2003). 우울증 집단에서는 유머 특질이 낮은 사람일수록 정서적 동요가 큰 것으로 나타났다(Kuiper et al., 1998).

유머는 신체적 건강을 증진시키고 수명을 연장시킨다(Cousins, 1981). 잘 웃는 사람들은 근골격계, 심혈관계, 내분비계, 면역계, 신경계 등에 긍정적인 변화를 주어 궁극적으로 건강을 증진하는 것으로 여겨지고 있다. 또한 유머는 질병으로부터 회복하는 과정에 긍정적 영향을 미치는 것으로 보고되고 있다. 정형외과 수술을 받은 환자의 경우, 유머가 수술 후의 고통을 덜어주는 데 유용했다(Rotton & Shates, 1996). 뿐만 아니라 유머는 죽음을 받아들이는 데도 기여하는 것으로 알려지고 있다. 배우자의 사망을 경험한 사람들 중 사망한 배우자에 관해서 이야기하며 웃을 수 있었던 사람들이 분노를 덜 느끼고 자신의 인생을 즐기는 것으로 나타났다(Bonanno & Keltnet,, 1997). 유머와 웃음은 고통스러운 감정으로부터 보호해 주는 동시에 삶의 덧없음을 수용하며, 매일매일 삶을 충실하게 살도록 돕는 긍정적인 자산으로 여겨지고 있다.

② 유머의 증진방법

유머는 정서 상태에 의해서 영향을 받을 수 있다(Deckers, 1998). 장난스러운 마음 상태

가 유머를 생성하는 데 중요하다(McGhee, 1979). 유머는 역경에 직면했을 때 유발되는 부정적 감정에 대처하는 방어기제로서 기능하는 경우도 있다. 성격적 강점으로서의 유머감각은 개인이나 집단이 어려움에 처했을 때 부정적 감정을 완화하고 해소한다는 점에서 특히 가치가 있는 것이다. 예컨대, 정치적 억압이 심한 사회에서 냉소적인 풍자를 담은 '블랙유머'가 유행하는 것이다.

유머감각을 함양하는 방법은 크게 두 가지 이론적 입장에 근거하고 있다(Nevo, Aharonson & Klingman, 1998).

첫째, 정신분석적 입장에서 유머감각은 직접적으로 향상될 수 있는 것이 아니라 심리적 성숙과 치료를 통해서 간접적으로 생성되는 것이다.

둘째, 인지행동주의 입장에서 유머가 행동 강화와 인지적 재구성을 통해서 증진될 수 있다는 것이다.

대부분의 유머능력 향상 프로그램들은 인지행동주의 이론에 근거하고 있다. 예컨대, 하위 단계에서는 일상적인 생활에서 접하는 유머를 즐기는 것으로 이루어지지만 상위 단계에서는 유머를 스스로 만들어내고 특히 스트레스 상황에서 유희적 내용을 찾아내는 일들로 구성된다.

유머감각은 인생에 대한 유희적 태도와 세계관에 근거를 두고 있다. 유희적 세계관은 쾌활한 기질과 더불어 부정적 생활사건을 겪으면서 인간이라는 존재에 대해서 깨닫는 통찰의 복합적 산물이라고 할 수 있다.

유머감각을 증진시킬 수 있는 구체적인 실천방법은 다음과 같다.

- 매일 적어도 한 사람을 웃기거나 즐겁게 만들어 본다.
- 마술을 한 가지 배워서 친구에게 그것을 시행해 본다.
- 책이나 인터넷을 통해서 재미있는 유머나 이야기를 수집하여 즐긴다.
- 매일 시트콤이나 재미있는 쇼, 영화를 보거나 코믹만화를 읽는다.
- 우울해 있는 친구의 기분을 풀어 준다.
- 대부분의 상황 속에서 재미있고 밝은 측면을 찾는다.

- 유머감각이 탁월한 사람들과 친구가 된다.
- 어떤 사람의 흉내를 내보고 가까운 사람들과 이야기해 본다.
- 친구들과 한 달에 한 번은 볼링, 하이킹, 자전거와 같은 야외 활동을 하러 간다.
- 눈이 올 때 눈사람을 만들거나, 해변에서 발리볼을 한다.
- 친구들에게 재미있는 이메일을 보낸다.
- 사랑하는 사람들과 야구나 하키, 농구 등 게임을 하러 간다.

〈 대표강점 유머감각 검사 〉

NO	내용	1점	2점	3점	4점	5점
		매우다르다	다르다	보통이다	비슷하다	매우비슷하다
1	되도록 일과 놀이를 잘 배합한다.					
2	우스갯소리를 거의 할 줄 모른다.					

(2번 문항은 역산문항)

이것이 당신의 유머감각 점수이다.
위 두 문항의 답을 더하여 여기에 적어라. ________

(5) 영성

영성(spirituality)은 인간의 실존적 한계를 초월할 수 있는 궁극적인 것, 절대적인 것, 영원한 것, 성스러운 것을 추구하는 태도를 뜻한다. 즉, 인생의 초월적 측면에 대한 관심과 믿음 그리고 수행 노력을 의미한다.

영성은 삶의 궁극적 의미를 추구할 뿐만 아니라 개별적인 자기를 넘어서 무언가 더 큰 것과 연결되기를 원하는 자기초월적 태도이다. 이러한 태도를 통해서 인생의 의미와 목적의식을 느끼고 충만한 삶을 살게 된다.

① 영성의 특성

영성과 종교성은 개인의 행복뿐만 아니라 신체적 건강에 긍정적인 영향을 미치는 것으로 보고되고 있다(서경현 · 전겸구, 2004; Krause, 1997; Levin, 1997). 인생의 궁극적 목적과 초월적인 것에 대한 영적인 추구는 다른 목표의 추구보다 행복지표와 더 높은 상관(Emmons, 1998)을 나타냈으며, 삶의 만족도와 유의미한 상관을 나타냈다(Ellison, Gay & Glass, 1989). 또한 후천성 면역 결핍증(AIDS) 환자를 대상으로 한 연구(Lockenhoff et al., 2009)에서도 영성과 종교성은 환자들의 정신건강에 긍정적인 영향을 미치는 것으로 나타났다(Pargament, 1997).

종교성이 높은 젊은이들은 반사회적 행동, 약물중독, 마약판매, 불법행동 등을 회피하는 경향이 있었다(Johnson, Larson, Li & Jang, 2000). 또한 종교행사 참여도가 높은 아동이나 청소년들은 정서적 자기조절을 잘하고, 학업성적이 좋았으며, 공격성이나 약물남용 그리고 성적 문제가 적은 것으로 나타났다(Maton & Wells, 1995; Stevenson, 1997).

종교성은 특히 인간관계에 긍정적인 영향을 미치는 것으로 나타나고 있다. 종교성이 높은 부부들은 부부갈등이 적고 배우자에 대한 이해가 높으며 자녀양육에서 지지적이고 일관성이 있었다(Brody et al., 1994). 아울러 종교성은 용서, 친절, 연민, 낙관성 등과 같은 덕목들과도 연관되는 것으로 보고되고 있다(Ellison, 1992; Wuthnow, 1991).

그러나 종교성과 영성이 항상 긍정적인 영향만을 주는 것은 아니다. 제임스(James, 1902)는 종교성이 정신병리와 관련되는 경우가 있음을 시사한 바 있다. 즉, 종교성이 정신질환의 원인은 아니지만 이러한 질환의 진행과정과 증상의 발현에 영향을 미칠 수 있다는 점(Wilson, 1998)을 지적하였다.

② 영성의 증진방법

영성이나 종교성의 발달에 있어서 부모-자녀관계가 중요한 역할을 하는 것으로 알려져 있다. 제콥스(Jacobs, 2000)는 아동과 부모의 공감적 유대가 정서적 바탕이 되어 종교적 믿음과 소속감이 세대에 걸쳐 전달된다고 보았다. 부모에게 정서적으로 애착되어 있는 사람들은 부모의 종교적 믿음과 행동을 기억하면서 그에 대한 강력한 애착을 보이게 된다. 가족의 응집력은 종교적 믿음이 세대에 걸쳐 세습되는 데에 중요한 역할을 하게 된다.

또한 자녀의 종교적 사회화 과정에서 아버지와 어머니는 각기 다른 역할을 하는 것으로 알려지고 있다. 어머니가 자녀의 종교적 소속감과 참여도에 강력한 영향을 미치는 것으로 나타났다(Myers, 1996).

명상은 무신론적인 영적 추구의 가장 대표적인 수행방법이다.

명상(meditation)은 주의를 한 곳에 집중하여 마음을 청정하게 만들고 나아가서 삶에 대한 통찰을 이루게 하는 영적인 수행방법으로서 집중명상과 통찰명상으로 나눌 수 있다.

집중명상은 주의를 지속적으로 한 곳에 집중하는 방법으로서 심리적 안정과 평화를 증진할 뿐만 아니라 자아와 세계의 경계가 사라지는 초월적 의식 상태를 체험할 수 있도록 해준다. 집중의 대상은 매우 다양하다. 촛불이나 만다라와 같은 시간적 대상, 특정한 단어나 구절의 암송과 같은 청각적 대상, 특정한 신체 부위, 어떤 심상이나 사고내용 등에 주의를 집중할 수 있다.

관찰명상은 변화하는 의식과 현상에 의식을 집중하여 있는 그대로 바라보며 알아차리는 방법으로서 마음챙김 명상이라고 불리기도 한다.

마음챙김(mindfulness)은 자신의 마음, 즉 현재의 자기경험을 비판단적 · 비평가적 · 수용적 자세로 관찰하는 것으로서 자신의 생각과 감정에 함몰되지 않고 거리를 두고 담담히 바라볼 수 있는 능력이 향상된다. 이를 통해서 정서적인 안정뿐만 아니라 마음에 떠오르는 모든 현상을 지나가는 구름처럼 초연하게 대할 수 있는 초월적인 삶의 태도가 함양될 수 있다.

영성을 증진시킬 수 있는 구체적인 실천방법은 다음과 같다.

- 매일 인생의 목적에 대해서 생각해 본다.
- 하루를 시작하기 전에 기도를 하거나 명상을 해 본다.
- 나에게 익숙하지 않은 종교 의식에 참석해 본다.
- 매일 하루에 30분 정도 영성이나 종교 관련 서적을 읽는다.
- 매일 내가 하는 행동이 어떠한 영적 의미를 가지는지 주목한다. 또는 일상과 영성을 연결시키는 방법을 생각해 본다.

- 내 삶의 근본적인 목적을 탐색해 보고 그러한 목적과 나의 행동을 연관시킨다.
- 나의 영적인 신념과 훈련들이 어떻게 나와 다른 사람들과의 관계를 진실하게 연결시킬 수 있을지 생각한다.
- 나의 대표강점을 증진시켜 주는 사람들과 유대감을 기른다.
- 내 삶에서 강한 연결감을 맺게 해 주는 경험 목록을 작성한다.

〈 대표강점 영성 검사 〉

NO	내용	1점	2점	3점	4점	5점
		매우다르다	다르다	보통이다	비슷하다	매우비슷하다
1	삶의 목적이 뚜렷하다.					
2	사명감이 없다.					

(2번 문항은 역산문항)

이것이 당신의 영성 점수이다.

위 두 문항의 답을 더하여 여기에 적어라. ________

7) 부정정서 다루기

(1) 분노 다루기

분노란 어떤 이의 행동이나 생각을 이해하지 못할 때 발생하며, 불쾌감에 의해 유발되는 강한 감정의 상태를 말한다. 분노는 원래 인간 에너지의 하나이며, 일상생활 속에서 발생하는 불가피한 사건에 대한 자연스러운 반응이다. 분노는 반응에 의한 학습이며, 연습과 노력에 의해 조절될 수 있다.

분노는 공격, 용서치 못하는 것, 복수의 형태로 지속될 때는 파괴적일 수 있다. 일시적인 분노는 그 상처가 오래 가지 않기 때문에 문제가 되지 않지만, 만성적이고 지속적인 분노는 몸의 내면에서 부정적인 작용을 하여 건강을 해칠 수도 있다. 즉, 고혈압이나 심장마비의 원인이 될 수 있으며 수명을 단축시킬 수 있는 심각한 문제를 유발시키기도 한다. 그러나 분노가 우리로 하여금 불의를 시정하거나, 창조적으로 생각하도록 자극한다면 건설적일 수도 있다.

분노의 긍정적인 측면과 부정적인 측면을 나누어 살펴보면 다음과 같다.

〈표 4-3〉 분노의 긍정적 · 부정적 측면

긍정적인 측면	부정적인 측면
• 건전한 분노는 변화, 발전, 생산성을 낳는다. • 스트레스를 방출한다. • 개방성을 증진시킨다. • 목표를 달성할 수 있도록 한다.	• 대인관계의 갈등을 유발한다. • Go over the top 현상–한번 분노를 일정 수준으로 표출하면 다음에 더 높은 수준으로 상승하게 된다. • 불안, 신경증, 과긴장, 우울 등 정신건강에 부정적 영향을 미친다. • 고혈압, 심장병, 암 등 신체건강에 부정적 영향을 미친다. • 폭행, 살인 등 반사회적 행동을 유발한다.

① 분노의 구성요소

분노의 구성요소로 두 가지를 제시한다.

첫째, 고통이 존재한다. 즉, 복통이나 피로, 거절 받은 느낌 혹은 상실과 같은 신체적 혹은 정서적인 고통이 동반된다.

둘째, 촉발사고가 존재한다. 나로 하여금 배신감을 느끼게 하고 고의적으로 타인에 의해서 해를 입는다고 느끼도록 하는 상황에 대한 평가들을 하게 된다.

일단 화가 나면 고통은 촉발사고를 유발하고 촉발사고는 분노를 더욱 악화시키게 된다.

분노의 기능과 결과는 다음과 같다.

첫째, 단기적으로 스트레스를 줄여 준다. 분노는 생리학적 자극–긴장을 만들어내는데 표출한 후에 이상하게도 편안해짐을 느끼게 된다. 즉, 스트레스와 관련된 자극으로부터 해방되기 위해 분노를 사용한다는 것이다. 하지만 많은 연구에서 분노는 분노를 더욱 악화시킨다고 보고되고 있다.

둘째, 정서적인 고통을 숨긴다. 분노는 두려움, 상실, 죄책감 그리고 거절감이나 실패감에 대한 방어수단으로 사용된다. 즉, 수치심이나 죄책감, 우울증, 불안 등을 방어하기 위해 분노를 사용한다.

셋째, 주변의 관심을 이끌어낸다. 사람들을 놀라게 해서 내 말에 귀 기울이도록 한다. 물론 처음에는 반응을 보이게 되지만, 시간이 경과하면 익숙해져서 무감각해지고 더 이상 놀라지 않고 오히려 싫증내며, 관심을 갖기보다는 화를 내고 마음의 문을 닫아버리게 된다.

넷째, 처벌이나 복수의 수단으로 사용된다. 즉, 내가 느끼는 고통만큼의 고통을 사람들이 느끼도록 분노를 사용한다. 하지만 이러한 행동은 결국 적을 만들게 될 뿐이다.

다섯째, 다른 사람들을 변화시키도록 한다. 사람들이 내가 원하는 것을 하도록 강요하기 위해 분노를 사용한다. 단기적으로는 공포심으로 요구에 복종하겠지만, 장기적으로는 두려움으로 인해 지배당하는 것에 분개하여 오히려 멀어지게 된다. 그리고 결국은 나 자신이 무기력한 감정을 느끼게 된다.

② 분노의 원인

분노의 원인은 다섯 가지로 제시된다.

첫째, 왜곡된 사고 때문이다. 자신이 처한 주위상황을 잘못 판단함으로써 상대방의 행동을 오해하고, 스스로 부당한 결론을 내리고 화를 내는 경우이다.

둘째, 학습화되기 때문이다. 아이들은 타인의 그릇된 행동을 쉽게 모방한다. 특히 어린 시절 부모로부터 심하게 벌을 받고 자란 어린이는 그렇지 않은 어린이에 비하여 성인이 되어서도 타인에게 쉽게 분노하고 난폭하게 행동하는 경향이 있다.

셋째, 욕구의 좌절 때문이다. 자신이 설정한 목표를 향해 노력하다가 욕구가 좌절되었을 때 자신을 다스리는 조절능력이 부족하면 분노하게 된다. 뿐만 아니라 육체적 · 정신적인 고통이 있을 때도 우리는 본능적으로 분노를 느낀다.

넷째, 문화적 요인 때문이다. 모든 문화는 감정이 어떻게 통제되고 또 표현되는가에 대한 가치와 규칙을 유지하고 있다. 우리 사회에서는 이런 분노가 소극적으로 누적되어 분 또는 한의 개념으로 발달한다.

다섯째, 자신에게 실망했을 때 나타난다. 우리의 삶에서 가장 자주 분노하는 대상은 우리 자신일 것이다. 자신의 기대에 스스로 충족되지 못할 때 우리는 분노를 터뜨리게 되는 것이다. 자기 자신에 대한 분노는 분노의 내적 요인 중 하나인 완벽주의와 부정적 자아상 때문이기도 하다.

③ 분노의 표현

분노표현의 양상은 자학적이거나 타학적이거나 방향성이 없는 것으로 표현될 수 있다. 자학적 분노는 분노를 불러일으키는 행동의 원인이나 책임을 나 자신에게로 돌리는 것으로 이때 가장 먼저 취하는 행동은 자신의 감정을 닫아버리는 것이다. 반면에 타학적 분노는 적극적인 공격이라고도 하며 분노의 책임을 전적으로 남에게도 돌리는 것이다. 방향이 없는 분노는 언제 어떤 반응으로 표현될지 알 수 없는 것을 의미한다.

남성과 여성의 분노처리 방법은 조금 달리 나타나고 있다.

남성은 운전하면서 문을 닫아놓고 분노 대상에 대해 큰 소리로 욕을 하거나, 당사자에게 직접 표출하기도 하며, 책상을 치거나 술을 마시거나 잠을 자기도 한다. 반면에 여성은 주로 참는다. 말로 막 떠들면서 화를 풀거나 혼자 중얼거린다. 분노 자체를 인정하지 않고 분노가 발생하면 회피한다. 침묵하면서 그 사람 옆에서 딴 일을 하며 무시하거나 충동구매를 한다. 그 외에도 울거나 가사일이나 청소를 한다. 빨래를 하거나 머리에 변화를 주는 등 간접적인 방법으로 지혜롭게 표출한다.

분노의 표현에 따라 〈표 4-4〉와 같이 유형을 구분하기도 한다.

〈표 4-4〉 분노의 유형

분노유형	내용
적극적 공격형	자신의 분노를 거침없이 노골적으로, 격렬하게 쏟아내는 것이다.
억압형	일단 상황을 가라앉히고 무마하려는 시도부터 하고 중간노선을 유지하면서 누구도 공격하지 않는다.
수동적 공격형	소극적이고 교묘하게 표현함으로써 상처받는 것을 최소화한다. 소극적인 공격은 노골적인 공격보다는 비난을 적게 받으며 조용한 방법으로 수행된다.

④ 분노의 치료

분노를 적절한 방법으로 표현하고 치료하기 위해서 다섯 가지 방안을 제시한다.

첫째, 분노 인식하기이다. 자신의 상처받은 감정과 불쾌감, 분노의 감정을 인정하고 수용하는 단계이다. 많은 사람들은 분노를 조정하는 최선의 방법은 억누르는 길이라고 생각한다. 그러나 억지로 감정을 억누른다는 것은 감정의 벽을 쌓는 결과를 초래할 수 있다. 표현되지 않는 분노는 표현한 분노보다 더 해롭다. 분노가 일어나면 분노를 인정해 주면서도 적절하게 조절하도록 해야 한다.

둘째, 표현 연습이다. 상황을 철저하게 분석해서 자신의 말과 행동을 통제할 수 있을 때까지 모든 행동을 자제하는 단계이다. 행동을 자제하는 것은 문제의 핵심을 알고 어떻게 해결해야 되는지 알 때까지 행동을 미루는 것이다. 자기행동을 조절하여 자신의 감정노예가 되지 않아야 한다.

셋째, 자유롭게 표현하기이다. 어린 시절을 돌아보거나 중요한 관계의 사람을 떠올리면서 분노와 슬픔에 압도당할 때 가슴 속을 털어놓는 것만으로도 치료가 될 수 있다. 상대방이 이미 죽었거나, 살아 있지만 절대로 내 말을 이해하지 못할 사람이라고 여겨지더라도 털어놓는다. 혹은 혼자서 말하거나 화난 것을 써본다. 이것은 다른 사람에게 말하는 것보다 천천히 조용히 자신을 직면할 수 있는 방법이다. 감정과 생각을 모으는 시간을 갖고, 분노와 슬픔을 재 경험하는 것은 그 자체만으로 몇 년씩 묵은 부정적 정서를 해결할 수 있다.

넷째, 분노의 원인 찾아내기이다. 무엇이 화나게 하는지, 분노의 원인은 무엇인지 찾는 단계이다. 분노하게 한 원인이 무엇인지 자기 나름대로 분노의 감정을 야기한 사건의 전반을 생각해 본다.

다섯째, 용서하고 잊어버리기이다. 분노와 용서는 밀접한 연관이 있다. 분노가 없다면 용서는 표면적인 것에 불과하다. 즉, 분노를 처리하는 작업은 용서의 과정에서 필수 불가결한 단계인 것이다. 진정한 용서는 거의 언제나 분노를 수반한다. 용서는 나를 위해서 그를 놓아주는 것이다. 그렇지 않으면 내가 그 사람의 노예가 되기 때문이다.

⑤ 분노 다루기 다양한 기법

분노를 다루기 위한 다양한 기법이 제안되고 있다.

첫째, 긴장 이완 기술이다. 심호흡을 하고, 경직되어 있는 부분의 긴장을 푸는 것이다.
다음의 방법들로 훈련해 보자.

- 숨을 깊이 쉬고 몸을 느슨하게 한다.
- 뭉쳐 있는 근육을 풀고, 모든 행동을 천천히 한다.
- 턱과 어깨를 이완시킨다.
- 팔을 편다.
- 다리를 편하게 뻗는다.
- 숨을 내쉬면서 분노의 감정도 내보낸다.

둘째, 감정상승에 대처하기이다. 감정적으로 흥분하기 시작했을 때, 스스로에게 마음을 가라앉히는 말을 하는 것이 중요하다.
화가 나기 시작할 때 다음의 방법들을 적용해 보자.

- 누가 옳거나 그른 것이 아니다. 우리는 단지 다른 기대를 가지고 있을 뿐이다.
- 상대방이 무슨 말을 하든, 나는 내가 괜찮은 사람이라는 것을 알고 있다.
- 평정한 상태를 유지하는 한, 나는 스스로를 통제할 수 있다.
- 상대방이 큰 소리로 말해도, 나는 목소리를 작게 하고 언성을 낮춘다.
- 상대방이 아무리 화를 내도, 나는 그를 비꼬거나 공격하지 않는다.
- 화를 내는 것은 나에게 나쁜 결과를 가져올 것이다.
- 이것은 화 낼만한 가치가 없다.
- 분노는 나에게 해결해야 할 문제가 있다는 신호이므로 그것을 다루어야겠다.
- 나는 침착하게 이 상황에 대처해서 더 이상 화나지 않게 한다.
- 나는 마음을 편하게 먹고 유머감각을 가진다.
- 내가 원하는 것을 얻는 데 화내는 것이 도움이 되는지 스스로에게 묻는다.

셋째, 즐거운 상상하기이다. 즐거운 상상을 통해 긴장을 이완시킬 필요가 있다. 평화롭고 평안한 장면을 떠올리는 능력으로 평화로운 시간과 장소를 떠올려 그 모습을 구체화한다.

- 우선 눈을 감고 나름대로의 장면들을 천천히 그려본다.

- 소리도 추가해 본다.
- 촉감도 상상해 본다.
- 이 장소에서 느껴지는 감정에 주의를 기울인다.
- 잠시 멈추고 그 경험을 음미한다.
- 눈을 뜨고 주위를 둘러보며 현실세계 어디에 있는지를 인식하고 다시 긴장이완 심상으로 돌아간다.
- 스스로를 그 장면 속으로 완전히 몰입하고 동반되는 안전감, 평화로움, 편안한 느낌을 인식하고 다시 현실세계로 돌아온다.

(2) 화 다루기

화병이란 한(恨)의 부정적인 정서에서 비롯된 병리적인(pathological) 현상이라고 정의되고 있다. 화병(火病)은 부정적인 화나는 감정들을 표현하거나 풀지 않고 오랫동안 쌓아놓음으로써 생긴다. 여기서 말하는 화(火)는 매일 생기는 사소한 사건들이 아니라 개인의 일생을 바꾸어 놓을 만한 큰 문제들에서 생기는 것을 말한다.

분노가 화병과 밀접한 관련이 있다.

화병은 억울, 불만, 분노, 걱정, 낙심, 불안 등 다양한 감정과 신체증상의 복합체로서 이들 감정이 오랫동안 의식적으로 억제·누적되다가 밖으로 표출된 병이다. 따라서 단순한 일회적인 분노의 감정과는 다르다. 화병은 한결 장기적이고 의식적으로 억제되고 누적된 감정으로, 밑으로 가라앉아 쌓인 감정이다.

미국 정신과협회에서 한국인에게 많이 나타나는 정신질환으로 화병을 인정한 신토불이 질병이다. 글자 그대로 Hwa-byung으로 표기되며, 분노증후군으로 번역되고, 분노의 억제로 인해서 발생하는 증후군으로 설명된다.

① 화병의 원인과 증상

화병의 원인은 한국의 문화와 가족환경에 의해 발생한다. 예컨대, 여성의 화병은 남편과의 갈등, 남편의 학대, 폭행, 남편의 도박, 시댁과의 갈등, 고부간의 갈등, 자녀문제 등으로 발병하며, 남성의 화병은 승진에서 누락, 직장동료로부터 부당한 대우나 심한 갈등관계, 가족으로부터 사회로부터 부당한 손해를 받은데 대한 억울함과 분함 등 사회적 인간관계가 주된 원인이 된다.

화병이 문화 관련 증후군으로 설명되고 있는 것을 보면 한국 특유의 문화들이 화병발생의 원인임을 알 수 있다. 화병에 대한 관리방법도 복잡하기 때문에 종합적인 프로그램을 적극적으로 활용하는 것이 필요하다.

일반적인 증상들(민성길 외, 1986, 1989)은 가슴이 답답한 통증을 느끼거나, 압박이 느껴지고, 몸에 열이 나거나 뜨거운 느낌들이 들고 속이 매스껍거나 심장박동이 빨리 뛰는 것을 느끼게 된다. 개인에 따라 차이는 있지만 두통, 불면증, 허무함, 어지러움, 소변 볼 때 따가운 느낌이 있거나 어깨부분에 통증을 호소하거나 때때로 악몽(惡夢)에 시달리기도 한다.

임상 통계학상(DSM IV) 화병의 증세를 다음과 같이 제시한다.

- 신체화 장애: 두통, 가슴의 통증, 열이 나는 증세, 소변장애, 어깨통증, 소화기 계통 장애 등
- 우울증(Depression)
- 불안장애(Anxiety)
- 공황장애, 강박장애, 공포장애

화병의 증상에 따른 대응을 제시하면 〈표 4-5〉와 같다.

〈표 4-5〉 화병증상에 따른 대응

증상	대응내용	치료방법
환자의 증상	화병의 특징적인 증상을 없애야 한다.	약물, 침 등의 한의학 요법
정서적인 문제	억울함과 분함을 해결해야 한다.	상담, 명상, 기공
인지적인 문제	쓸모없는 사람이라는 생각에서 벗어나야 한다.	인지적 치료 접근

(계속)

증상	대응내용	치료방법
행동적인 문제	잦은 다툼과 분노, 행동을 조절할 수 있어야 한다.	행동적 치료 접근
환경적인 문제	스트레스 환경에서 벗어나도록 노력해야 한다.	해결 가능한 문제부터 접근

② 화병의 전개과정(Prognosis)

화병은 다음과 같은 7단계에 걸쳐서 전개된다.

충격기 ⇒ 갈등기 ⇒ 체념기 ⇒ 증상기 ⇒ 투병기 ⇒ 회복기 ⇒ 탈출기

첫째, 충격기는 스트레스를 받거나 분노가 일어날 때 받는 격한 감정을 말한다. 상대에 대한 배신감, 증오심, 복수, 심지어 살의까지도 품게 되는 극한 감정의 상태이다.

둘째, 갈등기는 극한 스트레스나 분노를 경험한 뒤 일정 시간이 지나간 후에 마음이 차분해지고 이성을 회복하면서 오히려 심각한 고민에 빠지게 되는 시기이다.

셋째, 체념기는 현실의 문제를 근본적으로 해결하려는 시도보다는 자신의 탓으로 규정하고 포기하며, 팔자소관이나 내가 겪어야 하는 운명으로 여기게 되는 시기이다.

넷째, 증상기는 감정억제와 체념으로 스트레스를 만들게 되고 만성 스트레스 반응의 형태로서 신체적 증상이 생기는 시기이다.

다섯째, 투병기는 화병이 발생하여 투병중인 시기이다. 화병의 투병기간이 보통의 경우 개인의 심리적 원인으로 발생되는 경우 5~10년 정도 잠복기간이 있을 수 있고 시간이 흐르면 잊어버리는 경우가 있다. 외부적인 원인일 경우에는 충격기로부터 시작해서 화병의 전개과정 중 한 부분에 머물러 있을 수도 있다.

여섯째, 회복기는 일시적으로 화병이 완전히 치유될 수는 없지만 그동안 내재되어온 화병의 덩어리를 서서히 녹여내는 시기이다.

일곱째, 탈출기이다. 이 단계에서는 무엇보다도 스스로가 화병을 갖고 있음을 인정하고 고통에서 벗어나려는 시도를 한다.

③ 화 조절하기

화를 조절하기 위해서는 우선 자신의 행동을 잘 관찰하는 것이 중요하다. 자기 자신에게 관심을 가지고 의견 차이가 있으면 정확히 지적하고, 자신의 입장을 분명히 밝히는 것이 바람직하다.

또한 화가 나면 대부분 행동이 급해지는데 생각을 잘 정리한 후 행동으로 옮기고 절대 서두르지 말아야 한다.

화가 날 때 대처하는 행동방법은 다음과 같다.

- 문제가 생기면 대화를 시도한다.
- 억울한 것이 있으면 구체적으로 무엇인가를 생각하고 자신의 입장을 여유 있게 정리한다.
- 자기감정을 솔직하게 털어놓을 수 있어야 한다.
- 애매한 요구는 하지 않는다.
- 사람들은 서로 다르다는 사실을 이해해야 한다.
- 끝이 없는 논쟁에는 끼어들지 않는 것이 바람직하다. 또한 상대방에게 자신의 입장이 옳다는 것을 확신시키려고 하지 말아야 한다.
- 상대가 어떻게 느끼고 생각해야 하는지를 강요하지 말아야 한다.
- 제3자를 거쳐서 얘기하지 말아야 한다.
- 제3자의 말을 경청할 필요가 있다.
- 당장에 변화가 오리라고 기대하지 않아야 한다.

상대방이 화를 낼 때 다스리는 기술은 다음과 같다.

- 웃어넘긴다. 예컨대, "나는 그런 뜻이 아니었는데……. 네가 그렇게 느꼈다면 정말 미안해!"
- 지연시킨다. 예컨대, "다음에 이야기하자!"
- 무엇 때문에 화가 났는지 원인을 찾는다.
- 부정한다. 예컨대, "난 그런 적 없어!", "그건 사실이 아니야!"
- 얼버무린다. 예컨대, "네가 그렇게 느꼈단 말이야? 나는 그런 뜻이 아니었는데…….

네가 그렇게 느꼈다면 미안해. 네가 화가 나면 언제든지 솔직하게 이야기해 주면 좋겠어. 그럴 수 있지?"

- 내 마음을 정확하게 이야기한다. 예컨대, "네 마음은 이해하지만 내가 이야기하고 싶었던 것은 ○○○이야. 오해가 없었으면 해."
- 과거와 현재를 잘 구분한다. 예컨대, "왜 과거 이야기는 꺼내고 그래. 지금 하는 이야기만 잘 하자고."
- 다른 이야기로 화제를 돌린다. 예컨대, "잠깐만, 동생에게 전화해야 하는데 깜빡 잊어버렸어! 전화 좀 하고 올게!"
- 적당하게 겁을 준다. 예컨대, "네가 그런 식으로 계속 무시하면, 나는 너와 다시는 상종 하지 않을 거야."

화 조절을 위해서 자기표현적 진술이 필요하다. 자신의 생각을 알맞게 표현함으로써 자기의 권리를 당당하게 주장할 수 있고 대인관계를 원만하게 영위할 수 있다.

자기표현적 진술은 "3F-사실(Fact)/감정(Feeling)/정당한 요구(Fair Requests)"를 사용하여 의사전달을 한다.

첫째, 사실(Fact)이다. 관찰한 것을 판단하지 않고, 탓하지 않으며, 상대방의 의도를 추측하지 않고 객관적으로 서술한다.

둘째, 감정(Feeling)이다. 상대방의 행동이 나에게 어떤 영향을 끼쳤는지에 대해 내 감정을 정확하게 전달한다.

셋째, 정당한 요구(Fair Requests)이다. 가장 중요한 부분으로 단순하게 내가 원하는 것에 대해서 구체적으로 그리고 합리적으로 이야기한다.

〈표 4-6〉 용서의 발달 형태

용서 형태	내용
복수적 형태	자신이 입은 상처와 비슷한 정도로 상대를 처벌할 수 있을 때에 한하여 상대방을 용서한다.

(계속)

용서 형태	내용
보상적 형태	손상당한 것이 회복될 때 용서가 가능하며, 분노를 품는 데 대한 죄의식을 느낄 때 그 죄의식에서 벗어나기 위해서 용서한다.
기대에 따른 용서	주위의 누군가가 용서를 권할 때 하는 용서로서, 다른 사람들이 용서를 기대할 때 용서하기 쉽다.
합법적인 기대에 따른 용서	가지고 있는 종교가 용서를 요구할 때 하는 용서이다. 용서를 보류하는 것에 대한 종교적 죄의식 때문에 용서한다.
사회적 조화로서의 용서	사회적 관계의 회복이나 조화를 위해 하는 용서이다. 사회적 갈등과 마찰을 감소하고 평화로운 관계를 지속시키고자 할 때 용서한다.
사랑으로서의 용서	진실한 사랑에서 하는 무조건적인 용서이다. 사람 자체에 대한 사랑 때문에 상대방의 가해행위도 용서하고, 복수에 대한 생각 없이 화해를 유도한다.

용서는 결국 자기치료이며 상대방이 부당하게 나에게 입혔던 상처에서 내가 해방되어 나 자신의 고유한 삶을 회복하고 희망을 가지는 것이다. 개인뿐 아니라 사회에도 용서는 자비라는 도덕성 원리에 의거하여 사회적 상호작용에서 큰 이익을 가져다 준다.

용서의 과정을 통해 마음의 평온과 행복한 삶을 추구하는 것은 인간의 지혜이고 축복이다.

제1단계 상처를 당한 사건(Offensive Event)

⇩

제2단계 상처(Hurt)

⇩

제3단계 분노, 화(Anger)

⇩

제4단계 상처를 받은 사건에 관해 정보를 수집하는 단계

⇩

제5단계 용서의 과정으로 접어드는 단계

⇩

제6단계 회복의 단계

[그림 4-1] 용서의 과정

Part 2

행복경험 강점개발 활동의 실제

Chapter 05 행복경험 강점개발 활동을 위한 액션러닝의 적용

1. 액션러닝의 의미
2. 액션러닝의 절차
3. 액션러닝에 사용되는 학습도구

1. 액션러닝의 의미

1) 액션러닝의 정의

액션러닝(action learning)은 개인 또는 팀워크를 기반으로 실제적인 문제를 해결하는 과정에서 동료와 촉진자의 도움을 받아 아이디어를 도출하고 적용하는 실천학습이다.

1954년 영국의 르반스(Revans)가 광부들을 대상으로 집단 컨설팅을 실시한 결과 30%이상의 생산성 향상 효과를 가져온 후 병원, 정부, 대학 등 다양한 분야에서 액션러닝이 적용되고, 그 성과가 나타나게 되면서부터(장경원 · 고수일, 2013) 교육현장에서도 새로운 교육 패러다임으로 부각되고 있다.

많은 학자들이 액션러닝을 다양하게 정의하고 있지만 그 중 마쿼트(Marquardt, 2004)는 액션러닝을 소규모로 구성된 한 집단이 기업에서 직면하고 있는 실질적인 문제를 해결하는 과정에서 학습이 이루어지며, 그 학습을 통해 각 집단 구성원 및 조직 전체에 혜택이 돌아가도록 하는 일련의 과정이자 효과적인 프로그램이라고 정의한다. 딘(Dean, 1998)은 실제 현장에서 일어나는 실제적이고 체제적(systemic)이며 아직 해결된 적이 없는, 업무와 학습이 연계된 조직의 문제를 해결하기 위해 자발적이며, 참여자 주도로 이루어지는, 계속해서 진화해 가는 프로세스라고 정의한다. 봉현철(2006)은 액션러닝이란 교육 참가자들이 학습팀을 구성하여 과제를 제시하는 또는 자신이 해결하고자 하는 실제적인 문제를 팀 또는 개별로 러닝코치(learning coach)와 함께 정해진 시점까지 문제를 해결하거나 문제해결 방안을 도출하는 동시에, 그 과정에서 지식습득, 질문, 피드백, 성찰을 통해 내용측면과 과정측면을 학습하는 프로세스라고 정의한다.

따라서 액션러닝은 행함으로써 배운다(learning by doing)라는 학습원리를 기반으로 팀원들과 함께 실질적인 문제를 해결하는 과정에서 학습이 이루어지는 것이다.

2) 액션러닝의 교육적 가치

액션러닝의 교육적 가치에 대하여 마쿼트(Marquardt, 2004)는 다음과 같이 제시한다.

① 문제해결력을 신장할 수 있다

액션러닝은 실생활과 밀접한 관련이 있는 실제적 문제로부터 학습이 시작된다. 그리고 복잡하고 실제적인 문제를 해결해가는 과정 중에 학습이 진행된다. 따라서 액션러닝을 수행하고 나면 자연스럽게 문제해결력이 신장된다.

그래서 액션러닝에서의 문제는 보다 복잡하고 시급하며 중요한 문제를 선택하는 것이 바람직하다. 예컨대, '우리 반에 누가 왕따를 당하고 있는데 이를 어떻게 해결하면 좋을까?' '우리 학교 앞에 교통사고가 자주 발생하는데 이를 해결할 수 있는 방법이 없을까?' 등을 생각할 수 있다. 이러한 실제적 문제를 해결해 가다 보면 자연스럽게 학습자들의 문제해결력이 강화될 수 있다.

② 리더십을 개발할 수 있다

액션러닝은 강력한 임파워먼트를 기반으로 한다. 임파워먼트는 학습에서 민주적 의사결정을 의미한다. 다시 말해, 교수자가 일방적으로 진행하는 수업이 아니라 학습팀의 자기주도적 학습을 지향한다. 따라서 학습팀이 스스로 학습의 주인이 되어 운영해야 하기 때문에 미래지향적 리더십이 배양될 수 있다.

과거 카리스마적 리더십의 경우, 특정 한 개인이 주도적으로 인도하였다면 현대 사회의 리더십은 집단지성에 기반한 배려와 변혁적 리더십이 요구된다. 액션러닝은 바로 이러한 리더십을 개발하기에 적합하다.

공동체를 구축하고 세워 가면서, 그리고 그 안에서 발생하는 문제와 갈등을 함께 해결해 가면서 생성되는 리더십은 적응, 글로벌 사고, 관계 및 신뢰 구축과 같은 광의의 전략적 리더십 개발에 초점이 맞춰진다.

③ 팀을 만들어 가는 역량을 키울 수 있다

현재까지 액션러닝을 수행했던 학습팀들은 대부분 뛰어난 성과와 강한 결속력을 가진 팀들로 빠르게 변화했다. 그 이유는 퍼실리테이터의 다양한 팀 활동 지원을 통해 학습이 이루어졌기 때문이다. 그리고 퍼실리테이터의 지원을 받은 학습팀은 자신들이 수립한 전략을 중심으로 명석한 판단력, 깊이 있는 대화, 협동심 등을 함양함으로써 서서히 팀의 일원으로 사고하면서 학습하는 능력을 발휘할 수 있다.

④ 학습조직을 구축해 갈 수 있다

향상된 학습스킬 및 능력, 변화된 조직 문화 및 구조, 전 직원의 참여, 지식관리 능력 향상을 통해 액션러닝 학습팀은 자생적인 학습조직으로 거듭날 수 있다. 학습조직은 누구의 강요나 의도로 발생하고 유지되는 것이 아니라 공유된 비전을 중심으로 구성원이 자발적으로 모여서 참여하고 문제를 해결하며 학습을 진행해 가는 자생적이고 연속적인 집합체다.

액션러닝에서 학습팀 활동을 전개하게 되면 팀으로서의 시너지 효과를 경험하게 되고 이를 통해 학습팀의 경험이 학습조직으로 자연스럽게 이어질 수 있다. 학습조직으로서 학습자는 내적 · 외적 환경변화에 신속하게 적응하기 위한 능력을 배양할 수 있으며, 학습을 통해 얻은 지식은 다른 문제 상황에도 전이시켜 적용할 수 있는 이른바 핵심역량을 갖출 수 있다.

3) 액션러닝 수행 시 고려점

전통적으로 교육은 교수자의 주도하에 이루어졌다. 전통적 교육은 교실 안에 앉아 있는 학습자들이 모두 칠판 앞에 서 있는 교수자를 바라보면서 교수자가 제시하는 정보를 수동적이고 소극적으로 받아들이는 방식으로 이루어졌다.

교수자가 아닌 학습자들이 생각하고 활동하는 교실의 모습은 이와 달라야 한다. 학습자 중심인 액션러닝은 학습자들이 교실 혹은 교실 밖에서 과제를 중심으로 함께 모여 적극적으로 논의하고 구체적인 결과물을 만들어 내는 것이다.

학습자 중심 교육이 이루어지기 위해 중요하게 고려해야 할 점은 다음과 같다.

첫째, 학습은 학습자들의 능동적·주도적 참여에 의해 이루어져야 한다. 교수자에 의해 학습내용이 제시 및 전달되는 것이 아니라 학습자들이 스스로 자료를 찾고, 정리하고, 적용하는 가운데 학습이 이루어져야 한다.

둘째, 학습자들은 학습한 내용에 대해 깊고 다양하게 이해하며 이를 실제적으로 활용할 수 있어야 한다. 학습자들은 학습내용을 이론적으로만 학습하는 것이 아니라 실제 맥락에서 그것이 어떻게 활용되는지 경험을 통해 학습해야 한다.

셋째, 학습자 중심 교육이 이루어지기 위해서는 교수자가 학습자들의 학습환경이 될 실제적 맥락의 문제를 제공해야 한다. 즉, 교육 목적에 부합한 맥락에서 학습하는 것이 필요하다.

넷째, 학습자들은 서로 협동하고 논의하며 학습을 수행하는 것이 바람직하다. 함께 학습하는 과정에서 더 많은 것을 배우며 학습방법과 협동방법을 배울 수 있다.

다섯째, 학습자와 교수자는 동등한 관계에서 서로 도움을 주고받으며 존중해야 한다. 교수자는 가르치는 사람이 아니라 질문하고 조언해 주는 조력자의 역할을 수행해야 한다.

여섯째, 학습과정에서 교수자와 학습자의 역할은 융통성 있게 이루어져야 한다. 교수자와 학습자의 역할이 고정된 것이 아니라 적절하게 서로 질문하고 대답하고 돕는 관계가 되어야 한다.

일곱째, 학습과정에서 경험한 것을 성찰할 수 있는 기회가 제공되어야 한다. 성찰을 통해 진정한 학습이 이루어질 수 있다.

여덟째, 학습자 중심 교육에서의 평가는 학습자 중심 교육의 특성에 맞게 평가 주체, 평가 대상, 평가 방법, 평가 시기가 고려되어야 한다(장경원 · 이지은, 2009).

최근 학습자 중심 교육이 가능할 수 있도록 많은 모형 또는 이론이 제안되었는데 대표적으로 문제중심 학습, 목표중심 시나리오, 인지적 도제, 상황학습, 액션러닝 등을 들 수 있다. 이 이론들의 공통점은 학습자들이 실제적 맥락의 과제를 해결하는 과정에서 학습이 이루어진다는 데 초점을 둔다는 점이다. 특히 액션러닝은 실제적 맥락이 아니라 실제 과제를 해결하는 과정에서 학습이 이루어진다는 것이 다른 모형들과 구별된다.

2. 액션러닝의 절차

액션러닝은 실행이 있는 경험을 통한 학습이기 때문에 처음부터 세밀한 운영계획을 세우는 것이 필요하다. 문제해결 과정이 한 가지 유형으로 정해져 있는 것은 아니지만 일반적으로 다음과 같은 절차를 거칠 수 있다.

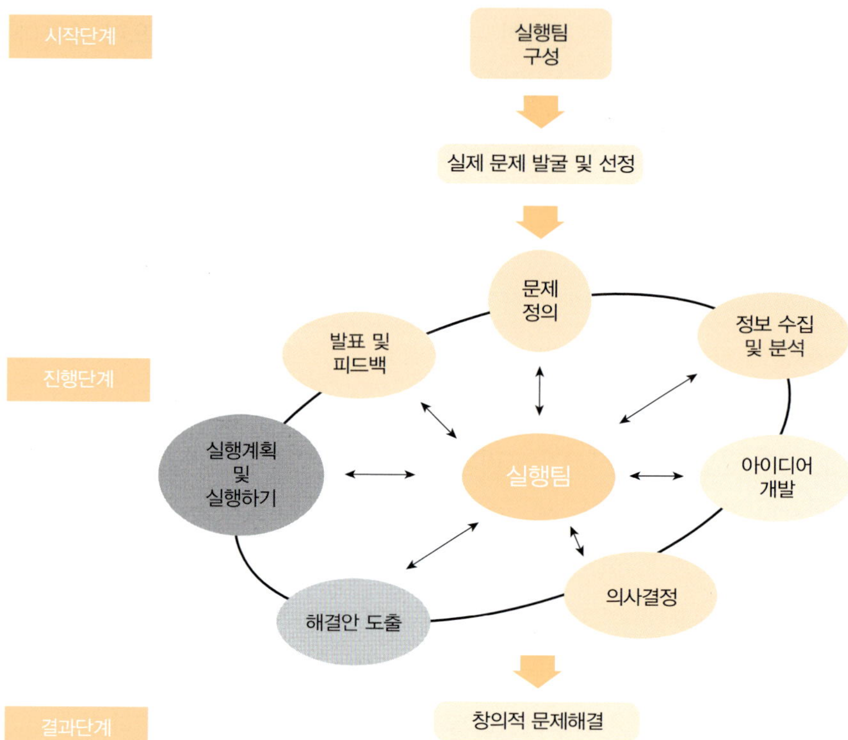

[그림 5-1] 액션러닝 절차

1) 실행팀 구성

실행팀 구성을 팀빌딩(team building)이라고 한다. 이는 팀워크(team work)를 다지는 활동으로 팀 활동의 성패가 달려 있는 매우 중요한 단계이다.

실행팀 구성에 대한 내용은 다음과 같다.

〈표 5-1〉 실행팀 구성

단계	세부내용
팀원구성	• 성격유형검사나 학습양식검사 결과를 이용하여 다양하고 이질적 구성원 6~7명으로 집단을 구성한다.
팀 명, 팀 구호, 팀 규칙 정하기	• 팀원이 정해져 집단이 구성되면 팀 결속력을 다지기 위해 팀원들끼리 자기소개 및 친목 다지기(ice-break) 활동을 한다. • 팀 명, 팀 구호, 팀 규칙을 정하여 전체 학습자 앞에서 발표한다. • 팀 규칙은 앞으로 활동수행에 대한 서로의 약속이며 서로 격려하고 활발한 참여를 도모하기 위한 수단이다.

실행팀 구성에 대한 예시는 다음과 같다.

<table>
<tr><td>일자</td><td>12.3.11</td><td>장소</td><td>상경 311호</td></tr>
<tr><td>팀명</td><td>A+</td><td>팀구호</td><td>학점 살아있네~</td></tr>
<tr><td>팀규칙</td><td colspan="3">1. 결석 하지 않기
2. 조 발표내용 기밀유지
3. 팀 활동 시 적극 참여하고, 서로 말 편하게 하기
4. 레이디 퍼스트
5. 규칙을 어길 시 벌금내기 (모아진 벌금은 1학기 마지막 회식에 사용한다.)</td></tr>
<tr><td>문제과제</td><td colspan="3"></td></tr>
<tr><td>팀원</td><td colspan="3">
<table>
<tr><td></td><td>이름(DICS)</td><td>전공</td><td>연락/e-mail</td><td>역할</td></tr>
<tr><td rowspan="6">팀원</td><td>김○○ (I)</td><td>음악학과</td><td></td><td>연락조장/과제제출담당</td></tr>
<tr><td>김○○ (I)</td><td>음악학과</td><td></td><td>준비물조장</td></tr>
<tr><td>김○○ (S)</td><td>건축공학</td><td></td><td>★조장/발표담당</td></tr>
<tr><td>이○○ (S)</td><td>건축공학</td><td></td><td>현장조장/현장조사</td></tr>
<tr><td>송○○ (D)</td><td>건축공학</td><td></td><td>부조장/PPT담당</td></tr>
<tr><td>김○○ (I)</td><td>토목공학</td><td></td><td>총무/돈관리담당</td></tr>
<tr><td>퍼실리테이터</td><td></td><td></td><td></td><td></td></tr>
</table>
</td></tr>
<tr><td>코멘트</td><td colspan="3"></td></tr>
</table>

[그림 5-2] 실행팀 구성을 위한 팀 빌딩 예시

2) 실제 문제 발굴 및 선정

주변에 존재하고 있는 실제 문제에 관심을 갖고 찾아보는 단계이다. 실제 문제 발굴에 대한 내용은 〈표 5-2〉와 같다.

〈표 5-2〉 실제 문제 발굴 및 선정

단계	세부내용
실제 문제 발굴 및 선정	• 팀원 각자가 실제 문제 한 가지씩을 발굴하여 와서 팀회의 시 토의활동을 통해 해결하고자 하는 문제를 선정한다. • 문제 선정시 문제 선정기준을 활용하여 적절성을 따져본다. • 팀원들이 발굴한 문제를 선정할 때는 의사결정그리드나 의사결정 매트릭스, PMI 기법 등의 학습도구를 사용할 수 있다.

실제문제 발굴에 대한 예시는 다음과 같다.

팀원	실생활에서 발굴한 문제 (아이디어)
김○○	사회 성폭력문제
김○○	○○대학교 순환버스 9번의 유료화
송○○	베이비부머 세대들의 퇴직 후 무분별한 자영업 진출
김○○	시장 상권 살리기
이○○	고속도로/자동차 전용도로에 이륜자동차 출입금지
김○○	아르바이트생 인권 살리기
우리가 발굴한 실생활 문제	▶베이비부머 세대들의 퇴직 후 무분별한 자영업 진출 선정이유: 부모님들의 세대에서 생각보다 쉽게 일어날 수 있는 문제로써 조원들이 제시한 의견들 중 선정기준에 제일 적합하다고 생각하였고, 이 사회정 문제에 대한 특별한 제도나 방안이 마련되지 않았다고 생각하기 때문이다.

[그림 5-3] 실제문제 발굴에 대한 예시

3) 문제 정의

해결해야 할 문제를 구체적으로 정의하는 단계이다. 문제 정의에 대한 내용은 〈표 5-3〉과 같다.

〈표 5-3〉 문제정의

단계	세부내용
문제정의	• 팀에서 선정된 문제의 근본원인과 구조를 파악하며, 문제를 명료하게 정의한다. • 근본원인 파악 시 가설 설정, 자료조사 결과물 활용, 조사활동이 수행된다. • 파악된 근본원인을 유목화하여 어골도를 그려본다. • 어골도를 통해 나타난 문제의 근본 원인에 따라 해결해야 할 문제가 무엇인지 목록화한다.

문제 정의를 위한 어골도 작성에 대한 예시는 [그림 5-4]와 같다.

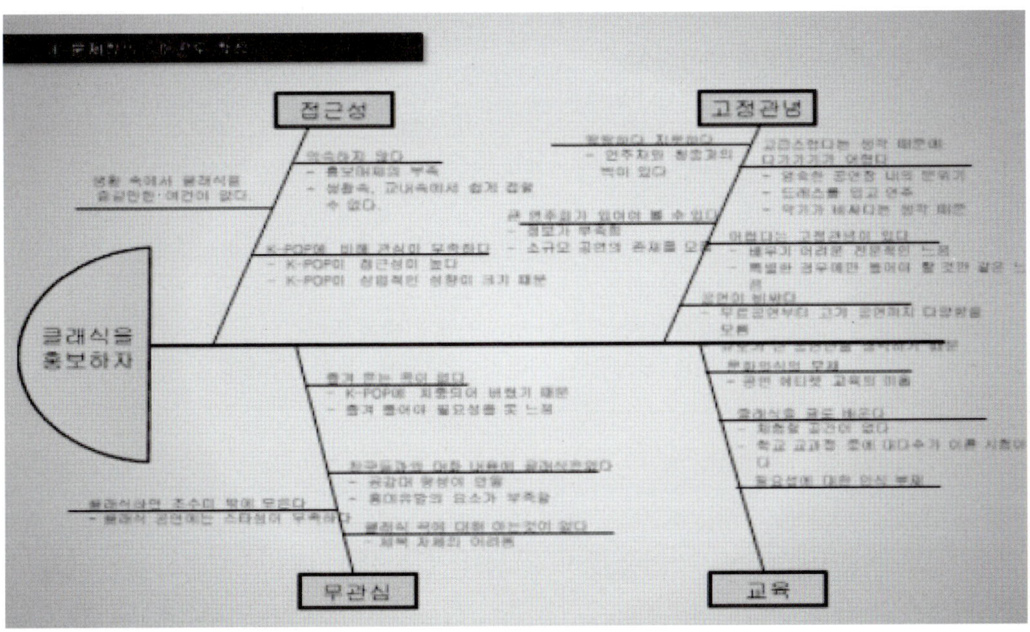

[그림 5-4] 문제 정의를 위한 어골도 작성 예

4) 정보 수집 및 분석

문제를 해결하기 위한 다양한 정보를 수집하고 분석하는 단계이다. 정보수집 및 분석에 대한 내용은 〈표 5-4〉와 같다.

〈표 5-4〉 정보수집 및 분석

단계	세부내용
정보수집 및 분석	• 정보수집은 문제와 관련된 문헌조사, 연구조사, 인터뷰, 현장조사 등을 통해 이루어진다. • 역할분담표나 자료수집 계획서, 방문조사 및 연구조사 계획서를 활용한다. • 수집된 정보들을 다각적인 관점에서 분석하여 문제해결의 실마리를 찾는다.

5) 아이디어 개발과 의사결정

아이디어 개발과 의사결정은 활동이 진행될 때마다 필요한 단계이다. 아이디어 개발과 의사결정에 대한 내용은 〈표 5-5〉와 같다.

〈표 5-5〉 아이디어 개발과 의사결정

단계	세부내용
아이디어 개발과 의사결정	• 아이디어 개발 시 브레인스토밍, 브레인라이팅, 디딤돌 등의 학습도구를 사용한다. • 의사결정 시 의사결정그리드, PMI 기법, 의사결정 매트릭스, 어골도 등의 학습도구를 사용한다. • 도출된 아이디어들을 해결안 탐색안에 기술해 둔다. • 해결안 탐색안에서 선정된 아이디어를 수정 · 보안 · 추가할 수 있다.

6) 해결안 도출

문제해결을 위한 다양한 해결방법을 찾아 선택하는 단계이다. 해결안 도출에 대한 내용은 〈표 5-6〉과 같다.

〈표 5-6〉 해결안 도출

단계	세부내용
해결안 도출	• 해결안 탐색안에서 실천 가능하거나 타당한 것을 재선정한다. • 선정된 아이디어 중에서 우선순위를 정한다. • 실천 가능한 아이디어가 도출되면 '문제개요지'를 작성하여 문제의 유형과 학습 목표, 대략적인 문제해결 프로세스, 기대하는 결과물 및 효과를 간략히 기술하여 문제해결방향과 결과에 대해 예측해 본다.

해결안 도출을 위한 문제(과제)개요지 작성에 대한 예시는 [그림 5-5]와 같다.

팀명	A+	팀원명	김○○, 김○○, 김○○, 송○○, 김○○, 이○○
과제명	클래식을 홍보하자.		
과제유형	1. 클래식의 접근성을 높인다. 2. 클래식에 대한 고정관념을 변화시킨다.		
학습목표	1. 재학생들을 대상으로 클래식 음악에 관심을 갖도록 한다. 2. Facebook을 통하여 클래식음악에 대한 홍보를 한다. 3. CM송을 제작하여 교내에 방송한다. 4. 대학신문에 교내 연주회를 홍보한다.		
과제해결 프로세스	1. 재학생들에게 클래식을 홍보한다. 2. 현황 및 문제점 분석한다. – 전문가 면담(문제점 및 해결방안), 재학생들의 인터뷰 3. 원인을 분석한다. – why기법(문제를 세밀히 조사하기 위해서 "왜"를 3번 이상 사용) 4. 해결방안을 탐색한다. – 페이스북 페이지 홍보, CM송 제작, 교내방송 및 신문을 통한 홍보 5. 타당성 분석 및 수정보완한다. – 초기 인터뷰한 전문가에게 피드백 요청 6. 최종 보고서를 작성한다.		
최종결과물	Facebook 페이지 통계점검, 설문조사 결과물, 전문가 인터뷰, 교내 연주회 홍보 및 결과물 (CM송 제작 및 홍보)		
(기대효과)	클래식에 대한 친근성, 접근성, 고정관념을 개선한다.		
발표형태	PPT(통계자료, CM송, 동영상자료, 인터뷰자료 등의 자료첨부)		

[그림 5-5] 해결안 도출을 위한 문제(과제)개요지 예시

7) 실행계획 및 실행하기

실행계획 및 실행하기 단계는 문제해결을 위한 다양한 해결방법을 현장에 적용하기 위해 계획을 세우고 계획에 따라 직접 현장에서 실천하는 단계이다. 실행계획 및 실행하기에 대한 내용은 〈표 5-7〉과 같다.

〈표 5-7〉 실행계획 및 실행하기

단계	세부내용
실행계획	• 실제 현장에서 실행하기 전에 육하원칙에 의해서 미리 계획해 본다. • 실행 계획서를 작성할 때 필요한 것과 유의해야 할 것들을 기술하여 팀원들과 역할을 분담한다.
실행하기	• 해결안을 현장에서 직접 실천하는 단계이다. • 실행하기 활동지를 통해 문제해결안 실행과정을 기술하고, 느낀 점, 시사점, 실행 중 영상이나 사진 또는 증빙자료들을 준비해 둔다.

실행하기 활동지 작성에 대한 예시는 다음과 같다.

<table>
<tr><td>일시</td><td>5월 마지막 주</td><td>장소</td><td>석당아트홀</td><td>대상</td><td>○○학생</td></tr>
<tr><td>팀명</td><td>A+</td><td>문제명</td><td colspan="3">클래식을 홍보하자!</td></tr>
<tr><td></td><td>해결책(안)</td><td colspan="4">Facebook 홍보, (최종 결과 발표용)</td></tr>
<tr><td rowspan="7">실
행
하
기</td><td rowspan="5">실행과정</td><td>언제</td><td colspan="3">5월 28일 – 6월 1일 사이</td></tr>
<tr><td>어디서</td><td colspan="3">○○대학교 & FaceBook</td></tr>
<tr><td>누가</td><td colspan="3">김○○, 김○○, 김○○, 송○○, 김○○, 이○○</td></tr>
<tr><td>어떻게 했나?</td><td colspan="3">FaceBook을 통해 클래식 홍보
최종 결과 발표용 설문지를 활용한 홍보
5월 28일 음대 301호에서 런치콘서트 페이스북 홍보
CM송 교내 방송예정 홍보</td></tr>
<tr><td>왜</td><td colspan="3">FaceBook을 통해 여러 클래식 음악을 많은 사람들에게 알리고 클래식에 대해 소개하여 클래식에 관심을 가질 수 있도록 함.
최종 결과 발표용 설문지를 통해 PPT자료 사용.</td></tr>
<tr><td>느낀점/ 시사점</td><td colspan="4">클래식을 홍보하면서 탐원들 역시 클래식에 한발 한발 다가가고 있는 느낌을 받을 수 있었습니다.
아직 사람들의 인식개선에서는 조금 더 노력이 필요하겠지만 즐거이 홍보하고 싶습니다!</td></tr>
<tr><td>증빙자료</td><td colspan="4">https://www.facebook.com/classicPRT</td></tr>
</table>

[그림 5-6] 실행하기 활동지 예시

8) 발표 및 피드백

문제해결을 위한 전 과정을 전체적으로 볼 수 있도록 발표자료 및 보고서를 제작하여 피드백을 주고받는 단계이다. 발표 및 피드백에 대한 내용은 〈표 5-8〉과 같다.

〈표 5-8〉 발표 및 피드백

단계	세부내용
발표 및 피드백	• 문제 발굴에서부터 실행까지 일련의 과정을 발표하며, 새로 알게 된 사실, 느낀점, 실천할 점 등의 성찰 과정을 거친다. • 피드백 시 액션러닝의 과정평가, 내용 및 결과 평가, 발표평가, 팀평가, 팀원평가 등이 이루어진다.

3. 액션러닝에 사용되는 학습도구

액션러닝에서는 문제해결과정 동안 많은 아이디어를 도출하고, 다양한 의견을 제시하거나 적절한 의견을 선택해야 하는 의사결정 과정이 연속적으로 일어난다. 다양한 활동 속에서 시행착오를 줄이기 위해서 효과적인 학습도구의 활용이 필요하다. 다음은 아이디어 도출 도구와 의사결정 도구를 중심으로 살펴보고자 한다.

1) 아이디어 도출 도구

문제해결을 위해서는 다양한 아이디어를 도출할 필요가 있다. 아이디어 도출 시 유념해야 하는 것은 팀원들 모두가 많은 아이디어를 제시하는 것이다. 아이디어 양을 늘리는 것은 다양한 관점에서 문제를 바라보고 생각할 수 있도록 연상과 상상력을 발휘해야 가능하다. 아이디어 도출 도구의 구체적인 내용은 다음과 같다.

(1) 브레인스토밍

브레인스토밍(brainstorming)은 3인 이상 모여 하나의 주제에 대하여 자유롭게 의견을 제시하며 최대한 많은 아이디어를 생성하는 기법이다(Osborn, 1963). 아이디어 제시는 말로만으로도 할 수 있지만, 팀원들의 아이디어를 포스트잇 한 장에 한 아이디어만 글로 써서 제시하는 것(명목집단법: NGT)을 반복하면 보다 효과적인 아이디어를 모을 수 있다. 이때 모든 팀원이 주제와 관련한 아이디어를 생성해야 한다. 생성된 아이디어는 팀원들이 공유할 수 있도록 8절지에 유목화하여 시각화한다.

효과적인 브레인스토밍을 위한 4가지 규칙은 다음과 같다(김영채, 2001).

- Support: 제시한 아이디어에 대한 평가는 비판하지 않고 유보한다. 이는 평가로 인해 아이디어 산출을 저해하거나 다른 대안이 될 만한 아이디어조차도 성급하게 내던져 버릴 수 있기 때문이다.
- Silly: 아이디어는 거칠고 자유분방한 것일수록 더 좋다. 이는 무모해 보이고 엉뚱한

것일수록 보다 참신한 아이디어가 될 수 있기 때문이다.

- Speed : 아이디어의 수가 많을수록 더 좋다. 질에는 관계없이 가능한 대로 많은 아이디어들을 생성해 내도록 격려한다. 많은 아이디어를 생성해 낼 때 유용한 아이디어가 들어 있을 가능성이 높아지기 때문이다.
- Synergy: 남들이 제안한 아이디어를 조합시켜 새로운 아이디어를 만들 수 있다.

(2) 브레인 라이팅

브레인 라이팅(brain writing)은 아이디어 릴레이라고도 부른다. 브레인 라이팅은 브레인스토밍 기법의 응용으로 다른 사람이 기술한 아이디어를 읽어보고 새로운 아이디어를 생성해 내는 방법이다. 브레인 라이팅의 구체적인 방법과 유의점은 〈표 5-9〉과 같다.

〈표 5-9〉 브레인 라이팅의 방법과 유의점

방법 및 유의점	세부내용
방법	• A4용지에 아이디어를 적을 수 있는 포스트 잇을 붙인다. • 각자 5분 동안 3~4개의 아이디어를 적고 옆 사람에게 전달한다. • 앞사람들이 적은 아이디어에 자신의 아이디어를 추가하여 또 옆 사람에게 전달한다. • 팀원 수나 회의시간을 고려하여 20~30분 동안 이러한 활동을 반복하여 아이디어의 양을 증가시킨다. • 수집된 아이디어는 유사한 것끼리 모아 분류하고 팀원들이 공유할 수 있도록 유목화한다. • 유목화된 아이디어에 키워드를 도출하여 부착해 둔다.
유의점	• 팀원들이 생성한 아이디어를 읽어보고 보다 발전된 방향으로 아이디어를 결합하거나 개선한다. • 편안하고 자유로운 분위기 속에서 진행되도록 한다. • 팀원들 중 한 명도 빠짐없이 참여해야 함을 숙지한다.

(3) 디딤돌

디딤돌은 강제연상법의 일종으로 로터스발상법과 유사하다. 로터스발상법은 중심 주제와 관련한 아이디어들을 하위 소주제어로 확장시켜나가며 아이디어를 전개해 가는 방법이다. 그 모습이 연꽃이 가운데를 중심으로 피어나가는 것과 유사하여 연꽃개화법이라고 한다. 디딤돌의 구체적인 방법은 〈표 5-10〉과 같다.

〈표 5-10〉 디딤돌의 방법

유형	세부내용
디딤돌	• 주제와 관련된 단어를 한 개만 선택하여 전지 한가운데 붙인다. • 단어와 관련된 즉흥적 아이디어나 떠오르는 단어 8가지를 가운데를 중심으로 둥글게 붙인다. • 8가지 단어와 실제 문제와 연결하여 새로운 아이디어를 단문의 문장으로 기술한다. • 도출된 아이디어의 주요 특성을 디딤돌판에 유목화하여 붙인다.

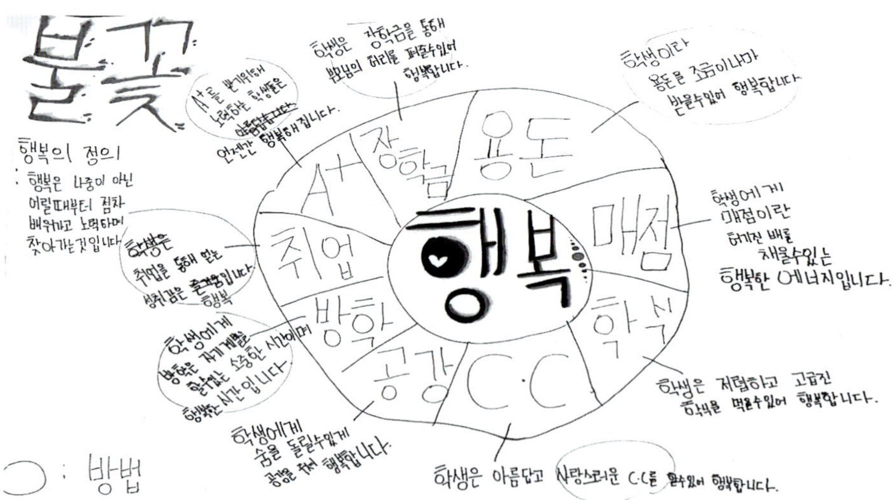

[그림 5-7] 디딤돌 기법의 예시

(4) 스캠퍼 기법

스캠퍼(SCAMPER) 기법은 오스본(Osborn)의 동사 체크리스트를 재조직하여 만든 사고법을 적용한 것이다. 스캠퍼 기법은 이 책의 4장에서 지성 관련 강점 중 창의성 증진방법을 소개할 때 설명했으므로 간략히 소개만 한다.

스캠퍼 기법은 대체(Substitution), 조합(Combination), 적용(Adaptation), 수정(Modification), 용도변경(Putting to other uses), 제거(Elimination), 재배열(Rearrangement)의 첫글자를 따서 SCAMPER로 명명되었다.

대체는 기존의 것을 다른 것으로 대체하여 생각해 보는 것이고, 조합은 두 가지 요소를 합쳐서 생각해 보는 것이다. 적용은 현재 해결안을 다른 곳에 적용해 보는 것이고, 수정은 변경하거나 축소하거나 확대하여 생각해 보는 것을 의미한다. 용도변경은 현재 해결안을 다른 용도로 생각해 보는 것이며, 제거는 다양한 해결안 중에서 덜 필요로 하는 것 또는 덜 중요한 것들을 제거해 보는 사고이다. 재배열은 현재 해결안을 뒤집어 거꾸로 생각해 보거나 재배치하여 생각해 보는 것을 뜻한다.

스캠퍼 기법은 대체, 조합, 적용, 수정, 용도변경, 제거, 재배열의 내용을 주로 질문법을 통해 제시함으로써 다각적으로 사고하도록 유도한다.

2) 의사결정 도구

의사결정 도구는 여러 가지 대안이나 아이디어들 중에서 가장 적절하거나 효과적인 것을 선택하기 위해 사용되는 도구이다. 주로 평가나 분석, 분류의 역할을 한다. 의사결정 도구의 구체적인 내용은 다음과 같다.

(1) 의사결정 그리드

여러 의견 중에서 한 개를 선택해야 할 때 의사결정 그리드(decision grid)를 사용하면 보다 효과적이다.

팀원들이 의사결정을 해야 할 때 자기 팀의 의사결정 기준들을 제시한 후에 이를 토대로 토의과정을 거쳐 최종 의견을 정하는 것이다.

의사결정 기준은 팀원들의 아이디어와 주제에 따라 달라질 수 있지만 주로 중요도, 긴급도, 실행성, 기대효과, 빈도, 강도, 재미, 학습유무 등의 기준들에서 두 축(X축과 Y축)에 들어갈 두 가지 기준을 선택한 후 생성된 아이디어를 기준에 따라 평가하고 선택한다.

의사결정 그리드의 사용방법은 〈표 5-11〉 같다.

〈표 5-11〉 의사결정 그리드의 방법

유형	세부내용
의사결정 그리드	• 의사결정 기준을 제시할 때는 명목집단법(NGT)을 활용하거나 토의를 통해 제시한다. • 선정된 의사결정 그리드의 기준을 X축과 Y축에 기술한다. • 팀원들이 생성한 아이디어들을 충분히 토의한 후 의사결정 그리드 위 해당 위치에 붙인다. • X축과 Y축에 기술된 두 기준에 대해 가장 높은 점수를 받은 아이디어를 선택한다.

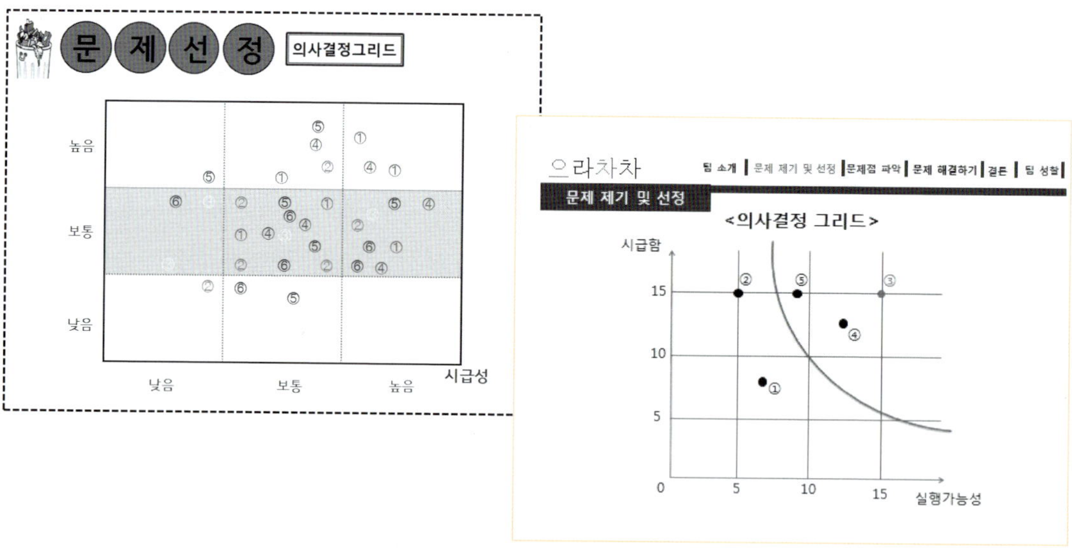

[그림 5-8] 의사결정 그리드 사용 예시

(2) 의사결정 매트릭스

의사결정 매트릭스(decision matrix)는 문제의 시급성, 중요성, 효과성, 자원활용성 등의 기준을 정해 두고 가장 적절한 아이디어나 대안을 기준에 따라 점수를 부여하는 것이다. 가장 높은 합계 점수를 부여 받은 아이디어를 우선으로 선정한다.

의사결정 매트릭스는 〈표 5-12〉와 같다.

〈표 5-12〉 의사결정 매트릭스의 방법

아이디어 (해결안)	평가요소				
	중요성 (25%)	시급성 (25%)	효과성 (25%)	자원활용성 (25%)	계 (100%)
금연 스티커 부착	25	25	25	25	100

(3) PMI 기법

PMI 기법은 긍정적인 면(plus)과 부정적인 면(minus), 흥미롭거나 재미있는 면(interesting)을 고려하여 의사결정하는 방법이다. 5점 척도로 산정하여 최대 15점까지 획득할 수 있으며, 가장 점수가 높은 아이디어를 선정한다.

PMI 기법은 〈표 5-13〉과 같다.

〈표 5-13〉 PMI 기법의 방법

아이디어	긍정적인 면	부정적인 면	흥미로운 점	점수 계
길거리 흡연부스 설치	거리청결	경비소요가 큼	간접흡연에 대한 피해 감소	13
	5	4	4	

(4) 어골도

물고기 모양을 본따서 피시본(fish bone)이라고 부르며, 최초 이시가와 다이어그램(Ishikawa diagram)으로 제시되었다가 근래 인과분석법, 특성요인도 분석법이라고도 부른다.

어골도는 해결해야 할 문제의 인과관계를 확인하고 문제의 원인을 밝혀내어 그 관계를 전체적인 측면에서 이해하는 데 매우 유용한 도구이다.

해결하고자 하는 문제를 생선의 머리뼈 부분에 기록하고 그 문제의 직접적인 원인을 뼈가지에 배치한다. 그리고 근본원인이라고 생각되는 것을 잔뼈가지에 배치한다.

어골도는 문제해결을 위한 원인분석, 해결안 도출, 실행계획 등에서 다양한 아이디어들을 정리하고 분석할 때 사용할 수 있다.

어골도 사용에 대한 예는 [그림 5-4]에서 제시하였으므로 생략하기로 한다.

Chapter 06 행복경험 강점개발 활동의 예시

1. A주시조
2. 전구조
3. 사랑해조

이 장에서는 액션러닝을 적용하여 긍정경험과 긍정정서를 기반으로 한 "행복경험 강점개발 활동"의 결과물을 소개하고자 한다.

1. A주시조

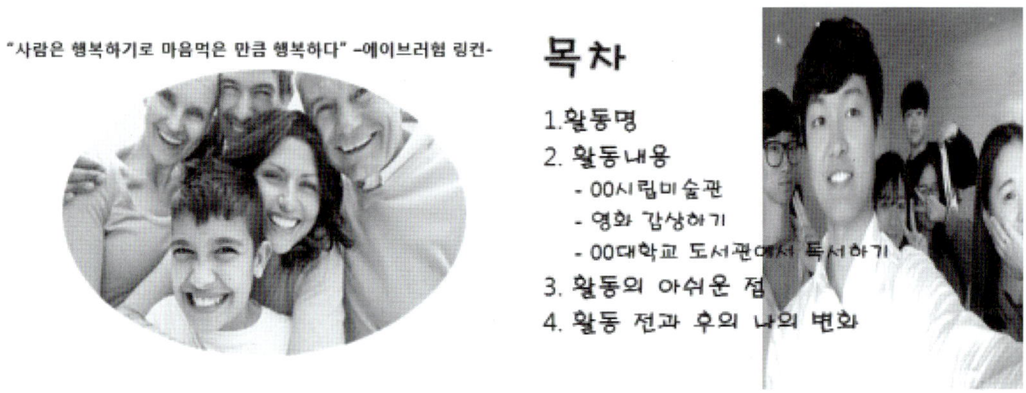

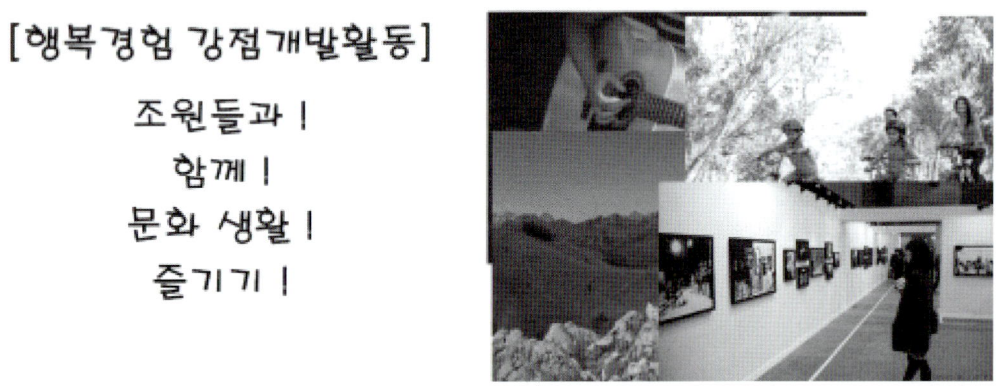

활동내용

1.OO시립미술관

가족사진 - 안창용

영원한 과수원-안창용

(가족사진 – 안창용)

[감상 후 표현하기]

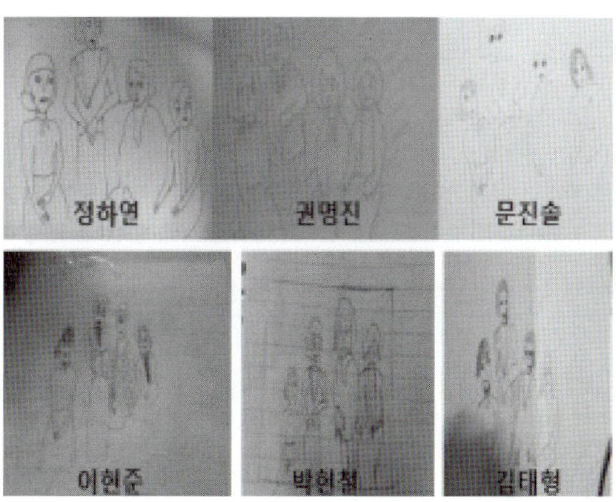

사진 감상 후 느낀점

이현준 : 현대사회의 가족의 모습을 적나라하게 드러내고 있다. 서로에 대한 애정,기쁨, 즐거움보단 아무런 감정 없는 모습이 안타까움을 자아낸다 저런 가족들은 긍정심리수업을 들어야 할 것 같다.

정하연 : 그냥 그림만 보면 가족사진이지만, 전부 무표정에 감정이 없어 보인다. 가족처럼 보이지만 남 같은 모르는 사람인 것 처럼 보인다. 현대사회의 바쁜 직장인들과 가족과의 소통이 없어진다는 것에 관한 비판인 것 같다.

박현철 : 겉모습만 가족의 형태를 띄우고 있으며 사실은 개인적인 일만하고 사는 서로 전혀 친밀한 관계가 없는 바쁜 가족을 비유 하는 것 같다.

권명진 : 현대가 바쁘게 돌아가서 현대의 각박함이 느껴지는 것 같다.

김태형 : 어두운 색감과 그림 속 사람들을 기이하게 표현함으로써 보통 사람들이 생각하는 화목함을 들게 하는 가족사진의 통념을 깨는 모점이 드러나고 인간의 속물적인 면모를 적나라하게 비판하는 작가의 생각을 느끼게 되었다.

문진솔 : 퇴폐적한 분위기와 색조의 구성으로 가족 구성원들끼리의 이기적인 욕망을 비판하는 작가의 생각을 느끼게 되었다.

활동내용

2. 영화 감상하기

<탐정 홍길동 : 사라진 마을>

http://movie.naver.com/movie/bi/mi/mediaView.nhn?code=115504&mid=30513

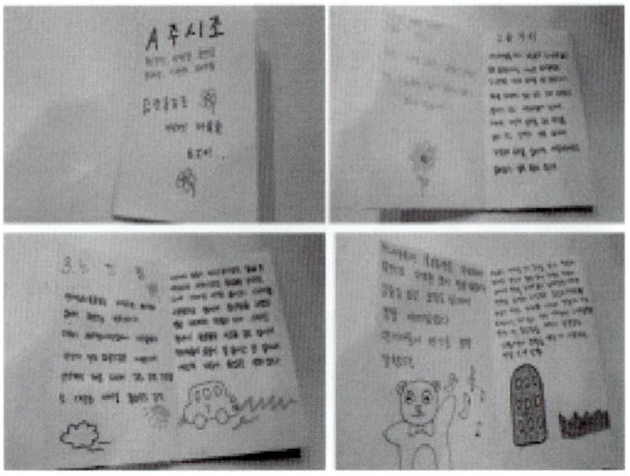

활동내용

도서관에서 독서 후 느낀점

이현준 : 공부만 하로 가다가 책을 도서관에서 읽어보니 여유며 마음에 이를 가졌던 시간이었다.

문진솔 : 독서하는 것을 좋아하지만 도서관에 독서하러 오기 보다는 공부 다닌 적 이 많아 책을 읽고 있으니 새다른 느낌을 받았고 좋았다.

정명진 : 도서관에 가서 재미있는 얘기도 읽고 좋았다. 앞으로도 책을 많이 어야겠다.

박현철 : 도서관에서 독서를 하면서 사람이 얼마나 나빠질 수 있는가에 대 서 생각을 해보는 시간을 가질 수 있었고 새로 만난 친구들과 같이 독서 하며 유대감을 형성할 수 있었고 뿌듯하였다.

김태형 : 자신의 진로에 직접적인 전공공부를 하는 것도 자신에게 큰 도움 되겠지만 한번 좋은 도서관에 들려서 자유롭게 읽고 싶은 책을 선택하는 도 교양발달에 큰 도움이 되고 지식의 폭이 더욱 넓어지는 것 같아서 좋 경험 이었다.

정하연 : 활발한 활동들도 해보았지만 다같이 책을 읽으면서 마음에 안정 느꼈고, 공부하러가 아닌 책을 읽으러 도서관을 와본게 너무 오랜만인 것

활동한 후 아쉬운 점

이현준 : 각자의 다양한 과를 통해 다양한 친구들을 만난 것은 좋았지만 과가 다른 것이 시간약속을 잡는데 어려움을 겪었던 게 아쉽다.

문진솔 : 문화생활 즐기기 중에서도 많은 활동들이 있는데 그 중에서 세가지 밖에 활동하지 못해서 아쉬웠다.

정명진 : 미술관이 재미있었는데 생각보다 짧게 봐서 아쉬웠다.

김태형 : 조원들의 과가 모두 달랐기 때문에 서로 수업 시간표가 맞지 않아 활동을 하기 위해 만나는데 큰 제약을 받아 아쉬웠다.

박현철 : 독서를 하면서 자기가 궁금한 점이나 독서를 끝낸 후 그 책의 재미있었던 이야기를 서로 말하면서 얘기하고 싶었지만 그렇게 하지 못하여서 아쉬웠다.

정하연 : 만약 방학 때 이런 활동을 했더라면 여유롭게 더 많은 활동들을 할 수 있었을 텐데 조원 모두 바빠서 일정도 많이 어긋나고 시간도 부족했던 점이 아쉬웠다.

활동 전과 후의 나의 변화

이현준 : 활동 전에는 이런 활동을 통해 무엇을 얻을 수 있을지 의문이 들었지만 활동을 하고 나에 대해 행복해지고 더 많은 인간관계를 형성 할 수 있었던 것 같다. 내 자신에도 더 긍정적으로 변한 것 같다.

김태형 : 활동 전에는 여가 생활이나 문화생활에 접할 기회가 많지 않아 기본교양이 많이 부족했는데 활동 후 작품 감상에 있어 여러 관점으로 작품을 보고 감수성이 더 풍부한 내가 되었다.

문진솔 : "문화생활 즐기기" 라는 주제를 가지고 과제가 아닌 진짜 즐기는 마음으로 조원들과 참여하였는데 활동하는동안 학업이라는 스트레스에서 벗어나서 그런지 더욱 내 자신이 밝아진 것 같다는 느낌이 들었다.

권명진 : 바깥수업을 하면서 바깥수업이 효율적이라는 것을 알게 되었다. 이러한 활동들을 하면서 교실에서 있을 때보다 조원들과 친해진 것 같고, 문화생활을 자주 즐기고 싶다는 생각을 가지게 된것 같다.

2. 전구조

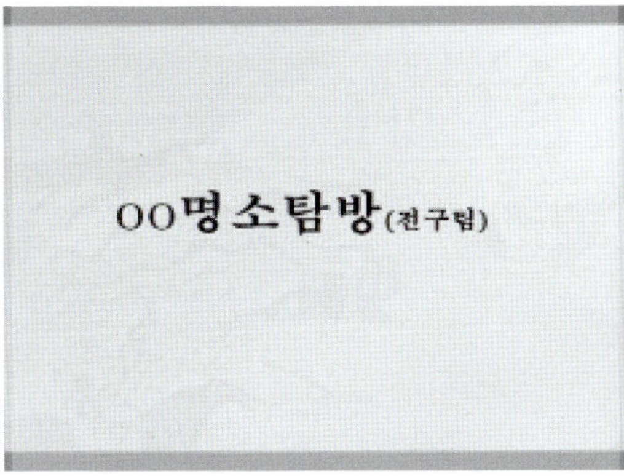
OO명소탐방(전구팀)

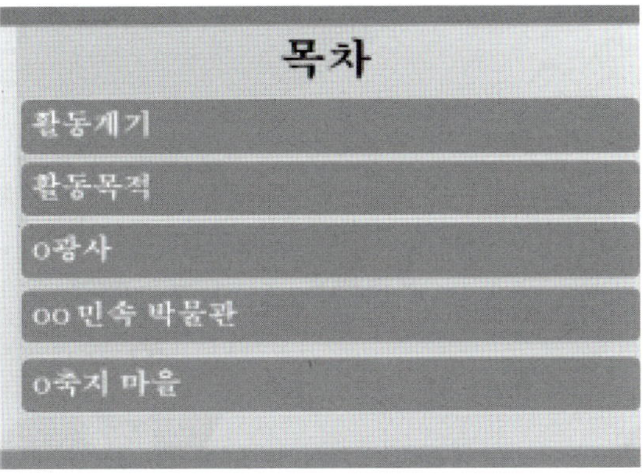
목차
활동계기
활동목적
O광사
OO 민속 박물관
O축지 마을

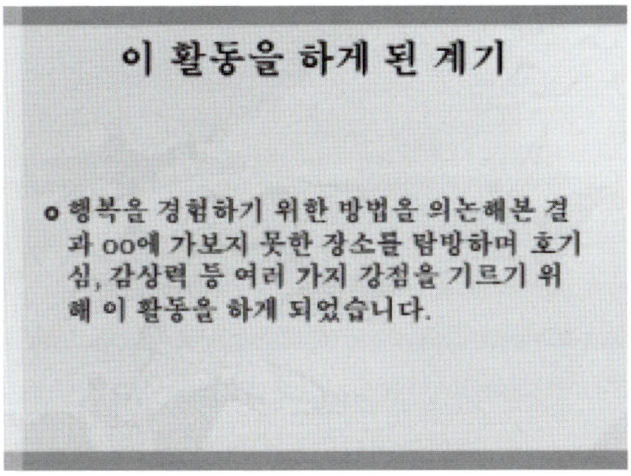
이 활동을 하게 된 계기
행복을 경험하기 위한 방법을 의논해본 결과 OO에 가보지 못한 장소를 탐방하며 호기심, 감상력 등 여러 가지 강점을 기르기 위해 이 활동을 하게 되었습니다.

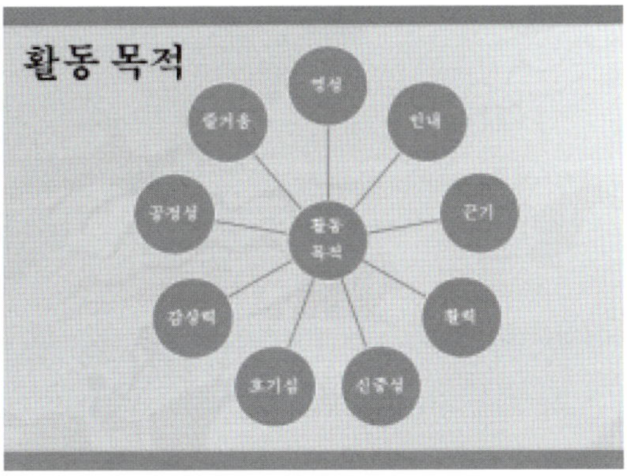
활동 목적
명상
즐거움
인내
공정성
활동 목적
끈기
감상력
협력
호기심
신중성

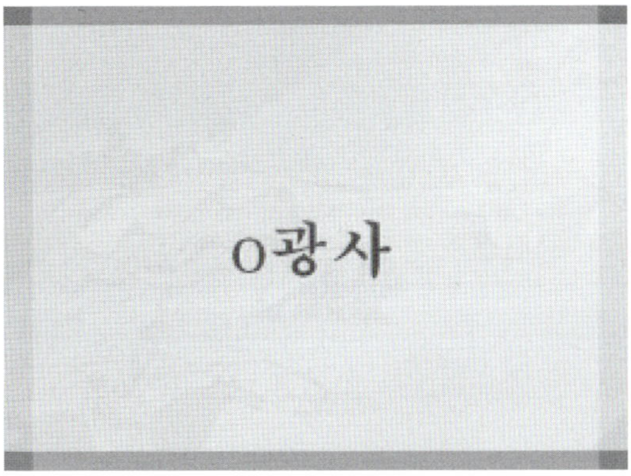
O광사

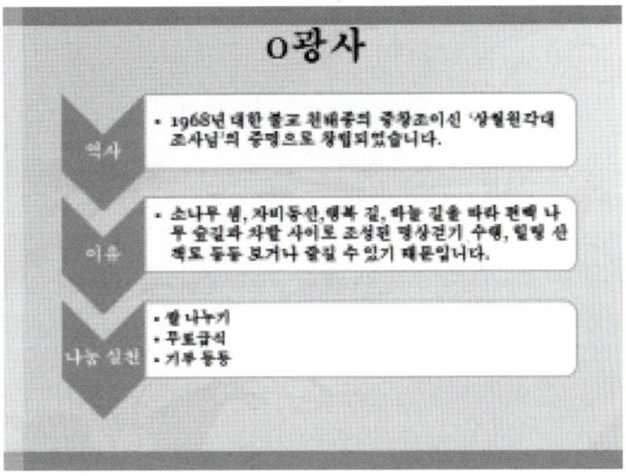
O광사
역사
1968년 대한 불교 천태종의 중창조이신 '상월원각대조사님'의 중명으로 창립되었습니다.
이유
소나무 섬, 자비동산,행복 길, 하늘 길을 따라 편백 나무 숲길과 차밭 사이로 조성된 명상걷기 수행, 힐링 산책로 등등 보거나 즐길 수 있기 때문입니다.
나눔 실천
쌀 나누기
무료급식
기부 등등

사진

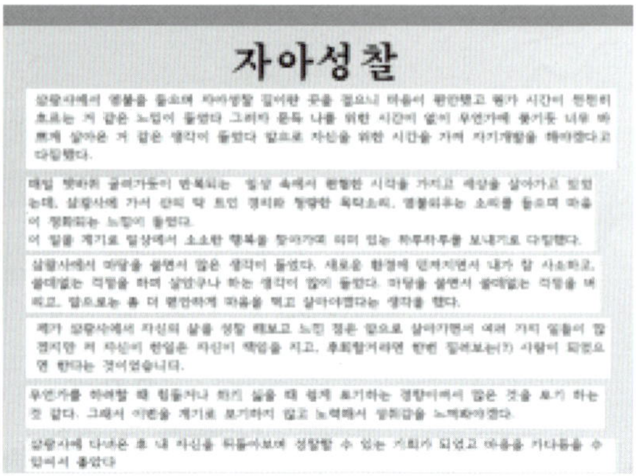
자아성찰

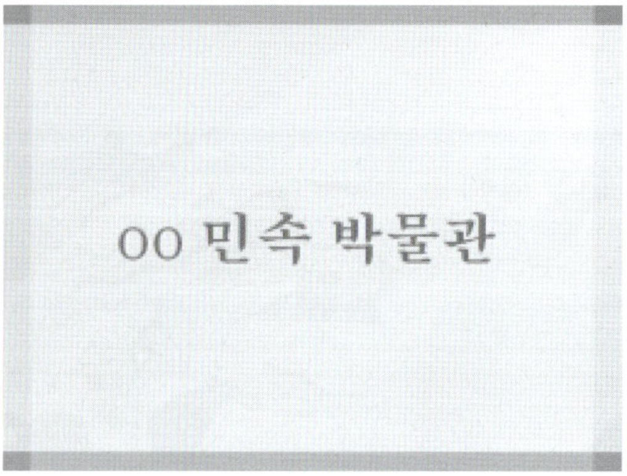
OO 민속 박물관

OO 민속 박물관의 역사

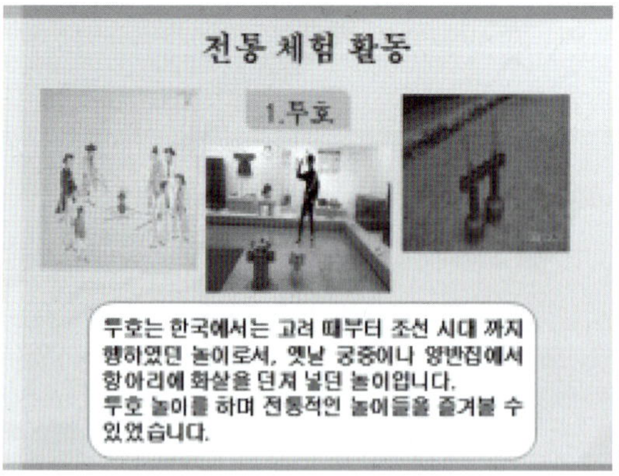
전통 체험 활동
1.투호
투호는 한국에서는 고려 때부터 조선 시대 까지 행하였던 놀이로서, 옛날 궁중이나 양반집에서 항아리에 화살을 던져 넣던 놀이입니다.
투호 놀이를 하며 전통적인 놀이들을 즐겨볼 수 있었습니다.

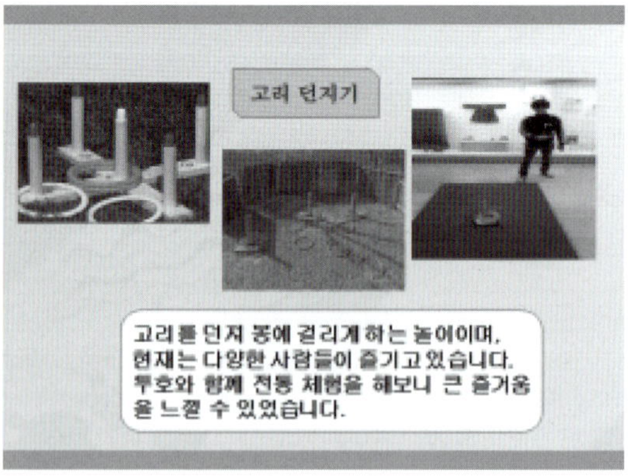
고리 던지기
고리를 던져 봉에 걸리게 하는 놀이이며, 현재는 다양한 사람들이 즐기고 있습니다.
투호와 함께 전통 체험을 해보니 큰 즐거움을 느낄 수 있었습니다.

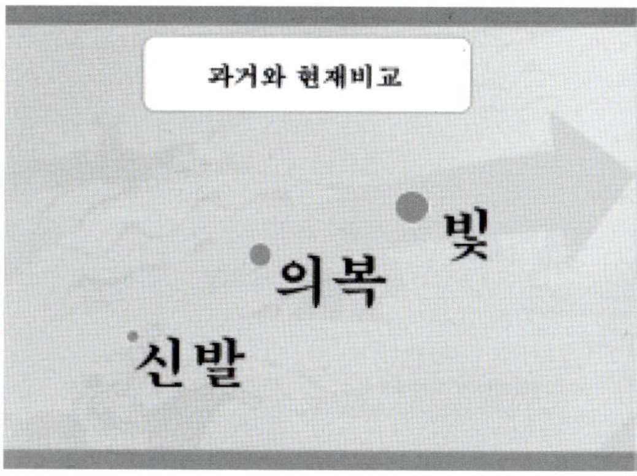
과거와 현재비교
빛
의복
신발

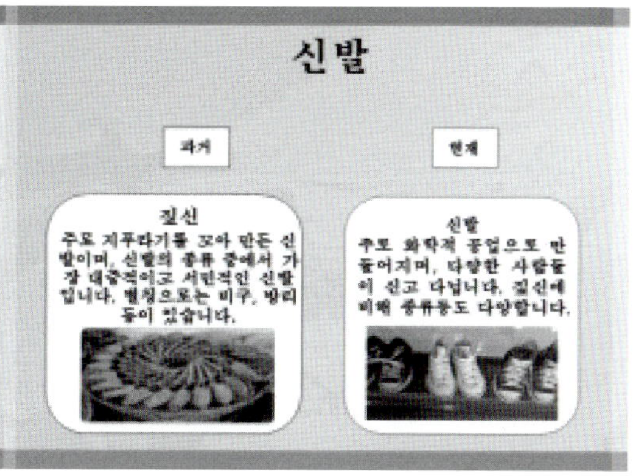
신발
과거
현재
짚신
주로 지푸라기를 꼬아 만든 신발이며, 신발의 종류 중에서 가장 대중적이고 서민적인 신발입니다. 별칭으로는 비구, 망리 등이 있습니다.
신발
주로 화학적 공업으로 만들어지며, 다양한 사람들이 신고 다닙니다. 짚신에 비해 종류등도 다양합니다.

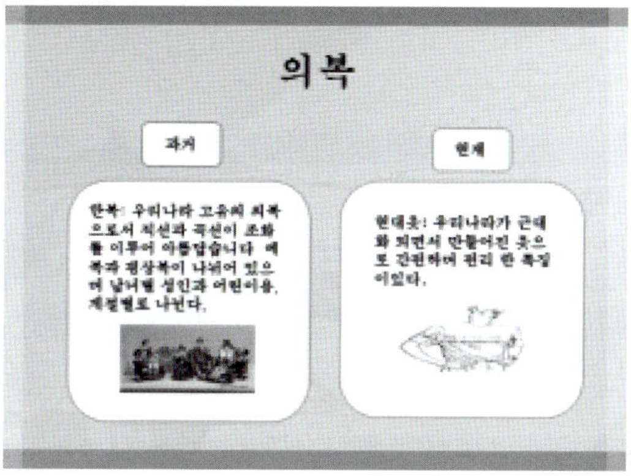
의복
과거
현재
한복: 우리나라 고유의 의복으로서 직선과 곡선이 조화를 이루어 아름답습니다 예복과 평상복이 나뉘어 있으며 남녀별 성인과 어린이용, 계절별로 나뉜다.
현대옷: 우리나라가 근대화 되면서 만들어진 옷으로 간편하여 편리 한 특징이었다.

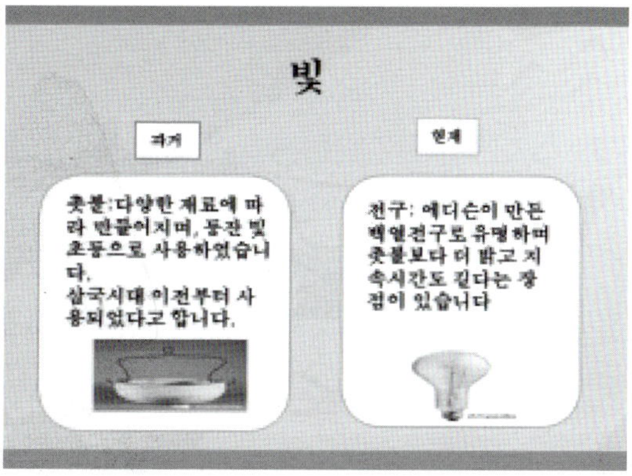
빛
과거
현재
촛불:다양한 재료에 따라 만들어지며, 등잔 및 촛등으로 사용하였습니다.
삼국시대 이전부터 사용되었다고 합니다.
전구: 에디슨이 만든 백열전구로 유명하며 촛불보다 더 밝고 지속시간도 길다는 장점이 있습니다

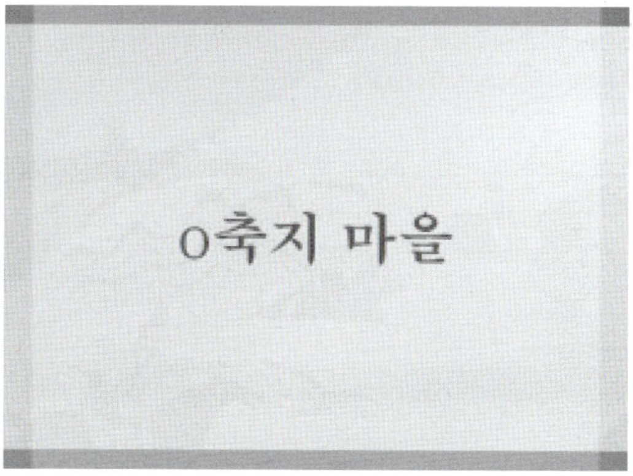
o축지 마을

o축지 마을

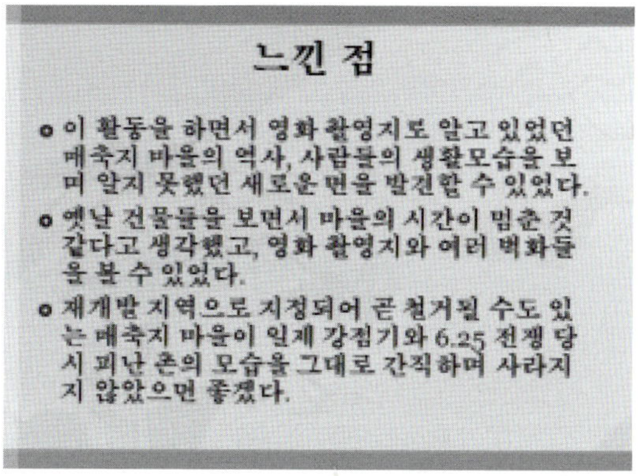
느낀 점
이 활동을 하면서 영화 촬영지로 알고 있었던 매축지 마을의 역사, 사람들의 생활모습을 보며 알지 못했던 새로운 면을 발견할 수 있었다.
옛날 건물들을 보면서 마을의 시간이 멈춘 것 같다고 생각했고, 영화 촬영지와 여러 벽화들을 볼 수 있었다.
재개발 지역으로 지정되어 곧 철거될 수도 있는 매축지 마을이 일제 강점기와 6.25 전쟁 당시 피난 촌의 모습을 그대로 간직하며 사라지지 않았으면 좋겠다.

3. 사랑해조

행복 경험 강점 개발활동
- 사랑해조

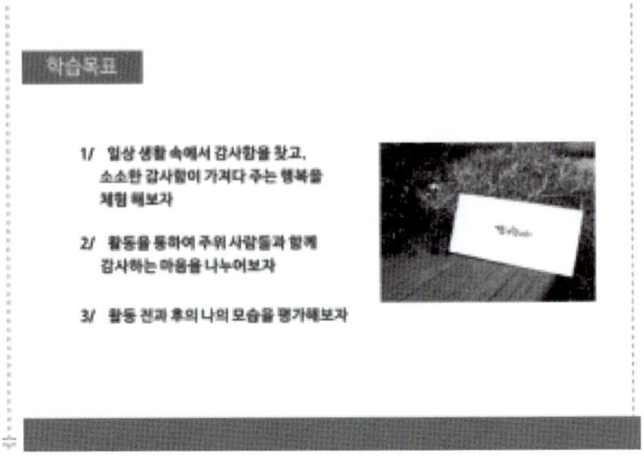
학습목표
1/ 일상 생활 속에서 감사함을 찾고,
소소한 감사함이 가져다 주는 행복을
체험 해보자
2/ 활동을 통하여 주위 사람들과 함께
감사하는 마음을 나누어보자
3/ 활동 전과 후의 나의 모습을 평가해보자

What is a
Gratitude ?

1/ 학습목표
감사란?
고마움을 나타내는 인사
고맙게 여김, 또는 그런마음

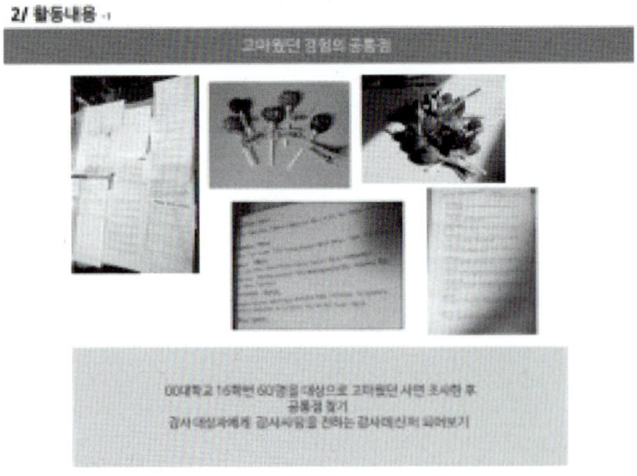
2/ 활동내용
고마웠던 경험의 공통점
00대학교 16학번 60명을 대상으로 고마웠던 사연 조사한 후
공통점 찾기
감사 대상자에게 감사마음을 전하는 감사메신저 되어보기

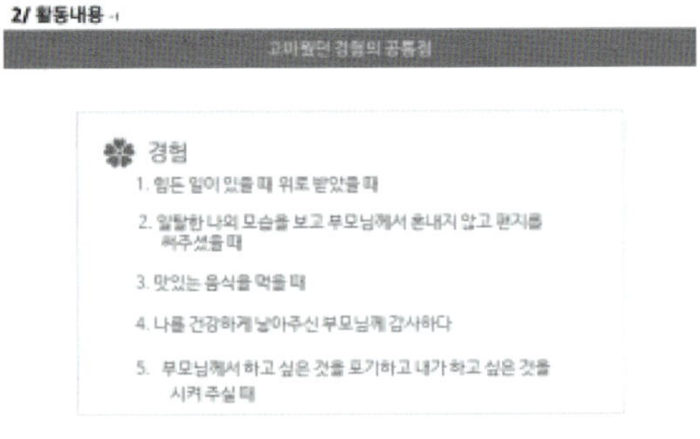
2/ 활동내용
고마웠던 경험의 공통점
경험
1. 힘든 일이 있을 때 위로 받았을 때
2. 일탈한 나의 모습을 보고 부모님께서 혼내지 않고 편지를
써주셨을 때
3. 맛있는 음식을 먹을 때
4. 나를 건강하게 낳아주신 부모님께 감사하다
5. 부모님께서 하고 싶은 것을 포기하고 내가 하고 싶은 것을
시켜 주실 때

2/ 활동내용 -2

어버이날과 스승의 날 챙겨드리기

어버이날, 스승의 날을 맞이하여
어머니, 아버지, 선생님들께 감사의 마음을 표현하고
그것을 인증하여 조원들끼리 공유하고 경험을 이야기해보자

2/ 활동내용 -2

어버이날과 스승의 날 챙겨드리기

동현 : 편지를 써서 부모님께 감사의 마음을 전했다
소정 : 카네이션을 선물하여 부모님께 감사의 마음을 전했다
지연 : 편지와 선물을 준비하여 부모님께 감사의 마음을 전했다
혜 : 동영상을 제작하여 교수님께 감사의 마음을 전했다
수진 : 선물과 편지를 준비하여 부모님께 감사의 마음을 전했다
현성 : 편지를 써서 부모님께 감사의 마음을 전했다

동내용 -3

감사했던 순간 설문조사 하여 1위 선정

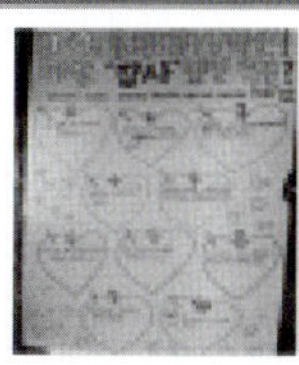

순위

1. 버스비 400원 내 줄 때
2. 친구가 고민을 들어 줄 때
3. [illegible]
4. [illegible]
5. 술자리에서 잔에 술 채워 줄 때
6. [illegible]에서 기념일 챙겨 줄 때
7. 지각시 사물함에서 책 꺼내 줄 때
8. [illegible]
9. 프린터 복사 해 줄 때
10. 엘리베이터 잡고 기다려 줄 때

2/ 활동내용 -4

자연에 대한 감사 포스터 제작

자연은 우리에게 선물 같은 존재이므로 감사함을 느껴야 한다고 생각하여 포스터 제작

용 -5

매일 감사 일기 쓰기

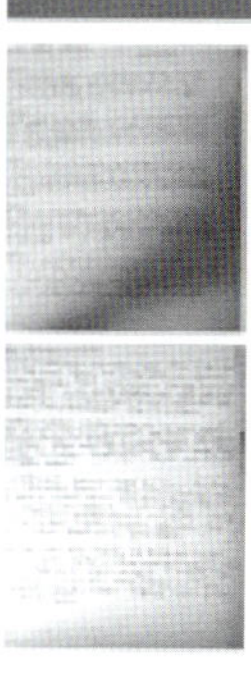

5월 4일부터 5월 17일 까지 매일 하루 중 감사했던 내용에 대하여 한 가지 이상 일기로 남기고, 5월 18일에 조원들과 자신의 변화에 대해 경험 공유하기

⬇

평소에는 사소한 일에 대해서 감사하다고 느끼지 못했는데 매일 하루에 한가지 씩 감사한 일에 대해 생각하다 보니, 생각보다 사소한 일에 감사 할 일이 많았다.

/ 활동평가

- 이번 활동을 통하여 우리는 감사한 마음이 우리의 생활에 어떠한 작용을 하는지 배웠고, 사소한 일에도 감사한 마음을 느끼는 방법을 배웠다.
- 개인적인 차이가 있을 수 있지만 평균적으로 '감사합니다' 라는 말을 하는 횟수가 2배 이상 늘어났다.

참고문헌

권석만(2003). 현대 이상심리학. 서울: 학지사.

권석만(2004). 젊은이를 위한 인간관계의 심리학(개정증보판). 서울: 학지사.

권석만(2008). 긍정심리학: 행복의 과학적 탐구. 서울: 학지사.

권석만(2008). 욕망의 자각과 조절, 김종욱(편). 욕망, 삶의 동력인가 괴로움의 뿌리인가(pp. 243-291). 서울: 운주사.

권석만(2011). 인간의 긍정적 성품. 서울: 학지사.

권석만(2011). 젊은이를 위한 인간관계의 심리학(제2판). 서울: 학지사.

권석만(2013). 하루 15분 행복. 서울: 메디치.

김미정 · 유평준 · 봉현철(2002). 액션러닝 가이드북. 서울: 다산서고.

김병식(2016). 긍정정서 향상 코칭프로그램이 고등학생의 긍정정서와 일상적 창의성에 미치는 영향. 광운대학교 교육대학원 석사학위논문.

남승규(2014). 행복 심리학. 경기: 양서원.

마틴 셀리그만(2014). 긍정심리학. 경기: 물푸레.

민경환(1995). 성격, 정서 및 동기. 권석만 외 (공저). 심리학 개론(pp. 240-275). 서울: 박영사.

민경환(2002). 성격심리학. 서울: 법문사.

손은주 · 추성경 · 임희수(2014). 교육방법 및 교육공학. 경기: 교육과학사.

우문식(2014). 행복 4.0. 경기: 물푸레.

이규은(2015). 삶 깨달음 그리고 행복. 경기: 공동체.

이상복(2012). 행복을 부르는 긍정심리학. 경기: 공동체.

장경원 · 고수일(2013). 액션러닝으로 수업하기. 서울: 학지사.

주용국 · 신민주(2016). 행복 하이소. 서울: 동문사.

Ainsworth, M. D. S., Blehar, M. C., Waters, E. & Walls, S. (1978). *Patterns of attachment: Assessed in the strange situation and at home*. Hillsdale, NJ: Erlbaum.

Alfermann, D. & Stoll, O. (2000). Effects of physical exercise on self-concept and well-being. International Journal of Sport Psychology, 31, 47-65.

Argyle, M. (1999). Causes and correlates of happiness. In D. Kahneman, E. diener & N. Schwartz(Eds.), *Well-being: The foundation of hedonic psychology*. New York: Russell Sage Foundation.

Argyle, M. (1987). *The Psychology of happiness*. London: Methuen

Austin, J. T. & Vancouver, J. F. (1996). Goal construction in psychology: Structure, process, and content. Psychology: Structure, processs, and content. Psychological Bulletin, 120, 338-375.

Argyle, M. (2001). *the psychology of happiness*(2nd ed.). East Sussex, England: Routledge.

Abramson, L. B., Alloy, L. B. & Metalsky, G. I., (1988). The cognitive diathesis-stress theories of depression : Towards an adequate evaluation of the theories' validities. In L. B. Alloy (Ed.), *Cognitive processes in depression*(pp. 3-30). New York: Guilford.

Bradburn, N. (1969). *The structure of psychological well-being*. Chicago: Adine.

Brickman, P. & Campbell, D. T. (1971). Hedonic relativism and planning the good society. In M. H. Appley (Ed.), *Adaptation level theory: A symposium*(pp. 287-304). New York: Academic press.

Buss, D. M. (2000). The evolution of happiness. American Psychologist, 55, 15-23.

Barknow, J. H. (1997). Happiness in evolutionary perspective. In N. L. Segal, G. E. Weisfeld & C. C. Weisfeld (Eds), *Uniting psychology and biology: Integrating perspectives of human development*(pp. 397-418). Washington, DC: American Psychological Association.

Bammel, G. & Burrus-Bammel, L. L. (1996). *Leisure and human behavior*. Dubuque, LA: Brown & Benchmark.

Barkow, J. H. (1997). Jappiness in evolutionary perspective. In N. L. Segal, G. E. Wisfeld & C. C. Weisfeld (Eds.), *Uniting psychology and biology: Integrating perspectives on human development*(pp. 397-418). Washington, DC: American Psychological Association.

Baumgardner, S. & Crothers, M. (2009). *Positive psychology*. NJ: Prentice-Hall.

Beck, A. T. (1976). *Cognitive therapy and emotional disorders*. New York: Inernational Universities Press.

Brunstein, J. C. (1993). Personal goals and subjective well-being: A longitudinal study. Journal of Personality and Social Psychology, 65, 1061-1070.

Brunstein, J. C., Schultheiss, O. C. & Graesman, R. (1998) Personal goals and emotional well-being: The moderating role of motive dispositions. Journal of Personality and Social Psychology, 75, 494-508.

Buss, D. M. (2000). *The evolution of happiness*. American Psychologist, 55, 15-23.

Carr, A. (2004). *Positive psychology: The sciencen of bappiness and human strengths*. New York: Brunner-Routledge.

Campbell, A. (1981). *The sense of well-being in America*. New York: McGraw-Hill.

Cantor, N. & Sanderson, C. A. (1999). Life task participation and well-being: The importance of taking part in daily life. In D. Kahnemann, E. Diener & N. Schwarz(Eds.), *Well-being: The foundaton of hedonic psychology*(pp. 230-243). New York: Russell Sage Foundation.

Cohen, S. & Herbert, T. B. (1996). Health psychology: Psychological factors and physical disease from the perspective of human psychoneuroimmunology. Annual Review of Psychotherapy, 47, 113-142.

Compton, W. C. (2005). *An intorduction th positive psychology*. Belmont, CA: Thomson Wadsworth.

Csikszentmihalyi, M. (1990). *Flow: The psychology of optimal experience*. New York: Harper & Row.

Deci, E. L. & Ryan, R. M. (2000). The "What" and "Why" of goal pursuits: Human needs and the self-determination of behavior. Psychological Inquiry, 4, 227-268.

Diener, E.(1984). Subjective well-being. Psychological Bulletin, 193, 542-575.

Diener, E. & Lucas, R. (1999). Personality and subjedtive well-being. In D. Kahnemann, E. Diener & N. Schwarz (Eds.), *Well-being: The foudation of hedonic psychology*(pp. 213-229). New York: Russell Sage Foundation.

Diener, E. & Lucas, R. E. (2000). Explaining differences in societal levels of happiness: Relative standards, need fulfillment, culture, and evaluation theory. Journal of Happiness Studies, 1, 41-78.

Diener, E., Emmons, R., Larsen, R. & Griffin, S. (1985). The satisfaction with life scale. Journal of Personality Assessment, 49, 71-75.

Ellis, A. (1962). *Reason and emotion in psychotherapy*. New York: Lyle Stuart.

Ekman, P. (1984). Expression and the nature of emotion. In P. Ekman & K. Scherer (Eds.), *Approaches to emotion*(pp. 319-343). Hillsdale, NJ: Erlbaum.

Ekman, P. (1993). *Facial expression and emotion*. American Psychologist, 48, 384-392.

Emmons, R. A. (1991). Personal strivings, daily life events, and psychological and physical well-being. Journal of Personality, 59, 453-472.

Emmons, R. A. (1992). Abstract versus concrete goals: Personal striving level, physical illness, and psychological well-being. Journal of Personality and Social Psychology, 62, 292-300.

Ford, M. E. (1992). *Motivating humans: Goals, emotions, and personal agency beliefs*. Newbury Park: Sage Publications.

Fredrickson, B. & Levenson, R. (1998). Positive emotions speed recoverty from thecardiovascular sequelae of negative emotions. Cognition and Emoition, 12, 191-220.

Fredrickson, B. L. (1998). What good are positive emotions? Review of General Psychology, 2, 300-319.

Fredrickson, B. L. (2001). The role of positive emotions in positive psychology: The broaden-and-build theory of positive emotions. Journal of American Psychological Association, 54, 218-226.

Fredrickson, B. L. (2000). Cultivating positive emotions to optimize health and well-being. Prevention and Treatment, 3, Document available at http://journals. apa. org/prevention.

Fujita, F.(1999). An investigation of the relation between extroversion, neuroticism, positive affect, and negative affect. Unpublished masters thesis, University of Illinois at Urbana-Champaign.

George, C., Kaplan, N. & Main, M. (1985). *The adult attachment interview*. Unpublished manuscript, Department of Psychology, University of California, Berkeley.

Hendrick, S. S. & Hendrick, C. (2000). Romantic love. In C. Hendrik & S. S. Hendrik (Eds.), *Close relationship: A sourcebook*(pp. 203-215). Thousand Oaks, CA: Sage.

Higgins, E. T.(1987). Self-discrepancy: A theory relating self and affect. Psychological Review, 94, 319-340.

House, J. S., Landis, K. R. & Umberson, D.(1988). Social relationships and health. Science, 241, 540-545

Hoyle, R., Kernis, M., Leary, M. & Baldwin, M. (1999). Self-hood: Identify, esteem, and regulation. Boulder, CO: Westview Press.

Hsee, C. K. & Abelson, R. P. (1991). Velocity relation: Satisfaction as aa function of the first derivative of outcome over time. Journal of Personality and Social Psychology, 60, 341-347.

Isen, A. M. (2001). An influence of positive attect on decision making in complex situations: Theoretical issues with practical implications. Journal of Consumer Psychology, 11, 75-85.

Isen, A. M. (2002). A role for neuropsychology in understanding the facilitating influences of positive affect on social behavior and cognitive proesses. In C. R. Snyder & S. J. Lopez(Eds.), *Handbook of positive psycholoy*(pp. 528-540). Oxford, England: Oxford University Press.

Kahneman, D., Fredrickson, B. L., Schreiber, C. L. & Redelmeier, D. A. (1993). When more pain is preferred to less: Adding a better end. Psychological Science, 4, 401-405

Kaplan, H. I., Sadock, B. J. & Grebb, J. A. (1994). *Kaplan and Sadock's synopsis of psychiatry*(7th Ed.). Baltimore: Willams & Wikins.

Kasser, T. & Ryan, R. M. (1993). A dark side of the American dream: Correlates of financial success as a life aspiration. Journal of Personality and Social Psychology, 65, 410-422.

Kasser, T. & Ryan, R. M. (1996). Further examining the American dream: Differential correlates of intrinsic and extrinsic goals. Personality and Social Psychology Bulletin, 22, 280-27.

Kelly, H. H., Berscheid, El, christensen, A., Harvey, J. H., Hustion, T. L., Levinger, G., McClintock, E., Peplau, L. A. & Peterson, D. R. (Eds.) (1983). Close relationships. New York: Freeman.

Kendall, P. C.,, Howard, B. L., & Hays, R. C. (1989). Self-referent speech and psychopathology: The balance of positive and negative thinking. Cognittive Therapy and Research, 13, 583-598.

Keyes, C. L. M. & Lopez, S. J. (2002). Toward a science of mental health: Positive directions in diagnosis and intervention. In C. R. Syner & S. J. Lopez (Eds.), *Handbook of positive psychology*(pp. 45-59). New York: Oxford University Press.

Keyes, C. L. M. & Waterman, M. (2003). Dimensions of well-being and mental health in adulthood. In M. Bornstein, L. Davidson, C. Keyes & K. Moore(Eds.), *Well-being: Positive development across the life course*(pp. 477-497). Jilsdale. NJ: Erlbaum.

Kiecolt-Glaster, J. K.(1999). *Stress, personal relationships, and immune function: Health implications*. Brain, Behavior, and immunity, 12, 61-72.

Layard, R.(2005). *Happiness: Lessons from a new science*. New York: The penguin press.

Lazarus, R. S. (1981). The stress and coping paradigm. In C. E. Eisdorfer, D. Cohen, A. Kleinman & P. Maxim (Eds.), *Models for clinical psychopathology*(pp. 177-214). New

York: S. P. Medical & Scientific Books.

Lazarus, R. S. (1991). *Emotion and adaptation*. New York: Oxford University Press

Lefcourt, H. M. (1981). *Research with the locus of control construct*. New York: Academic Press.

Lepper, M. & Greene, D. (1978). *The hidden costs of reward*. Hillsdale, NJ: Lawrence Erlbaum Associates.

Lepper, M., Greene, D. & Nesbitt, R. (1973). Undermining children' s intrinsic interest with extrinsic rewards: A test of the "overjustification" hypothesis. Journal of personality and Social Psychology, 28, 129-137.

Lykken, D. & Tellegen, A. (1996). Happiness is a stochastic phenomenon. Psychological Science, 7, 186-189.

Lyubomirsky, S., Sheldon, K. M. & Schkade, D. (2005). Pursuing happiness: The architecture of sustainable change. Review of General Psychology, 9, 111-131.

Lyubomirsky, S., Ross, L.(1997). Hedonic consequences of social comparison: A contrast of happy and unhappy people. Journal of personality and Social Psychology, 73, 1141-1157.

Lazarus, R. S. (1981). The stress and coping paradigm. In C. E. Eisdorfer, D. Gohen, A. Kleinman & P. Maxim (Eds.), *Models for clinical psychopathology*(pp. 177-214). New York: S. P. Medical & Scientific Books.

Maslow, A. H. (1970). *Religion, values and peak experiences*. New York: Viking.

Lazarus, R. S. & Folkman, S.(1984). *Stress, appraisal, and coping*. New York: Springer.

Morris, W. N. (1999). The mood system. In D. Kahneman, E. Diener & N. Schwarz (Eds.), Well-being: *Ther foundations of hedonic psychology*(pp. 169-189). New York: Russell Sage Foundation.

Morretti, M. M. & Higgins, E. T. (1990). Relating self-discrepancy to self-esteem: The contribution of discrepancies beyond actual-self ratings. Journal of Experimental Social

Psychology, 26, 108-123.

Moskowitz, D. S. & Cote, S. (1995). Do interpersonal traits predict affect? A comparison of three models. Journal of Personality and Social Psychology, 69, 915-924.

Myers, D. G. (2000). *The funds, friend, and faith of happy people*. American Psychologist, 55, 56-67.

Ogilvie, D. M. (1987). Life satisfaction and identity structure in late middle-aged men and women. Psychology and Aging, 2, 217-224.

Oishi, S., Diener, E., Suh, E. & Lucas, R. E. (1999). Value as a moderator in subjective well-being Journal of personality, 67(1), 157-184.

Newman, B. & Newman, P. (1991). *Development through life*(5th Ed.), Pacific Grove, CA: Brooks/Cole.

Paykel, E. S.(1979). Recent life events in the development of the depressive disorders. In R. A. Depu (Ed.), *The psychology of the depressive disorders: implications for the effects of stress*(pp. 245-262), New York Academic Press.

Peterson, C. & Seligman, M. E. P.(2004). *Character strengths and virtues: A handbook and classification*. New York: Oxford University Press/ Washington, DC: American Psychological Association.

Peterson, C. (2000). The future of optimism. American Psychologist, 55, 44-55.

Peterson, C. & Steen, T. A. (2002). Optimistic explanatory style. In C. R. Snyder & S. J. Lopez(Eds.), *Handbook of positive psychology*(pp. 244-256). New York: Oxford University Press.

Plutchik, R. (1980). *Emotion: A psychoevolutionary synthesis*. New york: Harper & Row.

Pinsker, H., Nepps, P., Redfield, J. & Winston, A.(1985). Applicants for short-term dynamic psychotherapy. In A. Winston (Ed.), *Clinical and research issyrs in short-term dynamic psychotherapy* pp. 104-1160. Washington DC: American P sychiatric Association.

Reis, H. T., Sheldon, K. M., Gable, S. L., Roscoe, J. & Ryan, R. M. (2000). Daily well-being: The role of autonomy, competence, and relatedness. Personality and Social Psychology Bulletin, 26, 419-435.

Rozin, P. (1999) Preadaptation and the puzzles and properties of pleasure. In D. Kahnemann, E. Diener & N. Schwarz (Eds.), *Well-being: The foundation of behonic psychology*(pp. 109-133). New York: Russell Sage Foundation

Russell, J. A. & Carroll, J. M. (1999). On the bipolarity of positive and negative attect. Psychological Bulletin, 125, 3-30.

Ryff, C. D. (1989). Happiness is everything, or is it? Explarations on the meaning of psychological well-being. Journal of Personality and Social Psychology, 57, 1069-1081.

Seligman, M. E. P.(1991). *Learned optimism*. New York: Knopf.

Schwartz, R. M. (1986). The internal dialogue: On the asymmetry between positive and negative coping thoughts. Cognitive Therapy and Research, 10, 591-605.

Seligman, M. E. P. (2002a). Positive psychology, positive prevention, and positive therapy. In C. R. Snyder & S.J. Lopez (Eds.), *Handbook of positive psychology*(pp. 3-9). London: Oxford University Press.

Seligman, M. E. P. (2002b). *Authentic happiness*. New York: Free Press. (김인자 역. 《긍정 심리학》. 서울: 물푸레, 2006.)

Seligman, M. E. P. (1999). The president's address. American Psychologist. 54, 559-562.

Seligman, M. E. P., Rashid, T. & Parks, A. C. (2006). Positive psychotherapy. American Psychologist, 11, 774-788. 5

Sedikides, C. (1993). Assessment, enhancement, and verification determinants of the self evaluation process. Journal of Personality and Social Psychology, 55, 317-338.

Segerstrom, S., Taylor, S., Kemeny, M. & Fahey. J. (1998). Optimism is associated with mood, coping, and immune change in response to stress. Journal of Personality and Social Psychology, 74, 1646-1655.

Sheldon, K. M. & Kasser, T. (1995). Coherence and congruence: Two aspects of personality integration. Journal of Personality and Social Psychology, 68, 531-543.

Sternberg, R. J. (1986). A triangular theory of love. Psychological Review, 93. 119-135.

Sternberg, R. J. & Hojjat, M. (1997). *Satisfaction in close relationships*. New York: Guilford Press.

Schneider, S. (2001). In search of realistic optimism: Meaning, knowledge, and warm fuzziness. Journal of american Psychologist, 54, 250-264.

Sirgy, M. J. (1998). Materialism and quality of life. Social Indicators Research, 43, 227-260.

Stone, A. A. & Shiffman, S. (1994). Ecological monentary assessment (EMA) in behavioral medicine. Annul Behavioral Medicine, 16, 199-202.

Snyder, C. R., Rand, K. L. & Sigmon, D. R. (2002). Hope theory: A member of the positive psychology family. In C. R. Snyder & S. J. Lopez(Eds.), *Handbook of positive psychology*(pp. 257-276). Oxford, England: Oxford University Press.

Tugade, M. M. & Fredrickson, B. L. (2004). Resilient individuals use positive emotions to bounce back from negative emotional experiences. Journal of Personality and Social Psychology, 86, 320-333.

Seidlitz, L. & Diener, E. (1993). Memory for positive versus negative events: Theories for the differences between happy and unhappy person. Journal of Perwonality and Social Psychology, 64, 654-664.

Van Boven, L. & Gilovich, T. (2003). To do or to have? That is the question. Journal of Personality and Social Psychology, 85, 1193-1202.

Veenhoven, R. (1998). The utility of happiness. Social Indicators Research, 20, 333-354.

Watson D. & Tellegen. A. (1985). Toward a Consensual Structure of Mood. Psychological Bulletin, 98, 219-235.

Watson, D. (2002). Positive attectivity: The disposition to experience pleasurable emotional states. In C. R. Snyder & S. J. Loperz(Eds.), *Handbook of positive psychlogy*(pp. 106-119). Oxford, England: Oxford University Press.

Wilson. W. (1967). Correlates of avowed happiness. Psychological Bulletin, 67(4), 294-306.

Wood, W., Rhodes, N. & Whelan, M. (1989). Sex differences in positive well0being: A consideration of emoional style and marital status. Psychological Bulletin, 106, 249-264.

Wrzesniewski, McCauly, Rozin & Schwartz, 1997.

찾아보기

국문

ㄱ

ㅈ

ㅊ

ㅋ

영문

기타

저자약력

손은주

동아대학교 교육학과 졸업(교육학 박사)

(현) 동의대학교 보육 · 가정상담학과 조교수

저서 : 교육방법 및 교육공학, 영유아 교수방법

긍정심리와 행복

행복경험 강점개발

초판 1쇄 발행 / 2017년 2월 28일
초판 2쇄 발행 / 2018년 8월 30일

저　자 / 손 은 주
발행인 / 이 중 수
발행처 / 동 문 사

서울특별시 서대문구 홍제원 1길 12
(홍제동 137-8)
Tel : 02)736-3718(대), 736-3710, 3720
Fax : 02)736-3719
등록번호 : 제9-17호
가격 : 17,000원

ISBN : 978-89-8251-918-5 (93370)
E-mail : dong736@naver.com
Homepage : www.dongmunsa.com